ABBREGE' FIDELLE, DE LA VRAYE ORIGINE ET GENEALOGIE des François.

Auquel est traicté de la genealogie, & hauts faicts des anciens François: ensemble de leurs Ducs & Roys, iusques à Clouis premier Roy de France Chrestien.

Fait & composé par Noble CLAVDE DV PRE' Sieur de Vaux-plaisant, Conseiller du Roy Tres-chrestien en la cité de Lyon.

Le nombre des liures & chapitres, auec le sommaire d'iceux, se trouuera au prochain fueillet & autres suyuans.

L.
1913.

A LYON,
PAR THIBAVD ANCELIN,
Imprimeur ordinaire du Roy.

1601.
Auec Permission.

Extraict du Priuilege.

HENRY par la Grace de Dieu Roy de France & de Nauarre, A tous ceux qui ces presentes verront, Sçauoir faisons qu'apres auoir faict voir par deux maistres des Requestes de nostre Hostel à ce deputez, vn Liure intitulé *Abbregé fidele de la vraye origine & hauts faicts des François*, composé par maistre Claude du Pré, Sieur de Vaux plaisant & trouué qu'il est vtile & commode pour l'intelligence & explication de anciennes Histoires. A ces causes luy auons permis bailler à imprimer le susdit Liure, par tel Imprimeur que bon luy semblera. Inhibitions & deffences sont faictes à tous autres d'imprimer ou faire imprimer ledit Liure sans son sceu, congé & consentement pendant le temps de six ans à compter du iour de ladicte impression, à peine de l'amende, confiscation des Liures, & de tous despens, dommages & interests. Donné à Paris le vingt-deuxiesme de Feurier, l'An mil cinq cens quatre vingt-dixneuf, & de nostre regne le dixiesme, signé Victon.

Ledit Sieur du Pré a concedé ladite licence & Priuilege, soux les susdites conditions, à Thibaud Ancelin Maistre Imprimeur ordinaire du Roy en la ville de Lyon. Faict audit Lyon le neufiesme iour de Nouembre, l'an mil six cens.

DESCRIPTION
SOMMAIRE, DE CE QV'EST CONTENV EN ceſt œuure.

CINQ LIVRES.

LE premier deſquels contient la genealogie & deduction d'origine des Sicãbres, appellez François, puis Francion petit fils de Priam dernier Roy des Troyens, iuſques au temps de Marcomir premier Roy des François.

Le deuxiéme traicte de Marcomir iuſques à l'incarnation de noſtre Sauueur Ieſus Chriſt.

Le troisiéme puis l'incarnation iusques à Marcomir quarantiéme Roy, & fins à l'interregne.

Le quatriéme puis l'interregne iusques à Pharamond premier Roy des Franc-Gaulois.

Le cinquiéme puis Pharamond iusques à Clouis premier Roy de France Chrestien.

A V

AV PREMIER LIVRE, Quatre chapitres.

LE premier est de l'origine des Sicambres, Gomerites, & de leur etymologie.

LE second des Scythes, Celtoscythes, & de leur etymologie.

LE tiers des Gaulois & Celtes, & de leur etymologie.

LE quatriéme des François, & de leur etymologie.

AV SECOND LIVRE, XVIII. Chapitres.

LE premier est la continuation des Sicambres ou François puis Francion iusques à Marcomir leur premier Roy.

DE Marcomir premier Roy des Sicábres, chap. II.

D'Anthenor second Roy, chap. iij.
De Priam troisiéme Roy, chap. iiij.
D'Helenus quatriéme Roy, chap. v.
De Diocles cinquiéme Roy, chap. vj.
D'Helenus deuxiéme du nom, sixiéme Roy, chap. vij.
De Bazan septiéme Roy, chap. viij.
De Clodomires huictiéme Roy, cha. ix.
De Nicanor neufiéme Roy, chap. x.
De Marcomir II. du nom, dixiéme Roy, chap. xj.
De Clouis onziesme Roy, chap. xij.
D'Anthenor II. du nom, douziéme Roy, chap. xiii.
De Clodomires II. du nom, treziéme Roy, chap. xiiij.
De Merodac quatorziéme Roy, ch. xv.
De Cassander quinziéme Roy, chap. xvj.
D'Antharius seziéme Roy, cha. xvij.
De Francus dixseptiéme Roy, & premier des François, chap. xviij.

A v

AV TROISIEME
liure, XXV. Chapitres.

DV temps de la mission du Verbe Eternel fils de Dieu Iesus Christ en ce monde, chap. premier.

De Clouis II. du nom dixhuitiéme Roy, chap. ij.

D'Herimer dixneufieme Roy, chap. iij.

De Marcomir troisieme du nom, & vingtieme Roy, chap. iiij.

Ce Clodomer III. du nom, vingt-vniéme Roy, chap. v.

D'Anthenor III. du nom, vingt-deuxiéme Roy, chap. vj.

De Rather vingt-troisieme Roy, c. vij.

De Richimer vingtquatrieme Roy, chap. viij.

D'Audemar vingt-cinquieme Roy, chap. ix.

De Marcomir IIII. du nom, vingt-sixieme Roy, chap. x.

De Clodomer IIII. du nom, vingt-septieme Roy, chap. xj.

De Pharabert vingt-huictiéme Roy,

chap. xij.

De Sunno vingt-neufieme Roy, chapitre xiij.

De Hilderic trentieme Roy, chap. xiiij.

De Bather trente-vnieme Roy. ch. xv.

De Clouis III. du nom, trente-deuxiefme Roy, chap. xvj.

De Valther trente-troifieme Roy, chap. xvij.

De Dagobert trente-quatrieme Roy, chap. xviij.

De Clouis IIII. du nom, trente-cinquiefme Roy, chap. xix.

De Clodomer V. du nom, trente-fixiefme Roy, chap. xx.

Genealogie des Ducs de la France Orientale, chap. xxj.

De Richimer II. du nom, trente-feptieme Roy, chap. xxij.

De Theodomir trente-huictieme Roy, chap. xxiij.

De Clouis V. du nom, trente-neufieme Roy, chap. xxiiij.

De Marcomir V. du nom, quarantieme Roy, chap. xxv.

A V

AV QVATRIEME
liure, dix chapitres.

DV tres-grand credit & authorité qu'ont eu les Ducs Fraçois ou Roytelets enuers la Cour des Empereurs Romains, chap. premier.
De l'interregne des François, & de Dagobert leur Duc, chap. ij.
De Gennebaud Duc des François, Chap. iij.
De Sunnon, Ybros, & autres Ducs & Capitaines des François, chap. iiij.
De Marcomir Duc des François, ch. v.
D'Attila Roy des Huns & de Valentinian Empereur, & d'Ætie Proteur Romain, chap. vj.
De l'occupation des Gaules par les François, & vsurpation des noms, chap. vij.
De la conionction des Fraçois & Gaulois & mixtion de leurs humeurs, chap. viij.
De la Diette ou Parlement, & deliberation sur la forme de gouuernement

*5

du public, chap. ix.
De l'ordre de la succession des Roys de France, & seconde diuision des François, chap. x.

AV CINQVIEME
liure, sept chapitres.

DE l'entrée de Pharamõd és Gaules, & qu'il ne fut le premier Roy des François, chap. premier.
De la loy Salique, chap. ij.
De Pharamond premier Roy des Frác-Gaulois, chap. iij.
De Clodio le Cheuelu II. Roy, cha. iiij.
De Merouée III. Roy, chap. v.
De Childeric IIII. Roy, chap. vj.
De Clouis V. Roy, & premier Chrestien, chap. vij.

SON

SONNET DE PHILIPPE
DV PRÉ, ESCOLLIER A
Tholose, à M. le Conseiller du Pré,
Sieur de Vaux-plaisant son pere,
pour estreines.

Si le soing paternel d'vn pere charitable
 Enfançon ma leué au palais des neuf sœurs,
 Pour sauourer leur miel & gouster leurs douceurs,
 Afin qu'auec honneur ie leur sois fauorable:
Si le volant Pegas & ce Phœbus aymable
 Ont espandu sur moy leurs mieilleuses faueurs:
 M'ont faict viure en honneur par leurs doctes saueurs
 Pour rendre à l'aduenir mon esprit honorable.
Mon pere, c'est à vous qu'ils ont faict leur deuoir,
 Et qu'ils ont eslargy leur immortel sçauoir,
 Toutesfois souz mon nom en vostre faueur seule.
Aussi ce peu que i'ay, ie le tiens de vos mains,
 Et sacre à voz genoux mon cœur & mes desseins,
 Sans qui ie dis pour vray que ma science est nulle.

            Disti

DISTICHON D. IANI
Emicheni Aruerni ad eundem.

Vere nouo tantùm terrestria prata virescunt,
At tua perpetuo tempore prata virent.

Ainsi faict François.

Des prez champestres en prin-temps
Dure seulement la verdure,
Mais de vostre pré en tout temps
On voit la beauté qui dure.

A monsieur

A MONSIEVR DV PRE',
SIEVR DE VAVX-PLAISANT,
sur sa Genealogie des François.

TV faits naistre des Lys au champ de ta parole:
  Ta parole est vn pré tout esmaillé de fleurs:
  Ces fleurs sont des François les vertus, les valeurs,
  Que tu faits retentir de l'vn à l'autre pole.
Le nom du grand HENRY sur ton liure s'enuole
  Es palais eternels de l'immortalité:
  Tu graues ses beaux faicts dedans l'Eternité,
  Et faits bruire son loz par ta docte parole.
Le Prince de CONDE' cet Astre radieux
  Reluit en tes escrits, comm' vn Soleil és cieux,
  Et le sembles tirer du bers de son enfance.
L'on cueille dans ton pré en tout temps mille fleurs,
  Les autres vne fois estallent leurs couleurs,
  Mais tu fleuris tousiours pour seruir à la France.

N. Despotot Bourguignon.

CLAVDIVS PRATVS FRAN-
CO-GALLVS, Anno ætat.
suæ LVII.

IN IMAGINEM CLAVD.
Prati, Andreæ
a Morniev Bellic.
Epigramma.

Ista quidem facies te sic imitatur, vt hospes
 E' tabula vultus asserat esse tuos.
Attamen hoc paruum est. Pictores cedite, vultus
 Innumeros etiam ponere dextra potest.
Ipsum se, dotésque animi depingere, certè
 Hîc opus, hîc labor est, sed labor ipse tuus.
Sed tuus iste labor, Claudi, qui diuite penna
 Francôrum releuas hîc monumenta patrum.
Inclyte, Phydiaca, si vera est fama, Minerua
 Dignior Actæa viuus in arce coli.
Ergô posteritas alta te mente reponet,
 Aeternúmque pia relligione colet.

         Eiusdem

Eiusdem in Anagramma Claudij Prati.

DAS PVLCRA VT VIS.

Prate tuis Zephyrus leuiter qui ludit in agris
  Balsameo pulcrum fundit ab ore melos.
Prate virens, DAS PVLCRA, VT VIS,
  Sed enim dare (si ver
Te fouet æternum) quid nisi pulcra potes?

Aliud Epigramma.

Quid? quòd in hoc prato suaues sentimus odores,
  Quid spirant flores cùm mala sæuit hyems?
Parnasso riuum Phœbus deduxit vt olim,
  Rideat, atque omni tempore verna ferat.

A Monseigneur,
MONSEIGNEUR
LE TRES-ILLVSTRE
PRINCE DE CONDE',
Premier Prince du sang
de France.

MONSEIGNEVR,

Si la conseruation d'vn bien
& heritage consiste principalement en deux choses : l'vne
en la vraye cognoissance & culture d'iceluy,
l'autre à l'obseruation du deuoir & Iustice enuers son prochain. N'est-il à inferer que non
seulement le Maistre, Seigneur, ou Pere de famille, qui entre dans vn fonds se doyue entierement delecter à rechercher & entretenir ses
tiltres, bornes, & possessions? Mais aussi &
d'autant plus affectueusement vn grand Roy
& Monarque, qu'il est subject d'en rendre plus

A

EPISTRE.

exacte compte? Tous ceux à qui Dieu a donné par un bon naturel, iugement & sçauoir acquis, causans en eux le ressentiment du deuoir enuers leur Prince, se doyuent donc ayder à la conseruation de ceste proprieté, en ne laissant alterer ny abolir les tiltres de ses droits & priuileges: pour ne perdre le sien, vsurper ny rechercher iniustement celuy d'autruy, & par ce moyen engendrer proces, dissensions, & guerres, qui amenent bien souuent la ruïne & subuersion d'un Estat. Mesmement que si aux choses particulieres l'ignorance est quelquefois excusable, elle ne le peut estre au general, comme est la patrie commune. A ce propos il me souuient auoir leu un bel apophtegme d'un prestre Aegyptien reprochant ainsi à Solon; ô Solon, Vous autres Grecs serez tousiours enfans, parce qu'en nul de vous n'est vieille doctrine ou cognoissance de l'antiquité. Car mettant tout vostre estude & peine à celebrer les gestes de present, ou ce qui a esté escrit de l'Histoire de vostre temps, mesprisez & ignorez totalement les hauts faicts de vos predecesseurs, voire l'origine de vostre fondation. C'est ce qui m'a meu pour le bien de cest Estat, (auquel ie suis tresaffectionné par droict de nature, comme né d'un pere Parisien & mere Lyonnoise, de bonne

EPISTRE.

& ancienne famille;) & aussi pour le seruice que ie dois à mon souuerain Roy, & à ses successeurs de mettre la main à la plume, ayant recouuert quelques manuscripts, & autres monumens anciens pour declarer & faire cognoistre briefuement la vraye origine & proprieté de ce digne Royaume de France : tant fauorisé de Dieu par plusieurs graces cælestes imparties aux predecesseurs Rois, & specialement à nostre tres-bon, tres-clement, & tres chrestien Roy à present regnant Henry quatriesme du nom. Auquel sa diuinité a assisté extraordinairement pour l'heureux & miraculeux aduenement à la naturelle possession, ensemble pour la conseruation & defence de ceste sienne couronne de France. Comme elle pourra encores faire pour toutes ses iustes pretensions, moyennant la grande inclination qu'il a au seruice de celuy qui donne toute puissance, & que la bonne vie, concorde, & obeïssance de son peuple se rendent dignes de ce bien. Or cest œuure nous l'auons faict seulement par abbregé ou extraict des plus affidez & veritables Historiens, comme d'Hunnibauld, Dorac, Vuastald, Tritheme, Iean le Maire, Sigisbert, auec autres liures d'incertains autheurs escrits à la main, & non en forme d'une longue & ordonnée Hi-

A 2

EPISTRE.

stoire par plusieurs raisons: l'vne, pource que les liures ont esté perdus, l'autre pour estre chose fort difficile de discourir amplement d'vn si vieux temps, qu'on n'y entremesle de mensonges. Berose, Metasthene, & Manethon d'Aegypte sont Autheurs fort venerables pour leur antiquité, mais lon tient la pluspart, qu'ils sont falsifiez pour auoir esté les prototypes esgarez. Toutesfois il les faut prendre & retenir en ce qu'il y a de la concordance auec d'autres anciens Autheurs, ou bien de la verisimilitude: comm' aussi Anne de Viterbe commentateur dudit Manethon n'est à mespriser, d'autant qu'il rend preuue de son dire par tesmoignage de bons Autheurs, tels que Tite Liue, Diodore Sicilien, Q. Fabie, Caton, Philon, & autres. Et puis que les anciens Historiens des Romains ont tissu leur Histoire des fragmens & restes d'anciens Autheurs, pourquoy ne sera loysible aux François tirer la verité de leur origine & gestes de leurs premiers ancestres, tant des registres & monumens vieux, qu'autres bons enseignemens, soit par escriture, peinture, & sculpture, en tant qu'ils se trouuent accordans ensemble? En quoy ie laisse à penser le labeur, trauail, & fascherie d'esprit, qui ne peuuent estre sans employ de beaucoup de temps & interest

particulier

EPISTRE.

particulier à recueillir & descrire ceste Histoire abbregée, mesmes à cause de la diuersité des Historiens, non seulement au temps, mais aux noms & gestes des personnes. Et en ceste diuersité quand on ne les peut bonnement accorder, est bon de suiure l'opinion de ceux qui s'accordent le mieux par ensemble, ainsi que dit l'Abbé Trithem sur la vie du Roy Clouis. Car nous colligeons à peu pres la verisimilitude de l'Histoire, tant par l'authorité & fidelité d'vn ancien Autheur, que par la conference d'iceluy auec d'autres Histoires qui parlent d'vn autre faict estranger. Me contentant d'en traitter iusques au regne dudit Roy Clouis, & non plus outre, parce que seroit autant perdre de temps, & apporter de choux reschauffez sur la table, veu que tant d'Historiens Latins, François, & autres en ont si amplement escrit, que cela est par trop commun & vulgaire. Mais estant question de parler de l'origine des François, i'allegueray icy les authoritez de trois personages fort renommez de nostre temps. Le premier est M. Nicolas Vignier de Barsusaine: lequel combien qu'il die l'origine des François estre incertaine, toutesfois il en racompte plusieurs opinions de part & d'autre, sans rien resouldre. Aussi il ne traitte pas proprement de l'origine, *Vignier au discours de l'estat, origine & demeure des François.*

EPISTRE

ains de la renommée & cognoissance des François, qu'il prend de plus bas temps que nous n'auons faict, parce qu'il s'est seulement restraint aux Historiens Romains, & non à autres. Le Second Maistre Estienne Pasquier Aduocat en la Court de Parlement à Paris parle ainsi : Ie n'ose bonnement contreuenir à ceste opinion, ni aussi y consentir librement : toutesfois me semble, que de disputer de l'origine des nations, c'est chose fort chatouilleuse, parce qu'elles ont esté de leur premier aduencement si petites, que les vieux autheurs n'estoient soucieux d'employer le temps à la deduction d'icelles, tellement que petit à petit la memoire s'en est du tout esuanouïe, ou conuertie en fables & friuoles discours. Le dernier Messire Guillaume du Bellay Sieur de Langey, Gentilhomme de tres-eminent sçauoir & merite, tant en l'Histoire & bonnes lettres, qu'au faict des armes, auquel i'ayme mieux adherer qu'à aucun autre. Ioint la grande priuauté & habitude que feu mon Pere a eu auec luy, & auec Monseigneur le Cardinal du Bellay son frere, vray soustien de l'honneur François. Ledit Seigneur a faict huit liures de l'antiquité des Gaules & de France, nommez Ogdoade, que nous n'auons pas, ains certains fragmens en l'Epitome de ceste

Pasquier au liure des recherches ch. 16.

EPISTRE.

ceste antiquité disposée en quatre liures, desquels encores ne s'en treuue guieres plus. Mais i'en ay recouuert vn par le benefice de Monsieur le Febure Precepteur de V. A. & tres-bien merité du public. Dont i'ay tiré ces mots suyuās au deuxieme liure: L'extraction des François selon qu'elle est tenuë communement, ne se treuue deduicte au long & par forme d'Histoire continuée par aucuns anciens approuuez Historiens Grecs ou Latins, mais par autheurs inelegans & barbares, qui par faute de litterature ont moins trouué de foy enuers les Doctes & sçauans hommes. Si est-ce que tout ce discours me semble si consonant à verité, que (s'il nous est, ainsi qu'aux autres nations) loysible de prendre és choses si anciennes, le vray semblable pour verité, ie ne feindray a le tenir pour vraye Histoire: attendu mesmes que les susdits Historiens, dont les aucūs ont esté Goths, Danoys & Scythes, autres Germains & François, autres Italiens, ne se treuuent aucunement contraires, ni discordans à leur tesmoignage. Et bien peu se racomptent de choses grandes & de poix, dont pareillement quelque incidente mention ne soit faicte esdicts sçauans & approuuez Historiens. En tant que concerne l'excellence & grandeur de ce Royaume n'est besoin

Du Bellay au second liure des Epitomes de l'antiquité de Gaule & France.

EPISTRE.

d'en traitter icy. Car il s'en pourra voir par le discours de ceste Histoire partie de ce qu'a esté plus singulieremẽt remarqué. Bien dirons nous en passant, qu'il appert par la confession des estranges nations : que combien que les François ayent esté soubs mesme Roy, Empereur, & dominateur auec les Scythes premierement, puis auec les Germains, & auec les Gaulois, & finablement auec lesdits Germains, & partie de l'Europa. Si est-ce qu'il ne se treuuera point, que soit separement habitans, ou conjointement auec les autres, ils ayent esté assubjectis à autre Empire estranger, ains tousiours sont demeurez libres & francs. Et au contraire plusieurs autres puissances & dominations, iusques aux Romains & Italiens leur ont esté suiectes, ainsi qu'a tesmoigné l'Abbé Trithé en son Epistre dedicatoire à l'Euesque de Vuirtzbourg, Duc de la Franco Orientale. Et que les Fraçois ont plus rapporté de victoires sur les Romains, que les Romains sur eux, tesmoin Seb. Munsther en sa Cosmographie sur la France.

Il est temps de se recueillir pour n'ennuyer V. A. de trop long propos, laquelle sera aduertie, que ie n'ay entreprins cest œuure pour vaine gloire, ains pour le bien public de nostre commun païs de France: mesmes au temps que nous

la

EPISTRE.

la voyons un petit restaurée, non sans crainte de danger, si elle n'est conservée & maintenuë en son integrité. C'est pour & à celle fin de remettre devant les yeux des vrays François, les mœurs & façons de vivre des premiers Sicambres ou François : lesquelles il nous faut renoueler & rafraischir, ayants esté abastardies par un long temps, pour la frequentation d'estranges nations, qui y ont trop facilement mis le pied & presque donné la Loy, & par une trop grande licence de changements venue de la forge des Romains, & du peu d'arrest & legereté des François à recevoir choses nouvelles. Comme aussi pour redresser par escrit les trophées des François ou Francs-Gaulois, que la malice du temps, negligence de nos devanciers, & detraction des envieux taschent d'obscurcir & abbatre. Nourry toutesfois d'une tres-grãde esperance, que nostre Roy par effect continuant à marcher du pied qu'il a commencé avec le conseil & ayde de tant de bons Princes valleureux & magnanimes qui sont autour de luy, prieres & devotion du Clergé, assistance de la Noblesse, obeissance & devoir fidele du peuple, ne remettra seulement la France en sa pristine splendeur, grandeur, & renommée : mais la fera beaucoup plus florissante que jamais, à

EPISTRE.

l'exaltation de la gloire, honneur, & loüange de Dieu, & au salut & prosperité de tous bons François.

Et pource, Monseigneur, comme au premier Prince du sang, né & disposé à toutes vertus, prenant plaisir à toutes choses dignes de vostre rang: mesmemēt à l'estude & lecture des Liures traittans d'affaires beaux & importans pour l'vtilité de la France: estimant qu'elle aura agreable ce suject & traitté, (lequel par son moyen & relation pourra estre veu de sa Majesté.) I'ay prins la hardiesse le dedier à V. A. & y ramener tous les meilleurs autheurs & passages, que ie me suis peu aduiser estre necessaires à cest effect. Suppliant tres-hūblement vostredicte Altesse, nonobstant toutes calomnies & impostures, & aussi quelques legeres fautes qui s'y pourroient trouuer, le receuoir à gré, & en vostre protection, comme auez faict l'Autheur, l'ayant daigné admettre au nombre des vostres: qui ne cessera iamais de prier Dieu pour la conseruation de sa Majesté & V. A. & communication à tous deux de toutes ses tres-sainctes graces, faueurs, & benedictions.

CLAVDE DV PRE' Sieur
de Vaulxplaisant.

NOMS DES AVTHEVRS ALLEGVEZ EN CEST OEVVRE PAR ORDRE Alphabetique.

A

Ddon Viennois.
Æneas Syluius autrement appellé Pie II. Pape.
Æmoinus Monachus.
Albert Kranchs.
Alciat.
Alexandre d'Alexádre.
Albert Thomas du Liege.
Agathias.
Amerodac Historien.
Ammian Marcellin.
S. Ambroise.
Annalles Vieilles des Sicambres.
Anne de Viterbe.
Anselme Suisse Cronographe.
Anthoine du Verdier sieur du Vaulxpriuat.
Appian Alexandrin.
Arebat Pontife.
Aristote.
Athenæ.
Auentin.
S. Augustin Euesque d'Hippone.
Ausonius.
Autheur ad Herenniú.

B

Baif.
Balde.
Baldoin.

Baldoin.
Bartole.
Baron.
Baptiste du Mesnil.
Beatus Renanus.
Bernard Odonius.
Belon.
Belle Forests.
Berose.
La S. Bible.
Bochet.
Budæ.
Bugnion.

C

Caton.
Du Chassein.
Charles du Moulin.
Cronicques de France escrites à la main d'vn incertain Autheur.
Christofle de Thou.
Ciceron.
Claude du Pré sieur de Vaulxplaisant.
Claudian Poëte.
Clodomer.
Conrad Licosthene.
Connan.
Cornele Tacite.

Cours Ciuil & Canon.
Cuspinien de Bergame.

D

Dares Phrigien.
Diodore Sicilien.
Dictis de Crette
Dion
Dorac Philosophe.

E

Eumene Rhetoricien.
Ephore.
Erasme.
Estienne Pasquier.
Eusebe Cæsarien.
Eustathius.

F

Fauste Andrelin.
Fenestelle.
Flaue Iosephe.
Flaue Vopisque.
S. Fortuné Euesque de Poitiers.
François Hotoman Iuriscon

risconsulte.
Funck de Nuremberg.
Iean du Tillet.
Iean Guaguin.
Iean Picard.

G

Geofroy de Monemont.
Gerard de Noyon.
Gregoire de Tours.
Guillaume du Bellay.
Guillaume Postel.
Guy du Faur sieur de Pibrac.

Iean de Licthemberg.
Ioseph Bengarion.
Ioannes Faber.
Isocrate.
Iules Cæsar.
Iustinien Empereur.
Iustin Historien.
Iuuenal.

H

du Haillan Historien.
Herodote.
Hildegaste Philosophe.
S. Hilaire Euesque de Poitiers.
Homere.
S. Hierome
Hunibault Historien.
Horace.

L

Lactance Firmien.
Legéde des Saints.
Loix des douze tables.
Lipse.
Lucain.

M

Martial.
Maneton d'Ægypte.
Metasthene.
Morel Lecteur Royal.

I

Iason.
Ieã Abbé de Trithé.
Iean de Luc.

N

Nicolas de Langes.
Nicolas

Nicolas de Nicolaï.
Nicolas Vignier.
Nicolas Gilles.

O

Oldendorpe.
Otthon de Frisinghen.
Ouide.

P

Paul Æmile.
Paul Diacre.
Papon.
Pandolphe Rici Astrologue.
Paulus Orosius.
Pausanias.
Philon Iuif.
Philostrate.
Platon.
Pline l'aisné.
Polibe.
Plutarque.
Ptolomæe.
Procope.
Prosper.
Pomponie Mele Cosmographe.
Pomponius Lætus.

R

Raphaël de Volaterre.
René Choppin.
Rebuffe.
Renatus Federidus.
S. Rhemy Euesque de Rheims.
Ronsard.
Robert Cœnal Euesque d'Aurenches.

S

Salluste.
Sebastien Munster.
Sidonius Appollinaris.
Sigisbert.
Seysel.
Solin Romain.
Socrates Historien.
Sosomene.
Susanneus Lecteur Royal.
Suetonius.
Suidas.
Stobæe.
Strabo.

Theo

T

THeophile.
Tite Liue.
Titaqueau.
Trebelle Pollion.
Turnebus Lecteur Royal.
Thucydide.

V

VAlere Maxime.
Varron.

Valere Flacque.
Vincent de Beauuois.
Velleius Paterculus.
Virgille.
Vuolfgang Laze.
Vuastald Scithe.

X

XEnophon.

Z

ZOsime.

ABREGE' FIDELE,
DE LA GENEALOGIE ET HAVTS FAITS DES FRANÇOIS:
Ensemble de leurs Dvcs & Rois, iusques à Clovis premier Roy de France Chrestien.

LIVRE PREMIER.

De l'origine des Sicambres & Gomerites, & de leur etymologie.

Chapitre I.

EN PANNONIE, maintenant apellée Hongrie, il y eust jadis vn peuple, lequel tiroit son origine de ce grand Cheuallier Francion, l'vn des fils d'Hector fils aisné de Priam, dernier Roy des Troyens, qui les auoit l'à amenez apres la destruction de Troye: à l'exemple du Phœnix, des cendres duquel Pline tient sortir vn plus beau & plus excellent. Et est cestuy Francion haut loüangé par le Virgille de nostre temps en

François venus de Francion, petits fils de Priã, dernier Roy des Troyẽs.

Frāciade. sa Franciade. Ie laisse à part Helene le Deuin, qui estoit resté seul de tous les fils de Priam lors de ceste destruction, & Turque ou Tourchot fils de Troïle fils de Priam: aussi Ænée & Ascane son fils, Antenor, Priam, auec autres grands Seigneurs Troyens, lesquels on dit estre allez habiter en diuers païs & contrées, dequoy plusieurs Historiens ont amplement escrit. Et moy mesmes estant à l'estude d'Humanité, ay faict parmy mes petits essaiz de ieunesse, vn poëme Grec, nommé Ἀντιτρωϊκά, lequel fust trouué assés plaisant.

Ἀντιτρωϊκά.

Chronologie de Frācion. Quant à la Chronologie, ou raison du temps, il y a plusieurs diuerses opinions: mais la plus commune est, mesme selon vne ancienne Chronicque de France escritte à la main (dont noble Antoine du Verdier sieur de Vaulxprivas, personnage bien merité du public, nous a aydé) que la ruïne & subuersion de Troye aduint l'an CCC.L. de la iudicature du peuple d'Israël soubs Abdon qui fust en ordre le xij. Iuge, comme appert au liure des Iuges xij. Chap. (combien que Hugues de sainct Victor en sa Chronicque, dit que ce fust au temps de Samson le fort, Iuge de Israël) en l'an. III. M. IXC. LXXX. apres la creation du monde M.C.XC. auant la natiuité de Iesus-Christ. Ce peuple edifia vne Cité, qui fust nommée Sicambre, soit à cause de Sicambria fille de Priam, ou de Sicamber leur Roy fils de Francion, ou de Cambre fille de Belin Roy d'Angleterre, mariée à Anthenor second Roy des François fils de Marcomir (ainsi que nous

La ville de Sicambre & son Etimologie.

nous dirons cy bas) laquelle cité long temps apres fust destruite par les Goths: mais ils en firent bastir vne autre de mesme nom en la prochaine colline, de laquelle encores pour le iourd'huy y a des vestiges & masures audit païs, en vn lieu nommé Schambri pres de Bude non gueres loing des paluz Meotides: où l'on a trouué en escrit ces mots. *Legio Sicambrorum hic præsidio collocata ciuitatem ædificauit, quam ex suo nomine, Sicambriam vocauerunt.* C'est à dire, la legion des Sicambres cy mise en garnison, a edifié vne cité qu'ils ont appellée de leur nom Sicambre. Aucuns tiennent que c'est la mesme ville de Bude, qui s'appelloit Sicabre. Cela fust au temps de Samson xiij. & dernier Iuge qui iugea par l'espace de vingt ans en Iudée, aux Iuges xvj. Chap. Autres dient au temps de Dauid Roy de Iudee. *Chronologie de la ville de Sicambre.*

Ils furent appellez du nom de ceste ville la, Sicambriës, & par mot abbregé Cimbres, Cimmetiens, Gomerites, comme aussi despuis Scythes, Celtoscythes, Gaulois, Celtes, & François. L'etymologie de tous ces noms a esté prinse en plusieurs façons, desquelles nous desduirós vne partie, à celle fin de choisir puis apres la meilleur (ainsi que faict l'abeille des fleurs du iardin) combien, qu'à la verité dire, beaucoup de personnes par curieuse recherche des etymologies (qui sont venuës des Grecs) corrompent & gastent souuent la vraye & naturelle essence des choses, comme dit Caton dans Pline. *Plusieurs & diuers noms des Fráçois & Gaulois.*

Raisonnement sur etymologie.

Sicábres, Cimbres, & Cimmeriens.

Quant au nom des Sicambres, Cimbres & Cimmeriens, il a esté mis le premier, dautant qu'il est le plus ancien, & duquel tous les vieux Historiographes ont tousiours faict memoire, parlans de ceste nation. De ce nom ont raporté deux villes en Italie, l'vne nommée *Camerino*, l'autre *Cimeria*: Aussi le Bosphore Cimmerien & les Cimmeriennes tenebres. Strabo par le tesmoignage de Possidoine tres-anciē & graue Autheur, tient les Sicambres & Cimbres estre vn mesme peuple: lesqaels ont au commencement erré çà & là sans ferme demeurance, iusques à ce qu'ils firent guerre pres des paluz Meotides, où apres la conqueste de quelque terre ils habiterent. Corneille Tacite au liure de Moribus German. les appelle Tungres ou Germains, & Pline liure xiiij. chap. xv. faict ample mention des Cimbres: diuisant la Germanie en cinq parts, & les Cimbres en deux sortes de nations:les vns maritimes & les autres mediterrains.

Gomerites. Gomerites viennent d'vne autre etymologie, ores qu'ils ne soient differens que de deux lettres, & le nom se puisse adapter à l'vne & l'autre nation de François & Gaulois, comme nous dirons cy apres: toutesfois à le prendre de sa source, il comprend seulement les Gaulois. Et pour le mieux entendre conuient presupposer, selon l'opinion de Guillaume Postel & plusieurs autres que *Noé* ou *Noah*, autrement appellé *Ianus bifrons*: *Ianus* à cause de l'inuention du vin, nommé des Hebreux *Iahin*, & *bifrons* pour regarder les deux aages deuant, & apres le deluge, lequel auec sa femme aussi on peut dire estre

Noé, autremēt dit Ianus, auec sa genealogie.

estre figuré par les poëtes en la personne de Deucalion & Pyrrha. Ce Noé (dis ie) eut trois enfans, Sem, Cham & Iaphet, lesquels diuiserent entre eux les trois parties du monde, Europe, Asie & Aphrique. Quant à Sem & Cham, lon n'en parlera point en ce discours, parce que ils ont eu les autres parties: mais seulement de Iaphet qui estoit l'aisné fils de Noé, autrement dit des Poëtes Iapetus. Il eust pour son droict d'aisnesse la benediction & heritage du monde, aduenant à sa part l'Europe & vne partie d'Asie iusques au mont Taurus, & de là s'est estendu iusques en Medie. Iaphet eut plusieurs enfans, entre autres Gomer, Dis, & Samothes. Gomer estant l'aisné vint en Italie auec les siens, comme dit Berose. Mais voyant Cham son oncle auec sa race qui corrompoit tout le monde iusques audit païs par les meschantes coustumes qu'il auoit aprinses auant le deluge, il quitta l'Italie: & ne passe outre Berose pour dire où se transporta, hormis qu'il dit qu'il nomma de son nom la regiõ où il enseigna les Loix & Iustice.

Partant faut inferer que ce fust en Gaule & en Galatie, dont sont descendus les Cimbres & Gomeriens, puis que Iosephe tient que les Gaulois sont descendus de Gomer, qui est ensuiui par Eusebe Cesarien homme Grec & tresbien versé en l'antiquité. Lequel païs de Gaule print le nom de Gomer à cause de son droict d'aisnesse, y ayãt planté & collocqué sa demeure, la recommandant à son frere Samothes dit Gallus qui en iouit apres luy. Dit encores Postel

Iaphet.

Gomer.

Passage de Gomer en Italie, & depuis en Gaule.

Gomer eust la Gaule par droit d'aisnesse.

en son liure de la troisiesme expedition des Gaulois: Gomer fust si bien instruit par Noé en la religion & vraye creance de Dieu, de laquelle auec toutes les autres sciences estoit tres-bien garny. Car ayant le monde esté destruit, seulement faute d'auoir obserué la Religion & crainte de Dieu, ledit Gomer eust en singuliere recommandation la verité & obseruation d'icelle: mesme que Gomer signifie par son nom l'accomplissement des choses mondaines. A cause que Noé auoit fondé le droict de primogeniture, despuis maintenu par Gomer, sçauoir soubs les signes d'Aries & de Leo en Gaule & Italie, les Romains parauant nommez Saturniens, leur auroient auec les Chamesiens corrompans le monde, osté le droict & possession d'Italie: pour raison dequoy ils ont esté tousiours ennemis. Car, combien que les hommes oublissent tel droict, les intelligences & conditions, par lesquelles cela auoit esté attribué aux Gaulois, ne les ont laissé viure en paix, & ne feront iusques à ce que les choses soient reduittes en leur premier & deu estat.

Donques il se peut vrayement dire que les Gaulois estans descendus de Gomer premier né de ce monde, ou au lieu du premier né apres le deluge, s'attribuent l'authorité de pouoir remettre à leur subjection toutes les parties du monde, comme despendans du droict d'aisnesse, eu esgard à l'iniuste vsurpation qui en a esté depuis faicte: & que le Roy des Gaules est vray monarque, & ne recognoist aucun superieur, ainsi qu'il sera declaré. Et cōbien que lon a voulu comprendre soubs ce nom tous ceux de l'Europe, toutesfois il est plus asseuré de dire, que la

Gomer pie & religieux.

Gaulois & Romains en dispute pour la primogeniture.

L'auctorité des Gaulois ou Gōmeriens sur toutes les parties du mōde.

la Gaule est celle que nous tenons aujourd'huy autrement appellée France, De laquelle les bornes & limites naturelles ont esté posées pour la conseruation de la memoire du deluge, qui ont tousiours duré depuis leur ancien establissement iusques à ceste heure, & leur Empire n'a iamais peu estre fracassé ny rompu totalement, soit par Iules Cesar ou autre quelcóque: bien a il receu quelque debilitation, diuersité de Seigneuries inferieures, & changement selon les occurrences du temps, mais tousiours soubs vne mesme Monarchie, comme le langage naturel outre la verité des histoires le demonstre clairement.

Les bornes naturelles sont: du costé du matin, les Alpes & le grand fleuue du Rhin: du midy, la mer Mediterranée & partie des monts Pirenées, deuers la Bize ou Septentrion, la grád mer Oceane, Angloise ou Britannique, du couchant l'Ocean Athlantique, autrement Espagnol, & l'autre partie des monts Pirenées. Quant aux Prouinces particulieres, qui y sont comprinses, ie laisse aux Geographes à les descrire, d'autant que selon la diuersité du temps & succession des Princes, la Gaule a changé de nom, de prouinces & de domination.

Bornes naturelles des Gaules, auiourd'huy appellée Fráce.

Gomer nommé par les Grecs createur des hommes, autrement Promethée (duquel nous auons amplement parlé en nostre Dialogue de Pandore, faict en vers heroïques Latins, imprimé à Lyon par Michel Ioue en l'an LXVIII.) auec son frere Dayes ou Dis (qui veut dire sus-

B 4

ABREGÉ DE L'ORIGINE

Gomer & Dis, freres Seigneurs des Tenebres.

fifant en tout) furét appellez Seigneurs des enfers & tenebres, dont les Poëtes deriuent les tenebres Cimeriennes, comme dit est, nonobstant qu'aucuns rejettent ce nom aux Scythes, autrement Tartares & Moscouites. Homere dit que Cimeriens sont peuples infernaux, dont i'estime estre venu ce que Iules Cesar en ses Commentaires recite auoir aprins des anciens Druides, que ce Dis estoit Seigneur & autheur de la gent Gallique, & que pour cela ils commençoient à compter le iour de la nuict & tenebres qui commencent en Occident : ce qui n'est prins à cause du Septentrion, (car autrement les Scytes y seroient comprins.) Mais parce que, voyans les anciens, que les tenebres viennent de ce que le Soleil va dessous terre, & qu'en nostre Hemisphere le Soleil commence d'aller à bas puis midy, & reuenir à mont puis la minuict, ont appellé la partie Occidentale les Enfers ou inferieurs du monde, & l'Orientale les superieurs. Et est à noter que comme

Gomer Seigneur de l'Europe: Sem en Asie.

Gomer eut son regne en Europe qui est vers l'Occident, aussi la race de Sem dont est descendu Abraham a eu son regne en Asie vers l'Orient : l'aisné spirituel, en la premiere partie d'Aries premier signe qui est en Iudée, & l'aisné temporel en la seconde qui est en Gaule. C'est pourquoy les Gaulois meuz à maintenir la diuine iurisdiction à eux concedée sur le monde, à fin que la memoire d'vn tel bien-faict ne se perdit : ont tousiours taché de conquerir & adjouster à leur dominatiõ les terres qui d'ancienneté

neté leur estoient propres. Par ainsi, soit pour regagner le droict de Gomer en Italie, comme pour acquester la possession des Cymmeriens ou Gomerites en l'Europe, se sousleuerent en telle multitude, que peu à peu ils remplirent toute l'Europe. Quant aux difficultez des chemins ou resistance qu'ils eurent en passant le long de l'Europe, on n'en peut disertement escrire, parce que les noms desdits païs n'estoient cogneus sinon par conjecture, & y auoit fort peu de païs habité, mesmes en Italie la plus fertile region: trouuerent que Milan estoit village, & les dixsept citez puis par eux fondées n'estoient rien. Le reste & paracheuement de ceste expedition est amplemẽt descrit par monsieur du Bellay en l'Epitome des antiquitez de Gaule & France.

L'etymologie de ce nom de Gomer ou Gomeria est prinse par maistre Guillaume Postel (hõme bien sçauant & curieux de l'antiquité,) en son liure de l'expedition des Gaulois, de l'equiuoque du nom Hebrieu: *Tanquam gens reuolutionis, in qua D E V S restaurauit ea qua ab æterno decreuerat instituere & stabilire.* C'est à dire, *comme gent de reuolution par laquelle D I E V a restauré ce qu'il auoit institué & estably de toute Eternité.* Berose luy baille l'Epithete *Inundatũ*, c'est, inondé, parce qu'il estoit auant le deluge, le vit & fust apres. Et combien que cela pourroit s'accommoder à autres. Toutesfois on l'attribue specialement à Gomer pour son droict d'aisnesse, ou bien *consummatio Fidei*, c'est à dire consomma-

L'etymologie du nõ de Gomer.

tion de la Foy. Parce que la Gaule tant deuant le Christianisme au temps des Druides, Bardes, Sarrons, Nannes & Samothes, qu'apres la reception de la Foy de Iesus-Christ a esté fort soigneuse de la vraye cognoissance de DIEV.

Solin Romain alleguant pour tesmoin Bocchus Punique, tient que Vmbres en Italie est le peuple plus ancien que de memoire d'hommes aye esté en l'Europe, dont ils portent le nom, (& l'Espagnol signifie l'homme par ce mot d'Ombres) à cause dequoy faut dire qu'ils soient descendus des Gaulois qui estoient au temps du deluge tels appellez, comme eschappez des grands flots des eaux, ainsi que dient Beroze, Caton, Pline & Varron en ses Origines: ou bien Vmbre vient de Gomer, comme si lon disoit Gomri ou Gombri. De ce nom retiennent plusieurs lieux audit païs, sçauoir Val Gommera en la terre Vetullienne, Comersan au païs de Phalisée, Ricomeri, & Como pres de Milan.

Vmbres peuples en Italie fort ancien.

DES

DES SCYTHES ET CELTOSCYTHES ET DE leur etymologie.

CHAPITRE II.

VENONS maintenant à l'autre nom qu'on leur a voulu attribuer, qui est de Scythes ou Celtoscythes. Certes ie ne le trouue conforme à la verité de l'Histoire ancienne. Mais auant qu'approuuer mon dire, ne fera mal à propos de premettre le fondement de ceux de contraire opinion, à fin que par la conference de l'vn à l'autre (comme il est de coustume) la verité en soit mieux esclaircie. *Scythes & Celtoscythes.*

Ils tiennent dóncques, que les Gomerites ont esté les premiers en nom, droict & possessoire de tous hommes du monde apres le deluge: lesquels ont occupé & prins leur habitation & premiere demeure en la Scythie, & parties Septentrionales: où combien qu'il fist grand & extreme froid, toutesfois il y auoit vne bonne, belle & plaine terre accómpagnée de tres-grande fertilité d'herbes, pasturages, bled, & toute viande necessaire aux humains. Si que les habitans n'en prenoient ordinairement que pour leur besoin, *Fertilité de la Scythie.*

besoin, le reste laissoient parmy les champs, & estoit lon contraint (comme aujourd'huy en quelque païs deuers Flandres) de chasser les bestes de leur pasture, autrement elles creuoient de graisse.

Gomerites & Scytiés ont eu guerre l'vn contre l'autre, puis ralliez.
Le milieu du monde en Armenie pres du Fleuue Araxes.

Les Gomerites occuperent ceste contrée alleschez par la bonté & fertilité du lieu, & firent longuement forte guerre l'vn contre l'autre: apres se ralierent, firent & constituerent vn mesme peuple, ayant auparauant iceux Scythes quitté l'Armenie, qui est leur premier origine, pres du fleuue Araxes: auquel on dit estre le milieu du monde, d'autant que l'Arche de Noë ou nauire qui sauua le monde du deluge vniuersel, se vint là premierement reposer, comme dans son centre. Au moyen dequoy & de ce qui sera dit cy dessous, les Scythes se disent à bon droict estre les premiers possesseurs & vsurpateurs du monde.

Etymologie des Scythes.

Ceux qui parlent pour les Scythes prenent la raison de plus haut, disans qu'ils sont ainsi nommez à cause de Scyth ou Seth, fils esleu d'Adam apres la mort d'Abel le Iuste. Voila pourquoy ils pretendent de toute antiquité la domination du monde. En quoy il y a grande concurréce entre les Scythiens & Cimbres: ceux-cy pour les raisons qu'ont esté touchées cy dessus. Et ceux-la pource que Seth estoit Seigneur temporel du monde, comme Caïn estoit Seigneur spirituel, ausquels leur race a succedé en pareille forme d'auctorité. De faict le nó des Scythes fust jadis tref-glorieux, honnorable & en grande estime

Seth Seigneur temporel du monde & Caïn spirituel.

par

par l'Orient & les Chaldeens, Assiriens, Medes, Perses & Armeniens se glorifioyent estre descendus d'eux, ainsi que maistre Guillaume Postel le recite en vn petit traitté de l'expedition des Gaulois.

Le Pape Pie II. appellé Æneas Siluius en son Histoire de l'Europe chap. xxxviij. dit qu'apres la destruction de Troye les restans & forussis furent diuisez en trois parties. Les vns soubs Æneas leur Capitaine vindrent en Italie, dont sont venus les Albanois, & puis les Romains qui ont esté les Monarques du monde: les autres soubs Antenor s'escoulans par le milieu de la Grece, vindrent en Illyrie & Royaume de Liborne iusques à la mer Adriatique, & edifierent vne Cité nommée Padouë, où l'on tient Antenor estre enseueli: lequel Antenor appella auec luy Ennetus, dont sont appellez les Venitiens, l'Empire desquels tant en terre qu'en mer à treslonguement & largement duré, & dure encores à present pour leur bonne Iustice, ordre & maniere de viure. *Les restãs de Troye diuisez en trois partis: Italie, Illirie & Scythie.*

La troisieme sorte des gens susdits penetrerent iusques en Scythie où ils commencerent beaucoup à multiplier & y seiourner longuement, faisans forte guerre aux Romains & à leur domination qui estoit en la Gaule, en laquelle ils entrerent auec heureuse victoire, y laissans marque de leur generosité. Finablement l'Empereur Constantin fils de Constantin le Grand, les surmontant & assubjetissant à l'Empire Romain par tribut, les appriuoisa aussi quant aux *Scythes entrent en Gaule: puis vaincus & rendus tributaires par l'Empereur de Rome.*

mœurs,

moeurs, comme raconte Sigisbert natif du Liege au Royaume de France.

Preuue par autorité d'Histoires.

Cela est confirmé par Æmonius Monachus, lequel on tient estre tres-veridic Historien, & en son prologue respond aux calomnies de ceux qu'ennemis ou enuieux du nom François, denient & accusent tout cela de mensonge. Certes combien qu'ils soient Religieux, les faut croire: car en ce temps la (à l'exemple des Druydes) les Moynes & Religieux vaquoient soigneusemét à l'Histoire, & auoient charge d'instruire le peuple de bonnes moeurs. Ce qui ne se peut bonnement faire sans cognoissance de l'antiquité: Aussi voyons nous, que la pluspart des Histoires, par lesquelles nous auons quelque preuue ou conjecture des François & Franc-Gauloys, ont esté par eux compilez & redigez par escrit. Messire Robert Coenal Euesque d'Aurenches, qui a beaucoup en nostre temps trauaillé à rechercher l'origine & antiquité des François, par tous ses liures ou Periodes qu'il a faict de la chose Gallique allegue plusieurs Autheurs, lesquels tiennent ceste mesme opinion. Entre autres Anselme Suisse Chronographe, Hubert, Thomas du Liege, & Cuspinian de Bergame.

Les moynes comme les Druydes instruisoient le peuple en l'Histoire & bonnes moeurs.

Scythes voisins des Cimbres, mais ne sont vne nation.

Sur ce propos est bon de mettre icy ce que monsieur du Bellay en dit en l'Epitome des Liures de l'antiquité de Gaule & France, par où il est aisé d'inferer que les Scythes estoient voisins des Cimbres, ainçois n'estoit mesme païs: parlant en ces termes sur la fin du troisiesme liure, apres auoir narré les longues emigrations & voyages

voyages faicts par les Gaulois ou Cimeriens.

Long temps puis lesdites emigrations, sçauoir l'an du monde 4680. & peu apres la Colonie enuoyée par le Roy Gunrus de Scythie auec lesdits Gaulois, Cyrus Roy de Perse espiant ceste occasion mena grosse armée en Scythie ou Pæonie, mais fust desfaict par la Royne Thomiris. Apres le Roy Darius y mena aussi forte armée & contre luy marcherent les Pæoniens, mais Megabisus lieutenant de Darius, vsant de finesse, faignant retraitte és montz, vint par autre chemin surprendre leurs bourgades. Alors n'ayans les Pæoniens moyen de recouurer leurs villes, ni combatre si grosse armée, furent contraints luy rendre obeissance. Darius interrogant aucūs d'iceux, trouua qu'ils estoient venus des Troyens. Et soit qu'il eust peur d'eux, ou qu'il luy pleust les renuoyer & restablir en leur ancien païs, les fist conduire en Phrigie & assigner terre : mais apres par Aristagoras Milesien, estāt Darius empesché en la guerre contre les Milesiens, furent exhortez & conuiez de se retirer en leur païs de Pæonie, ce qu'ils firent. Puis vn petit loin il adjouste parlāt sur ce sujet:

Les Saliens Scythicques & toute la Scythie demeurerent quelque temps en repos : apres tout cela Alexandre le Grand leur donna depuis grand trouble. Par ce moyen leurs forces tant affoiblies, peu apres les habitans des Isles Gotthicques & Scanziennes vsans de ceste occasion reprindrent les armes contre eux sur la vieille querelle des pasturages. En ceste guerre mourut Antenor regnant sur eux. Marcomir son fils desirant venger sa mort, assembla souuent contre eux. Mais le grand nombre des ennemis vainquit la vertu de son petit nombre. Par le conseil des Oracles

Discours de M. du Bellay sur le progrés des Scythes.

Meslange des Scythes & Cimbres.

Oracles il delibera changer d'habitation, & auec la plus grand part de son peuple vint habiter sur le Rhin, au païs que tiennent aujourd'huy les bas Frisons, Holandois & Gueldrois. Peu de temps apres vindrent habiter assés prés de luy les Cimeriens ou Cimbres partis des palus Mæotides, & se trouuans ensemble en Germanie, comme ils auaient esté voisins en Scythie, prindrent alliance les vns auec les autres.

Resolutiõ. Tout cecy seroit bon auec autre discours plus long à ceux qui voudroient entreprendre le panegyrique des Scythes: mais nous, qui nous contentons de representer à la posterité la verité de la deduction & genealogie des François, dirons tant seulement icy en passant, que l'erreur de ceste opinion n'est fondée sans quelque specieuse apparence de raison.

Scythes par alliãce descendus de Gomer, & se disent Dominateurs du monde. Premierement il n'y a point de doubte (comme nous auons touché cy dessus) que les Scythes commencent leur origine de Gomer fils de Iaphet, fils de Noé, & que par ce moyen soustiennent estre les vrais premiers dominateurs du monde. Mais ie dis que cela est plus par droit d'alliance qu'autremẽt, parce que les vrais François estans descendus des Troyens, & s'allians par le moyen de leur voysinance auec les Scythes firent vne mesme nation & mesme peuple. Qu'est la raison pourquoy la Scythie selon Ptolomée & autres Cosmographes est diuisée en deux parts: sçauoir la superieure, & inferieure. Ce peuple depuis suiuant sa routte & fortune s'est espandu par la Germanie, & apres en Gaule (ainsi qu'il sera dit) se sont augmentez, tout ainsi

ainsi qu'un peloton de naige agité du vent rencontrant vn autre monceau de peu à peu paruient à vne grosseur de grande contenuë, sans que pour cela il change de premiere nature, & partant ces Gaulois pretendent estre issus de Gomer.

Quoy qu'il en soit, il est tout certain & asseuré, mesme selon les anciens Cosmographes, que la Germanie, où sont venus premier habiter les François, & la Scytie sont deux païs differents, combien qu'aucunes fois on les a prins promiscuement l'vn pour l'autre: à quoy i'ay alludé en mondit poëme de Pandore, disant ainsi:

Quin, ne armis sit opus, famulos lubet ense rebella Scytharum se se Dominum submittere virgis.

Ce que se dira tantost par mesme raison, des Germains, Gaulois & autres nations, qui ont eu alliance auec les François, & par icelle raison ils ont esté autrefois appellez Celtoscytes.

Ie concluray pour le plus certain qu'il y a diuersité de ces deux nations Scythes & Sicambres ou François, entre lesquels ont duré grandes guerres, à cause de la primogeniture ou preference d'antiquité, nommement par ce passage d'Ezechiel: *Gomer & toutes ses bandes & la maison de Togorma des costez d'Aquilon*, par où l'on peut colliger, les Gomerites auoir esté peuple d'Asie situé vers Aquilon au regard de Iudée, & par Togorma sont signifiez les Scythes:

Belle comparaison.

François & Scythes prins promiscuement combien qu'ils soient de diuerses nations.

Ezechiel 38. chap.

C

ABREGE' DE L'ORIGINE

DES GAVLOIS ET
CELTES, ET DE
leur etymologie.

CHAPITRE III.

Catachrese des nōs de Gaulois & François.

LE nom de Gaulois leur est attribué, soit à cause du voysinage, ou de l'habitation qu'ils ont faicte en Gaule, ou bien de la meslange, & conjonction des deux nations, comme nous ditōs en son lieu. Mais quoy que soit, il est tres-certain & asseuré, selon Strabo, Ptolomée, Mele, & autres Cosmographes, que le vray païs de Gaule est limité & borné naturellement, cōme il a esté dit cy deuant, entre les Alpes & l'Ocean, combien qu'aucūs ont prins opinion, que la Gaule s'estēd par toute l'Italie, qu'ils appellent Cisalpine ou *Togata*, & l'autre Transalpine, *Comata*, ou *Bracchata*. Ce qui peut estre prouenu pource que l'Empire des Gaules s'est prouigné & dilaté iusques là. Mais au contraire celle qui est maintenāt appellée France, se doit apeller Gaule Cisalpine, & celle qui est en Italie Transalpine, parce que les choses prennent tousiours la denomination de leur premiere & plus ancienne origine. Or est-il vray,

Nouuelle diuisiō de la Gaule Cisalpine & Transalpine, & qui elles sont.

vray, que ces Gaulois ont esté premierement en nostre païs de France, & puis florissans par leur prouësse & vertu se sont estendus plus auant & passé iusques en Italie.

Quant à l'origine de la Gaule, monsieur du Bellay sieur de Langey en parle ainsi : *L'incertitude des antiquitez de Gaule est venuë en partie, que les Druides qui seuls en auoient parfaicte cognoissance de main en main sans escrit, furent estains & abolis par les Romains : partie que les autheurs estrangiers, qui auoient quelque cognoissance de l'histoire, ont seulement nommé les regions plus fameuses & abondantes en peuple comme eux mesmes tesmoignent. Dont est aduenu, que les particuliers moins populeux, & qui despuis sont augmentez par les ruines des autres, sont estimez gens noueaux, & ce que l'on a mis en auant de leur ancienneté & origine, à fable & mensonge. Non moindre obscurité nous a esté engendrée soubs les noms des Princes, peuples, villes, monts & fleuues de Gaule & Germanie, parce que les autheurs Grecs & Latins, en leur donnant chacun le son & inflexion de sa langue, les ont grandement diuersifiez & corrompus : ioint que la frequente & presque continuelle migration de peuples de l'vn à l'autre païs, a tant varié les anciens confins, & limites des prouinces assignez, par les anciens Historiens & Cosmographes, que les alleguant maintenant autres qu'ils estoient, ou en nommant villes & peuples dont auiourd'huy n'est plus de nouuelle, il semble à plusieurs qui en iugent superficiellement, qu'on leur cõpte des bourdes & songes de fairie.* Puis, le mesme autheur vn peu plus bas faict vne tres-belle re-

M. du Bellay au premier liure de l'Epitome des antiquitez de la Gaule & France.

C 2

marque quant au succés de la Gaule, selon la diuersité des temps: laquelle i'ay voulu adjouster icy de mot à autre, combien que l'ordre n'y conuient trop bien, parce qu'il ne se peut mieux dire, & sont choses curieuses & dignes de memoire.

C'est à sçauoir, dit-il, que dés lors que la naturelle instabilité des choses humaines mit faction & particularité entre eux, & les puissans se commencerent à fouruoyer en opprimant leurs foibles voisins: la noble Gaule, qui autresfois souloit tout vaincre, & triompher en tous lieux, qui toute terre souloit peupler, & sans alliance de laquelle les autres nations ne pensoient leur estre possible de faire aucun chef d'œuure, ou chose memorable au faict d'armes, pour à laquelle seule resister le peuple Romain seul dominateur du monde auoit ordonné des tresors & espargnes serrez en cas de necessité: & à laquelle vnie tout le surplus du monde par la confession de ses ennemis ne se trouuoit suffisant de resister: premierement se demembra par intestins & ciuils discords: puis diuisée en soy se desola, & par succession de temps peu à peu aprint d'estre vaincue, triomphée & par force peuplée & habitée des estrangers. Lors les Romains ayans si belle occasion, s'alliants de l'vne ou l'autre partie, d'entrer & prendre pied deçà les Alpes, executerent leur intention: ou au contraire les insensez & mal-conseillez Gaulois, pour euiter la subiection des vns aux autres imprudemment se mirent le col soubs le ioug, & firent la Gaule sujette & tributaire aux Romains: soubs la main desquels elle a esté par 450. ans administrée, ou au mieux dire, expilée de toutes

Causes de l'euersion de la monarchie Gauloise.

sortes

sortes de nations estrangeres, & bonne partie de Narbonnoise proche d'Italie fut la premiere soubzmise & faicte province Romaine: dont iusques ores luy est demeuré nom de Provence. Les Heduens, (aujourd'huy Authunois,) apres se firent amis & alliez du peuple Romain, laquelle alliance les tira, ensemble toute la Gaule, en seruitude par contention de superiorité qui sourdit entre eux, & les Sequanois. Les vns appellerent les Germains, & les autres les Romains à leur ayde, & aux vns & autres en aduint perte de liberté, non que de superiorité. Enuiron l'an du monde 5133. & 690. apres la fondation de Rome, Iules Cesar fut pour ceste raison despeché pour venir en Gaule auec grande puissance, dequoy il poursuit l'histoire assez succinctemét iusques à Tibere. Mais ie ne daignerois la rager en ce lieu, pour estre assés triuiale & cogneuë de tous, mesme par le recit de Iules Cesar & autres. Ie prie DIEV qu'il n'en aduienne autant de nostre temps, car nous en auons veu quelques signes auant-coureurs, mais la prudence, bonheur & vaillance de nostre tres-bon & magnanime Roy Henry IIII. du nom, auec l'assistance de tant de bons Princes du sang genereux & de cœur François l'empeschera.

Par contention de superiorité les Gaulois tirez en seruitude des Romains.

Priere à Dieu pour la France en nostre temps.

Quant à l'etymologie, elle est prinse diuersement, suyuant l'opinion & forgement d'inuention de plusieurs autheurs. La premiere & plus vray-semblable est tirée du mot de Galath ou Gallin, qui signifie en la premiere langue (qui est l'Armenienne) inondation, enuelopement des ondes, & flots d'eaux, & transmigra-

Etymologie des Gaulois.

1. Etimol.

tion, comme estant ce peuple demeuré le dernier au monde apres le deluge. Noé ou Nohac soit pour auoir retenu quelqu'vn de ce peuple en son nauire, ou en commemoration du dernier reliquataire, le renouuella & quasi resuscita, luy donnant nom, prix, & reputation entre les hommes.

Galath ou Gallin signifie inondation ou transmigration.

Doncques ce bō pere bailla le nom de Gaule à Gomer, comme tiltre de primogeniture, d'autant qu'il estoit l'aisné & representant Iaphet l'aisné des siens: à l'exemple des Seigneurs & Princes, lesquels baillent tousiours le nom plus noble & eminent à l'aisné.

Nom de Gaule par tiltre de la primogeniture.

Et nonobstant que par la mesme raison, les autres enfans de Noé puissent vsurper ce nom, pour estre aussi demeurez apres le deluge: toutesfois à cause de la primogeniture il est demeuré aux descendants de Iaphet, autrement apellé Iapetus, que les Poëtes feignent pere de Promethée & Epimethée. Gomer recommanda, & laissa ce nom à son frere Samothes Gaulois, lequel vint demeurer en Gaule, ainsi de son nom appellez. Depuis par succession de temps, ce nom s'estendit à ses successeurs, & à tout le peuple : lequel a deux noms, Gaulois & Cimbriens : le premier par miracle & operation supernaturelle, le second de la famille & sang. Mais ils n'ont point vsé de cestuy-cy, iusques à ce qu'ils sont paruenus delà le Rhim en Germanie, dōt Strabon escrit, que les plus nobles qui fussent entre le Rhin & Elbe, estoient les Sicābriens, ou Cimbres. Estendus en apres par

Ce tiltre transferé à Samothes autrement Galius.

Nom de Gaulois & Cimbres.

par tout le Septentrion ont esté semence de toutes les nations qui ont chastié & subiugué auec les François l'Europe, Asie, & Aphrique, cōme du plus fort vin se faict le bon vinaigre.

Gaulois vainceurs du mōde.

De là est venu que Vallere Maxime & Appian Alexandrin lesquels cognoissoient tresbien la difference des peuples, nations & prouinces de l'Europe, ont nommé les Gaulois & Cimbres pour vne mesme gent. Diodore Sicilien, ensemble Eustathius commentateur de Dionysius, de Vrbibus tiennent, que les Europeens se nommoient du nom de Celtes par les Grecs, & Galates ou Gaulois par eux: combien que par apres ledit Diodore les diuise en deux nations. Ce sont ceux mesmes qui ayans prins Rome & despouillé le temple d'Apollo Delphicque, dont mal leur en print (ainsi qu'il faict ordinairement à ceux qui s'attacquent aux choses sacrées, rendirent à soy tributaire la plus grand part de l'Europe. Dequoy y a des vestiges en Allemaigne païs de Vuestfalie ou Vuestgallie, & le nom de Gallogrecs, parce que le restant d'iceux s'y vint retirer, & edifierēt plusieurs citez de leur nom. Il appert doncques par le discours de Diodore, & autres hystoriens, que ce qui est attribué aux Cimbres, sans nulle doubte, est propre aux Gaulois: ausquels seulement & non à autre nation, est loysible de gaigner & conquerir païs par iuste droict de guerre, parce qu'ils ne font que recouurer leur possession qu'ils auoient du temps de Gomer, & par apres perduë par la faute de

Vall. au chap. des anciennes institutiōs Ap. en l'Isl. Celtes Gaulois & Cimbres vne mesme Gent.

Europeens dits Celtes en Grec & en leur lāgue Galates.

Voyages & discours des Gaulois.

leurs Princes & conducteurs. Mais qu'en parleray-ie dauantage? S'il se trouue quelqu'vn si curieux que d'en vouloir rechercher plus auât, ie le renuoye au liure de maistre Guillaume Postel, lequel a faict vn traicté particulier des expeditions des Gaulois.

Postel traicté de l'expeditiõ des Gaulois.

Ainsi les Gaulois ou Celtes ont occupé, premierement toute l'Europe, non seulement la partie orientale, mais aussi l'occidẽtale, dont les monuments & traces en sont restez. Là les Celtoscytes, icy les Celtiberes, Portugais & Gallice, comme Postel le confirme par plusieurs & diuerses auctoritez, sçauoir de Iosephe, Ephore, Strabon, Herodote, Ptolomée & Plutarque. Les anciens Gaulois, faut entendre, que soubs la conduite de Francion allant restablir ses freres, furent ramenez en celle partie de l'Asie au dessus de la Phrygie & Bithinie, tendant vers l'Orient, qui de leur nom a esté nommée Galathée. De maniere qu'au temps de S. Hierosme, encores que tout l'Orient vsast lors de langue Grecque, iceux Galates auoient gardé leur idiome & langue Gallicque. Messire Guillaume du Bellay (duquel i'ay parlé cy dessus,) d'escrit au long trois principales migrations & colonies des Gaulois en diuerses prouinces: l'vne en Espaigne autrement appellée Celtibere, l'autre en Angleterre, autrement Armoricque ou Albion: la tierce en Germanie, sur laquelle il s'arreste beaucoup, mais qui reuient quasi à ce que nous auons traicté: remarquant en passant vne chose singuliere, que

Gaulois maistres de l'Europe.

Du Bellay au deuxiéme des Epitemes de l'antiquité de Gaule & France.

que les Gaulois en leurs colonies estoient coustumiers, non seulement d'imposer à leurs nouuelles villes & citez le nom de celles dont ils estoient partis : mais plus communemēt choysir l'assiette pour habiter, selon celle de leur natiuité, & tant que possible à la forme de leurs anciens voysins.

Remarque singuliere sur les François.

Puis tant sur la fin dudit liure qu'en la suitte des autres, il raconte plusieurs sortes d'expeditions & soubs la conduite de diuers chefs & Capitaines auec leurs gestes memorables. Et d'autāt que nous auons protesté de ne au long parler des Gaulois comme des François, ie renuoyeray aussi le lecteur aux susdits liures, s'ils ne se veut contenter de Postel, combien qu'ils s'accordent quasi au principal de la matiere.

Il y a plusieurs autres etymologies des Gaulois, lesquelles ie mettray tout en vn pour estre asses triuiales & despourueuës d'authorité & credulité. Aucuns auec Appian Alexandrin, deriuent leur nom de Galatus fils de Polipheme le Geant, qu'il eut de Galatée Nimphe dōt les Grecs les appellent Galates. Autres (qui est plus approchāt du mot Grec ἀπὸ τὸ γάλακτος, c'est à dire du laict, à cause de la couleur blanche, de laquelle ils sont douez, plus que toute autre nation. Autres, s'il est loysible d'alluder au mot de Gallus en Latin, pour quelque sympathie ou correspondance de leur naturel auec celuy du coq.

Autres etymologies des Gaulois.

De l'authorité, antiquité, & renommée des Gaulois il en sera cy touché vn petit mot en

C 5

passant. Varron en ses Origines Romaines, comme nous lisons dans Arnobius & aussi Strabon, de l'opinion d'Ephorus, qui fust du temps de Platon, inferent, que les Gaulois estoient le peuple le plus illustre de l'Occident. Mais la faute des Historiographes mesmes Gaulois, touchant la recherche de leur origine, droicts & description de leurs hauts faicts, a esté celle qu'ils ont passé comme chat sur braise: soit par negligence, ignorance, ou dissimulation, combien que la verité s'en demonstre assez par les autheurs anciés, non apocriphes, ains veridicques & dignes de foy.

<small>Noblesse & renommée des Gaulois.</small>

Parquoy estoient reputez proceder du sang Troyen, comme le plus belliqueux & renommé qui fust au monde, dont est venu le distique d'Ouide:

Ingenuüque sui dictus cognomine Largus,
Gallica qui Phrygium duxit in arua senem.

Lequel nous auons ainsi rendu François.

Cil qui pour son esprit fut surnommé le Large,
Conduit aux cháps Gaulois la Phrygiëne charge.

<small>Leur antiquité.</small>

Faut aussi noter, que la race des Gaulois à precedé celle des François ou Sicambres Troiugenes, d'autant qu'il y a de distance puis le deluge iusques à l'euersion de Troye: combien qu'il sera dit souuent en ce liure, à cause de la conjonction, mistion, & alliance des deux nations par ensemble, les François se peuuent aussi dire Gomerites de Gomer, Samothées de Samothe son frere, Druides de Druys ou Dis, autre frere: Celtes de Celtes, Gaulois de Galates,

<small>Rois en Gaule.</small>

tes, Belges de Belgius, lesquels ont esté successiuement Rois en Gaule apres ledit Gomer, ainsi qu'Anné de Viterbe la extraict de Maneton d'Egypte, & Iean de Luc, liure 6. chap. 2. Ce que ne voulons espelucher par le menu, car c'est l'histoire des Gaulois.

Ioseph Bengarion autheur Hebrieu en son liure v. chap. xlij. dit en ces mots. *Præcedebat caterua militum & fortissimi quique Iudæorum & Gallorum, qui sunt francigenæ omnes, gladiis accincti & induti loricis ferreis, flentes & lugentes & cum lamento incedentes.* C'est à dire. *La precedoit grand multitude de soldats, & des plus nobles des Iuifs, apres eux la trouppe des Germains & Gaulois qui sont francigenes tous armez de glaiue & vestus de hocqueton de fer, pleurans & cheminans auec lamentation?* Où il faut noter en passant, que les Germains ou Allemans estoient conjoints auec les Gaulois, combien qu'ils fussent diuerse nation, ainsi que nous dirons tantost: mais furét appellez Germains comme freres des Gaulois, ou François. Monsieur du Bellay sur la fin de l'Epitome du deuxiesme liure de l'Antiquité de Gaule, recite vne longue histoire du secours donné aux Troyens Gaulois par leurs cousins Pœoniens, Sicambres contre les Allemans ou Germains, & comme ils firent paix & alliance, telle qu'ils demeurerent ensemble par apres: & des lors, en langue Tioyse furent appellez Germains, *id est*, freres: de la vient, que les Romains & autres nations les prindrent communement les vns pour autres.

Force des Gaulois.

Germains cōme Freres des Gaulois.

Leur

Leur grande puissance est demoustrée entre autres en ce, qu'au temps de Tarquin le vieil Roy des Romains, ils enuoyerent des lors six cens mil hommes, & au temps de Cesar trois cens mil; sans toutesfois que lors il y eust aucune memoire des François parmy eux. Postel remarque que les Gaulois ont esté soubs leurs propres Rois & Loix des Druides, deux mil ans puis le deluge iusques au temps de Iules Cesar. Puis Cesar iusques au temps de Valentinian & Theodose soubs les Empereurs des Romains, 300. ans. Puis ledit temps ils ont vescu soubs les Princes François & loix de Gaule iusques à present, alleguant vn bel adage en ces mots: *Imperium penes Gallos est formatum, in Cesare reformatum, in Constantino restitutum, in Carolo magno asserendum in suo vindice.* C'est à dire: *La domination a esté formée chez les Gaulois, en Cesar reformée, en Constantin restituée, & en Charlemaigne a deu estre remise en son ancien estat.* Le mesme Postel dit encores par authorité d'Appian Alex. en la guerre Gallique, que Cesar 300. fois batailla contre les Gaulois, sins qu'il les eut subjugué: lesquels estoient si forts & redoubtables aux Romains, qu'en la loy d'Immunité des vieux & prestres d'aller à la guerre, estoit adjousté, sauf celle des Gaulois. Tellement, que par là on collige qu'ils ont resisté fort longuement à la puissance des Romains: & sans les tyrannies & dissentions d'entre eux, n'eussent iamais esté vaincus, ains eussent vaincu & suppedité tout le monde.

Mais

Mais nous lairrons icy l'histoire des Gaulois pour venir aux François: car il n'a esté parlé d'eux cy deuant, sinon en passant, pour la conjonction qu'ils ont ensemble, tant pource que cela est trop long & incertain, combien que plusieurs en ayent escrit, qu'aussi ce traitté appartient à plusieurs autres nations de l'Europe qui sont comprins soubs leur nom. Dauantage ils ont esté dominez & commandez par plusieurs estrangers, là où les François vrais ou Sicambres n'ont iamais suby le joug de plus grande puissance. *Comparaison des Gaulois aux François.*

Quant au nom de Celtes, il n'y a point de certaine etymologie, sinon de leur Roy Celtes. Aussi i'estime que c'est le nom primitif, qui comprend aussi les Gaulois. Mais parce qu'ils allerent habiter sur les confins de Germanie & vsoient de leur langue & moeurs, on les tenoit pour Germains, dont Herodote liure ij. & iij. rapporte, le Danube sortir en Celte, & Philostrate appelle Celtes, partie de Germanie en la vie de Nicet Philosophe. Cesar, liure septiesme de la guerre Gallicque, descrit leur transmigratiõ en Germanie, aussi faict Tite Liue au v. Iustin liure xxxiij. de son histoire abbregée de Troge Pompée, Pausanias *in Phocide* Athenée liure v. des dypnosophistes, & Alexandrin en l'Illyricque. *Le nom de Celtes prins pour Germains qui vrayement sont Gaulois.*

De leur ancienne contenuë, domination & puissance, & aussi de leurs Princes, Ducs, & Gouuerneurs, & autres choses de marque qui ont esté en ce païs, voyez ce qu'à escrit Laze *De la contenuë des anciés Celtes & de leurs Gouuerneurs.*

Vien

ABREGÉ DE L'ORIGINE
Viennois au liure des Migrations, où il parle des Celtes, recitant grand nombre de bons autheurs, que ie tairay pour le present, parce qu'il apartient plus à vne curiosité, qu'au vray but de noſtre Hiſtoire.

DES

DES FRANÇOIS
ET DE LEVR etymologie.

CHAPITRE IIII.

OR pour explicquer le nom de François, il nous est force de reprendre nos premieres erres, desquelles il est faicte mention au commencement de nostre liure. Sçauoir de l'œuf originel, qui est ce grand Francion autheur des François, venu du sang illustre des Troyens: duquel aussi plusieurs autres nations, comme du plus noble & renommé qui fust onques, tirent leur naissance. Comme il est vray semblable qu'apres la ruine de Troye, les plus grands & esleuez d'entre eux, ayans honte & regret, de voir tousiours deuant leurs yeux ce piteux spectacle, sont allez en diuerses contrées chercher leur siege & habitation.

Reprinse de l'origine des Frãçois.

Donques Francion l'vn des plus grands & genereux des Princes Troyens, ayant auec ses gens abordé l'Hongrie, combien qu'aucuns luy baillent pour compagnon & chef de guerre Turquo, duquel nous parlerons tantost. Ils

Les Frãçois bastirent Sicãbre en Hõgrie.

plante

plantérent leur bourdon & demeurance en la ville de Sicambre, bastie de leurs mains, laquelle (selon la susditte ancienne Chronique) depuis sa fondation qui fut l'an prochain de l'euersion de Troye, a duré enuiron mil cinq cens quarante ans iusques au temps de Valentinian le grand Empereur, lequel fust quatriesme depuis Constantin le Grand, faict Chrestien par S. Sylueſtre Pape, & commença à regner l'an de noſtre ſalut, trois cens ſoixāte ſept.

Durée de Sicambre.

Ceux qui baillent à Francion, Turchot ou Torgot pour compagnon, dient qu'ils eſtoient couſins germains, car Turchot eſtoit fils de Troyle fils de Priam dernier Roy des Troyés, lequel vne piece apres ſe deſpartit des François, & alla en Scythie, dont eſt venu la race des Turcs prenans le nom de luy. Qui a causé touſiours depuis vne grande alliance, entre les François & Turcs: plus se deuans augmenter & fortifier ſi la diuerſité des deux Religions ne l'euſt empeſché. Ainſi le recite Vincent de Beauuois grand historien, qui a faict le Miroir Hiſtorial, & apres luy Robert Cœnal en ſon liure premier de la choſe Gallicque, perioche vnzieſme. De là vient ce que dit Nicolas Gilles en ſes Annales de France, qui l'a prins de Baldric Eueſque de Dol, que les Turcs ne reputent aucun digne du nom de Cheualier s'il n'eſt Turc ou François. Et pour ceſte raiſon tous les Chreſtiens conuerſans auec eux, ſe font appeller Francs, à fin d'en auoir plus grād credit. A quoy allude le Poëte en ſes vers diſāt

Frācion & Turchot eſtoiēt couſins Germains.

Cognation & alliance entre les Frāçois & Turcz.

Nouerunt

DES FRANÇOIS. Chap. iiij. 17

Nouerunt Solimi Francos & Delphica rupes
Tantus erat terror, tam formidabile nomen
Gallorum, quòd non hodie gens vlla putatur,
Quàm mage Turcarum timeat violenta potestas.

Et en François est ainsi interpreté:

Les braues Solimans & la Roche Delphique
Des François ont cogneu le redoutable nom,
Et n'y a gent guerriere au monde de renom
Qui plus craint ait esté par le Mahumeticque.

Quant à ce que nous auons dit, ce peuple François ou Sicambrien, autrement Cimbre, estre venu des Troyens (combien que monsieur le Greffier du Tillet & autres neotheriques soustiennent le contraire) il y a grande apparéce en l'affirmatiue par les preuues alleguées par Iean le Maire ancien historiographe des François, mesmes vne qu'il dit auoir tiré des fragments d'vn vieil Poëte trouuez dans l'Eglise collegiale S. Iust de Lyon en France, (dont l'autheur de ce liure est natif) ensemble du Pape Pie second autrement appellé Æneas Siluius & de Raphael de Volaterre, exposans ce mot de Pœonie, qui est aux vieux autheurs pour Pannonie ou Hongrie: Car il est certain par le recit de Dares Phrigien & Dictis de Crete qui sont des plus approuuez historiens touchât la guerre de Troye, & encores mesme d'Homere en ses Iliades, que Priam auoit enuoyé en Pœonie, autrement ditte Pannonie, Paris, Deiphebus, & Helenus ses enfans pour auoir secour d'eux à l'encontre des Grecs par diuerses fois, tant auant le rauissement d'Helei-

Les François craints plus qu'autres nations.

Preuue q̃ les Frãçois ou Sicambres sont descendus des Troyẽs.

Lieu de la naissance de l'autheur.

Priam enuoya ses enfans en Hongrie ditte Pœonie pour estre secouru.

D

ne que depuis durant le siege de Troye, & qu'il fut tres-bien secouru de ceux dudit païs.

Cause pourquoy les Troyens vindrent habiter en Hongrie.

A cause dequoy (les Troyens comme il est vray semblable pour vne continuelle frequentation & habitude, qu'ils eurent ensemble) contracterent vne estroite amitié & confederation auec les Hongres ou Pœoniens. Dont se resouuenants, chassez de la ville de Troye, leurs murs abbatus, temples demolis, la ville saccagée, bruslée & ruïnée, si qu'il n'y auoit moyen de la remettre en nature, vindrent vne partie habiter audit païs soubs la conduite, comme dit est, de Francus ou Francion fils d'Hector, là où ils furent fort honnorablement & amiablement receus.

Vienne capitale de Pannonie haute, & Bude de la basse.

Peu à peu accreurent de peuple & multiplierent si auant, qu'ils bastirent ladite cité de Sicambre en la basse Pannonie. Car la haute c'est le lieu de l'Archiduché d'Austriche, de laquelle la ville capitale est à present Vienne, tout ainsi que Bude de la basse. Et pour argument de cecy, faict à remarquer que Pharamõd print pour ses armoiries trois crapaux en chãp blanc, qui denote les paluz Meotides, lesquelles armes les Rois de France ont depuis retenu, iusques à Clouis premier Chrestien, lequel par le vouloir & message de Dieu, auec la religion changea les crapaux en fleurs de liz.

Mutation d'armes de trois crapaux en trois fleur de liz.

Ammian Marcellin a faict vn beau discours qui s'accorde auec ceste proposition, laquelle est aussi confirmée par Iustin historien, & par l'Abbé Trithem; que l'on peut iustement appelle peller lumiere de l'histoire de France, & lequel au commencement de son liure de la France, a mis tout au long le preambule d'vne vieille ordonnance Royale, contenant en bref la Genealogie & desduction des François.

L'Abbé Trithé lumiere de l'histoire de France.

Mais pour mieux conuaincre & abbatre ceste erreur & nouuelle resuerie, qui s'est imprimée en la teste d'aucuns de nos neotericques: ie leur mettray en teste vn des premiers escriuains historiens de nostre temps messire Guillaume du Bellay sieur de Langey, duquel nous auons tant parlé. Car au commencement de son liure des Epitomes de l'antiquité de Gaule & France, qui ne se trouue par tout, il faict vn beau discours sur l'ancienne extraction de Gaule & de France, mesme de Francion fils d'Hector & d'Andromacha, d'Helenus son oncle, de Rhemus son beau pere Roy des Gaules, & des hauts faicts, gestes & vie dudit Francion, auec la continuation de sa lignée : racontant ceste mesme transmigration des Troyens aux palus Mæotides, mais par accident de naufrage, & vn peu diuersement des autres. Et puis respondant aux objections que faisoient des sçauans personnages de son temps (comm' encores aujourd'huy) contre ceste ancienne extraction, au deuxiesme liure parle fort pertinemment: ce qui est escrit de mot à autre en l'Epistre liminaire de ce liure, où ie renuoye le lecteur pour obuier à repetition superflue.

L'etimologie du nom de François est prinse en plusieurs sortes, aucuns la prennent du nom

Etymologie diuerse

D 2

ABREGÉ DE L'ORIGINE

du nō de François.

de Brennus, qui estoit Duc ou Capitaine des Gaulois contre les Romains, lors qu'ils prindrent la ville de Rome iusques au Capitole: comme si l'on vouloit dire France par langage corrompu venāt de Brence: tout ainsi que Belges se dient de Belgius ou Bellinus autre capitaine cōtre les Grecs frere de Brennus: lesquels deux freres apres se rallierent ensemble & furent à la parfin rompus & deffaicts miraculeusement pres la cité de Delphes suyuant la description de Ptolomée Cosmographe.

1. etym. Etymolog. prinse de Brennus.

Autres du nom de ferocité, d'autant qu'ils estoient gens farouches & insolens, non assujectis à aucun tiran ou monarque du monde: pour raison dequoy Robert Cenal les appelle *Attica lingua feroces aut nobiles, Italica liberos*: c'est à dire, en langue Attique farouches ou nobles & en Italienne libres.

2. etym. François farouches & insolēs.

Autres les dient François, comme francs & exempts de tribut: pour laquelle opinion vient à noter que l'Empereur Valentinian, (duquel nous auons cy deuant parlé) entendant que les Alains s'estoient rebellez cōtre l'Empire Romain, les assaillit si vaillamment qu'il les contraignit se retirer pour leur salut aux paluz Mæotides, à cause de la fertilité du lieu, là où l'Empereur les poursuyuant, & preuoyāt qu'il n'en pourroit venir au bout, appella à son ayde les Sicambres voisins, & ayans cognoissance du païs leur promettant relaxation du tribut, qu'ils faisoient aux Romains par l'espace de dix ans. De laquelle promesse estant les Sicambres allechez

3. etym. François exempts de tribut par Valentiniā Empereur.

alléchez se porterent si vertueusement qu'ils chasserent les Alains dudit lieu.

Iceux dix ans expirez parce qu'ils refuserent estre tributaires aux Romains, disans s'estre affranchis par le trauail de leurs corps & pris du sang, Valentinian leur fit la guerre. Ils aymerent mieux sortir du païs où ils auoient demeuré l'espace de 230. ans, & l'abandonner opiniastrement pour aller contre l'Empereur, que de se remettre soubs sa domination (tant a de puissance sur vn cœur genereux le nom de liberté) mais ne se sentans fort pour luy resister, se retirerent de ce pas à l'emboucheure de la riuiere du Rhin dans la mer Occeane.

François abandonnent leur païs pour ne rentrer en tribut.

Autre etymologie est donnée par Vvolfgang Laze Medecin & Historiographe Viénois, homme tres-docte & bien versé à l'histoire du mot de fraces, signifiāt la diuision des terres d'entre la mer mediterranée, laquelle aduint incontinent apres le deluge. Sçauoir en Europe qui est Frace, & Affricque y adjoustant la lettre A. Voyez son liure troisiesme, chapitre premier des migrations.

4. etym. Fraces, c'est à dire diuision de terres apres le deluge.

La derniere & plus saine etymologie (malgré l'opinion des neothericques) est du nom de Francion petit fils de Priam, comme il a esté desduit au commencement de c'est œuure, qui est aussi confirmée par ledit sieur du Bellay audit liure qu'il appelle Leodamas, & en faict vn ample discours tant de son commécement, heureux succes, que de toutes ses gestes. Bien est vray que leur nom n'a esté tant en vogue,

5. etym. De Francion fils d'Hector.

D 3

cognoiſſance & reputation iuſques à ce qu'il a prins accroiſſement par la ruïne & declinaiſon de l'Empire Romain. Ce que nous traitterons plus par le menu: tout ainſi que la deſtruction d'vne Monarchie donne grandeur & eſtabliſſement à l'autre.

Habitatiō diuerſe des Sicambres ou François.

Or entant que concerne leur habitation, comme elle a eſté diuerſe, auſſi l'on a diuerſement eſcrit. Ils ſont allez demeurer çà & là ſelon que la neceſſité les contraignoit changer promptement de demeure. Aucuns tiennent que leur premiere habitation a eſté aux extremitez de la Thrace, & du Boſphore Cimmerid: autres vers le bord de la mer Germanique, où eſt deſcrit Cherſoneſſe Cimbrique par les Geographes, pres du pole Arctique: autres que ils ſont allez habiter en Pannonie. Et ſont toutes leſdites opinions confirmées par bons autheurs. Sçauoir, par Homere à l'onzieſme de l'Odiſſée, Herodote en ſes antiquitez, & Beroze Hiſtoriographe des Babyloniens: combien que regulierement l'on ne met que deux ſortes d'habitation des Cimmeriens venans de Phrigie & Aſie: ſçauoir les vns qui vindrent au Danube en Pannonie, où ils edifierent la ville de Sicambre: autres qui vindrent vers le Rhein en Allemagne, où ils baſtirent vne autre ville nommée Troye neufue.

Deux ſortes d'habitatiō ſelon la comune.

L'autre opinion de deux ſortes d'habitation.

Il y en a, qui aſſignent deux ſortes d'habitation, mais diuerſes à celles la, entre leſquels eſt ledit Laze en ſon liure de Migratio. *Les Cimbres & Sicambres,* dit-il, *ont deux ſortes d'habitation:*

tation : les vns sont demeurez à la bouche du Rhein, entrant dans mer au lieu où est Gueldres & Iulliers, lesquels soubs l'empire de Traian faicts tributaires aux Romains, y firent seiour iusques au temps de Maiorien Aug. & Valentinian second, ainsi qu'il est tesmoigné par Ptolomée en la table de Gaule & Allemagne, & par les vieilles annalles : qui rapportent que Anthenor Roy des Sicambres (duquel nous auons faict mention cy dessus) bailla aux Sicambres qui estoient demeurez vers le Rhein, pour Roy & gouuerneur son fils Priam, qu'il auoit eu de Cambre de Bretagne sa femme, de laquelle le nom en aduint à ceste nation. En apres ledit Laze desduit les Rois tout de suite puis ledit Anthenor, mais non comme nous par le tesmoignage des vieux autheurs. D'autres furent contraints à cause de l'inondation de la mer & du Rhein, challeur & putrefaction de l'air, qui engendra vne espece de pestilence, chercher nouuelle habitation : partant allerent en Suisse, & puis en Italie & Norique, & de là en Hongrie, dite Pannonie, où ils demeurerent, & bastirent Sicambre, où sont à present les mazures & ruines de la vieille Bude, sins audit temps de Valentinian Empereur.

La premiere habitatiō des Sicābres.

Secōde habitatiō des Sicābres.

Mais pour accorder toutes ces opinions & resouldre en peu de parolles ceste dispute, nous tenons pour certain selon mesme la tradition dudit Laze, homme de tres-grand sçauoir, authorité & experience, que les François, appellez Sicambres, ont faict trois sieges, demeurances, ou sortes d'habitation : combien que luy mesmes au commencement du troisiesme liure parlant des Cimmeriens en faict quatre, mais assez confusement & de soy-mesmes sans alleguer aucun autheur. Là où il traicte aussi confusement de plusieurs victoires, rencontres & faicts d'armes qui ont esté par eux celebrez durant tous ces voyages ou migrations, & neantmoins ces quatre se reduisent en trois, ainsi que s'ensuit.

Trois sortes de siege & habitation des Sicābres.

Premiere habitation en Hõgrie.

La premiere & originelle habitation, comme nous auons traitté cy dessus par le commencement de cest œuure, a esté en Hongrie pres des paluz Mœotides & des Scythes sortans des Troyens, où ils sejournerent fort longuement, à tant que pour la multiplication du peuple & autrement selon leur naturel aduenturiex & guerrier, vne partie d'eux alla chercher nouuelle habitation & demeure, suyuant les lizieres & riuages des deux plus gros fleuues d'Allemaigne, qui sont le Danube & le Rhein.

Seconde habitation vers l'embouchevre du Rhin, & autres lieux d'Allemagne.

L'autre & seconde habitation fut à l'emboucheure du fleuue du Rhein dans la grand mer Oceane, où ils s'arresterent: & là encores planterent leur siege & bourdon en diuers lieux. Premierement és isles maritimes, entre Hollande, Zelande & Brabant, demeurans Pirates & s'exerçans vaillamment en guerre nauale, tantost pour eux mesmes, & ores pour secourir ceux qui en auoient besoin. De la à cause de l'infection de l'air, comme dit est, partie deux rebrousserent chemin, se transporterent en la

Conté

Conté de Zuthphen & aux païs de Gueldres, Cleues & Iulhers, qui en ont iusques à present retenu quelques noms & marques: desquels dit l'histoire qu'ils ne se sont moins faict estimer vaillans & redoutables en guerre terrestre qu'ils auoient auparauant en entreprinses de la marine. Cela est confirmé aux Panegyriques dediez à Constance & Constantin Empereurs de Rome. Partie firent le voyage qui est recité icy dessus de la Norique, Italie, & Hongrie vers leurs peres & deuanciers où ils trouuerent diuerses fortunes & aduantures, ainsi que nous auons cy deuant touché, & plus amplement est traitté par Postel en son liure de l'expedition des Gaulois, & par plusieurs autheurs anciens.

Transmigratio aux païs de Gueldres & Hõgrie.

Des susdits païs d'Allemaigne ils allerent aussi planter le pied & demeure en Franconie, entre les riuieres du Sal & du Rhein, & les païs de Saxonie & Sueue, desquels parle S. Ierosme au passage cy apres allegué, comme aussi Claudien le poëte sur les traitez que l'Empereur Honorius fit auec aucuns de la Germanie: suyuãt lequel la Sicambrie luy deuoit fournir certain nõbre de gens de guerre, à laquelle Franconie ils ont donné le nom, comme venans de Francion.

Autre trãsmigration au païs de Franconie.

La troisiesme habitation est, qu'apres auoir longuement sejourné en Allemaigne, allechez de la souëueté du païs, plus abondant & fertile, & de l'air plus temperé & sain, ils passerent par plusieurs fois la riuiere du Rhein,

Troisiesme habitation en Gaule.

vindrent en Gaule: tant faict & trauaillé par longue succession de temps qu'ils en deschasserét les Romains qui les tenoient tributaires, & se conjoignirent par forme de meslange & alliance auec les Gaulois: de sorte qu'ils sont reduits comme ils sont aujourd'huy en vn mesme peuple & nation, ainsi qu'il sera plus particulierement traitté cy apres. Pour le regard de leurs faicts & gestes, pendant ces voyages & autres qu'ils ont faict en diuerses contrées, païs & regions, ce n'est point nostre but ny intention de l'œuure. Mais ie renuoye les curieux de sçauoir, aux Historiens qui en ont amplement traitté, lesquels sont recitez par ledit Laze au susdit troisieme liure. Horace en l'Ode xiiij. louë Tybere Cesar Empereur pour les auoir desbellez & repoussez pardeça le Rhein. Parmy ceste histoire, l'ō peut recueillir de leurs grands & valleureux gestes qu'ils ont faict retentir par tout le monde, tant du commencement de leur naissance, que progrés & continuation iusques au regne de Clouis premier Roy de France Chrestien.

Des faicts & gestes des François pendant leurs voyages.

Sur tout il y a vn point & article fort remarquable qu'aucune nation n'a peu vaincre les François ou Sicambres totalement, moins resister à leur audace & ferocité: n'ayant iamais cessé de tenter les Gaules iusques à ce qu'ils soient venus à chef de les subjuguer, quoy que soit, se rendre confederez amis, alliez & compatriotes. Ils ont aussi subjugué la Germanie, Italie, & plusieurs autres nations, sans que personne

François indomptables & opiniastres en leur cōquestes.

sonne aye iamais rien peu empieter sur eux.

Semblablement remarquons qu'il y a trois aages des François ou Sicambres: la premiere est des premiers qui vindrent habiter en Hongrie basse pres des paluz Mœotides, qui est puis Francion iusques à Marcomir. La seconde puis ledit temps iusques à Pharamond ou Merouée: tierce puis Merouée fins à present, auquel temps ils se pouuoient dire Trifrancs, c'est à dire trois fois François.

Trois aages des François.

Aussi estoient, & sont aujourd'huy les vrais François par conjonction des nations estranges, lesquels l'on peut dire estre retournez en leur naturelle & premiere source, à l'exemple des fontaines à la Mer. Et encores par vne autre belle comparaison le François est vn beau graiffe ou rameau hanté sur souche des Gaulois, dont il est puis aduenu par succession de temps, comme il aduient bien souuent aux arbres, que la sauuagine a prins la saue, liqueur, & moderation du priué & domestique.

Deux belles comparaisons de la conjonction des Fraçois & Gaulois.

A ce propos la souueraine cour ne faict aucune mention ny memoire des Rois, sinon depuis que les François & Gaulois coaluerunt in vnum: Galli scilicet dantes regibus legem durissimam, & Franci principes populo nomen honorandum. C'est à dire, Qu'ils se sont faicts par conjonction vn mesme peuple tenant de l'vne & l'autre nation. Sçauoir les Gaulois bridans aucunement les Rois par leurs loix, & les Princes François honorans le peuple d'vn beau tiltre de vertu & de prouësse. Ce que tant qu'il a duré en France ou Gaule francique

Bel adage sur la conjonctiō des Fraçois & Gaulois.

cique, tout y a tres-bien profperé & profpera cy apres aydant Dieu, & non autrement: comme ny a rien qui entretiēne mieux vne monarchie, que quand les loix & armes font regis par equilibre de raifon.

Vray entretien de la Monarchie.

Pour finalle refolutiō & periode, la plus cōmune opinion tient que les François font pluftoft Galligenes que les Gaulois Francigenes: car au commēcement furēt Gaulois Iaphetiēs, ou Ianigenes, puis Gomerites, puis Troyens, lefquels apres leur tranfmigration ont efté appellez Scythes, defpuis Sicambres ou Frāçois: & finablement apres leur conjonction Gaulois francs, & francs Gaulois. Ainfi l'approuue meffire Robert Cenal audit liure premier de la chofe Gallicque perioche xj. apres le tefmoignage de deux excellens perfonnages de noftre temps, Budée & Munfter reiettans l'opinion d'Albert Crancks, & Naucler.

François font mieux Galligenes que Gaulois Francigenes.

Il eft donc tref-certain & affeuré, que les François, & Sicambres eftoient vne mefme nation, comme l'on peut remarquer par les paroles de fainct Rhemy Euefque de Rheins, dreffées à Clouis premier Roy de Frāce Chreftien en le baptizant: *Humilie toy, courtois Sicambre, adore deformais ce que tu as bruflé, & brufle ce que tu as adoré*, que i'ay autrefois tourné en vers Latins:

Nunc depone cicur fub numine colla Sicamber.
Crede quod vfifti: credita mitte rogo.

Et fainct Fortuné Euefque de Poictiers efcriuant au Roy Childebert, le loué de ce qu'il parloit

parloit Latin, cõbien qu'il fut venu des Sicambres. Lesquels neātmoins l'õ iugeoit estre Germains, parce qu'ils habitoiẽt & s'allioient auec eux, combien qu'ils fussent sortis d'autre contrée. Ioint que les histoires anciénes n'en font particuliere mention, comme des Germains & autres nations par plusieurs raisons. La premiere, pour n'auoir esté gueres cogneus sous le nom de François, sinõ sur le declin de l'Empire Romain : sçauoir souz les Empereurs Aurelian, Probe, Procule, & Florian. Au temps desquels ils faisoient par leur vaillance, gaillardise & hauts faicts d'armes retentir leur nom par tout l'vniuers. Tesmoins Gregoire de Tours liure ij. chap. xxxj. & Sidonius Apollinaris parlant de Theodoric en ses epistres : qui fut cause pourquoy les Romains les prenoient, tantost comme compagnons à leur ayde, tantost leur faisoient la guerre comme ennemis, ainsi qu'il est amplement demonstré par Ammian Marcellin, sur la vie de Constans fils de Constantin Empereur.

Depuis & au temps de Iustinian, preuoyans les Romains qu'ils ne pouuoient entendre à tant d'affaires, leurs prouinces estrangeres estans possedées par gens barbares : mesmes l'Italie par les Goths, l'Affrique par Vandales, l'Illyrique par Berules, ils ont mieux aimé faire la guerre à ceux-cy qu'aux François. Parquoy leur quitterent la domination des Gaules : dont est venu qu'ils se coulerent premierement en la

Comment se sont coulez és trois parties de la Gaule.

la Gaule Belgique, comme nous demonstrerons par le menu en nostre traitté : puis en la Gaule Celtique ou Lionnoyse, apres auoir debellé Gillon & Siagre capitaines Romains, & apres en l'Aquitanique ayant dechassé les Gotths.

Procope iij. li. de la guerre Gotique.

L'autre & deuxieme raison est, parce que les estrangers, & principalement les Romains estoient si honteux, enuieux & confus de ce qu'vne poignée de gens, (dont l'on ne sçauoit quasi l'origine & naissance) les auoient souuent vaincus & esbranlez, & souuent faict teste & resistance, qu'ils ne les voulorent quasi nommer.

Enuie des estrangers contre les François.

Voila pourquoy Nicolas Vignier de Barsussaine, (homme de nostre temps fort docte & bien versé en l'histoire) en son liure intitulé de l'origine, estat & demeure des François anciens, dit qu'il n'y a histoire authentique qui ait parlé deux auant le regne de l'Empereur Galien, lequel par le recit de Trebelle Pollion, celebrant la solennité du dixieme an de son Empire (qui fut l'an de nostre salut 264. & de la fondation de Rome 1015.) fit voir au peuple Romain aux ieux & spectacles, plusieurs trouppes de gens, deguisez en forme d'habits de Gotths, François & Sarmates, comme pour signifier ses victoires : dont le peuple se moqua sachant le contraire.

Opinio de Vignier q̃ les Fraços estoiẽt incogneus auant Galien Emp.

Cela est tout commun que recite Flaue Vopisque, que l'Empereur Aurelian se fit attribuer la loüange d'auoir desfaict vne troupe de mille

Chanson d'Aurelia pour sa

mille François qui estoient entrez en Gaule pour la fourrager, desquels il laissa 700. morts sur la place, & retint 300. prisonniers: sur quoy l'on fit vne chanson, qu'il auoit tué mille François & mille Sarmates. *victoire contre les François.*

Zosimus & Eumenius Rethoricien font recit d'vn acte quasi incroyable & merueilleuse hardiesse des François au temps de l'Empereur Probus l'an de grace 271. Apres que l'Empereur eut faict sur eux quelque desconfiture dans leurs marests, où ils estoient pres Holande, & emmené quelques prisonniers en Asie, illec leur estant fortuitement tombé entre les mains quelques nauires ils môterent sur iceux, & penetreterent iusques en Grece, mettant en confusion & rauageant toute la Grece & les ports de la mer Majour: de là allerent en Asie & Aphrique, & puis en Sicile, où ils pillerent la noble cité de Syracuse, & finalement s'en retourneret par le destroit de Gilbathar en leurs païs comblez de richesse & butin inestimable. *Merueilleuse hardiesse & vaillance des François.*

Icy ne sera mal conuenable discourir briefuement par forme d'intermedia, sur vne sornette vulgaire contre les François & Gaulois: qu'à assaillir ou côquerir sont plus qu'hommes: & à garder, moins que femmes. Car il n'a esté tousjours ainsi verifié, ayans resisté en plusieurs côbats, iusques à la fin & soubstenu longuement sieges de villes. Mais la faute vient, que quand ils sont victorieux ou ont quelque peu d'auantage & lieu de côqueste, ils laissent tout ordre, raison & obedience, & puis comme femmes, *Comment s'entēd vne sornette baillée aux Frāçois: qu'à assaillir sont plus qu'hōmes: & à garder, moins que femmes.*

sont

font deffaits & chassez. L'inobedience procede de l'intemperature, à laquelle le Gaulois pour estre en son païs trop accoustumé à delices est plus subject, qu'autre nation. Au contraire les Turcs & Barbares dominent le monde, par mieux que tous autres garder laditte obedience auec sobrieté: laquelle ne se doit entendre seulement à l'endroit de leurs chefs & superieurs, mais aussi du droit tãt diuin qu'humain.

François redoubtez des natiõs, mesmes des Romains.
Le mesme Vignier allegue vne infinité de beaux traits qu'il a tirez des Panegyriques à Constantin Empereur, par où l'on peut cognoistre la grande estime & reputation des François par tout l'vniuers, mesmes à l'endroit des Romains, qui les redoutoient plus que nation quelconque.

François estoient renõmez auant Galien Emp.
Toutesfois contre son opinion il se verra par le discours que nous ferons de nostre histoire, qu'ils se sont faicts renõmer & cognoistre de tous, voire long temps auant ledit Galien. Mesmes les Romains en ont parlé, comme Martial & Iuuenal, Ciceron aux Epistres ad Atticum liu. xiiij. dit ainsi: *Redeo ad Theos, Bessos, Sueuos, Francones. Hos tu existimas considere si illa habituros flantibus nobis.* C'est à dire, *Ie reuiens aux Theïens, Basses, Suedes, & François. Tu te veux asseurer qu'ils obtiendront cela malgré nous.*

Où faut noter en passant que Francons sont nommez de Francion, & François de Francus Roy des François en la moyenne aage. Mais pour accorder tout cela faut dire par les raisons susdittes, qu'ils estoient bien renommez & estimez

estimez pour leurs grands faicts d'armes, vaillance & hardiesse: mais non tant celebrez des Romains qu'ils ont esté despuis.

Accord de deux opinions contraires.

De ce discours parenthetic est aisé d'inferer que les François n'estoient Gotths, ny Germains, ou Allemands, mais vne separée nation, venuë (comme dit est) de païs estrange pour habiter, tantost en la Franconie, tantost en Gotthie, & ores en la basse Germanie. Car il y a eu deux regions du nom de Sicambre: l'vne haute en Hongrie, & l'autre basse en Allemaigne. Lesquels communement estoient comprins souz le nom de Germains, soit pour le langage, voysinance, mutuelle conuersation & demeurance, soit (comme a esté touché cy dessus) pour l'ignorance de leur extraction: ou bien qu'à cause de leur petit nombre ils ne faisoient la guerre seuls, ains auec leurs compatriotes, desquels, comme de la plus grande & saine partie, l'on prend tousiours la denomination. Ledit sieur du Tillet en ses memoires premier chap. tient bien plus outre qu'ils estoient Germains, mais il se trompe.

François ne sont Gotths ny Germains cōbien qu'ils soiēt prins pour eux.

Deux regions de Sicambre: haute & basse.

Pourquoy sont prins pour Germains.

Est plus vray-semblable & vray pareillement, qu'ils estoient plus cher Holandois, Brabançons, ou Gueldrois, qui sont comprins par Iules Cesar souz le nom de Gaule Belgique distincts par le fleuue du Rhein de l'Allemaigne. Les Sicambres doncques ont esté apellez Troyens, Scythes, Cimbres, François, Germains, & Gaulois: changeans de nom à la forme du chameleon selon la diuersité des païs &

Diuers nōs des François sortis de leur diuerses habitations.

E

contrées où ils alloient habiter & faire leur demeurance.

La plus commune voix porte, des qu'en chassant les Romains des Gaules ils y ont entreprins & occupé la domination, ils sont faicts compatriotes avec eux, & ont retenu le nom de François comme venant du plus noble & illustre, qu'est le Prince, & l'autre est plus terrien & patrimonial: combien que long temps apres, & environ 500. ans on les a appellez Gaulois, & mesmes à present de quelques estrangers & maluueillans: comme on lit en l'Euangile, *le pain faict chair & l'eau vin.* Ainsi est remarqué singulierement par Trithem.

Des noms de Gaule & France.

Abb. Trithem en ses Chroniques.

Les autheurs qui ont plus illustré & renommé le nom des François & Gaulois à part en leurs escrits (à celle fin que i'y renuoye les plus curieux) sont Cornele Tacite au liure des meurs des Germains, Strabon au premier & dernier de sa Geographie, Dorac Philosophe, Vuastald Scythe, Agatias liure premier de la guerre des Gotths, Valere Flacque liure troisieme des Argonautes, Pompone Mele, Appian Alexandrin, liure premier des guerres ciuiles & en l'Illyrique, Suidas en ses historiques, Pausanias liure premier des Attiques, & dixieme des Phocenses, Plutarque en la vie de Marius, Iule Cesar liure second de la guerre Gallique, Suetone en la vie de Tibere chap. ix. Claudian premier liure contre Eutrope, & Panegyrique second pour Honorius Empereur, & S. Hierome contemporain de Pharamond.

Autheurs illustrãs le nom des François & Gaulois à part.

La

La gent, dit-il, *entre les Saxons & Allemans, non tant riche que valleureuse, appellée France.*

Ceux qui ont traitté des franc-Gaulois conjointement sont les premiers Hildegaste Philosophe, & Hunnibaut Historien, apres eux Gerard de Noyon, Albert Thomas du Liege, Funk de Nurēberg anciens, les nouueaux Gregoire de Tours, Adon Viennois, Paul Æmyle, Aymō le moyne, Guaguin, Iean le Maire, l'Abbé Trithem, Sigisbert, Munsther, Robert Cenal, Iean du Tillet, Bochet, & Vignier. Mais est à notter que lesdits autheurs ont prins ce qu'ils en ont escrit de l'antiquité & tradition des Druides, Bardes, ou Flamines de ce païs, desquels nous n'auons aucūs liures: d'autant qu'ils sont trop anciens, & d'ailleurs perdus par l'injure du temps & negligence de noz ancestres. Tout ainsi que la Sophie de Pithagore, Empedocle, Socrate, Platon, Aristote, & autres vieux Philosophes est prouenuë de la Cabale ou tradition des prestres d'Ægypte.

Autheurs illustrans les franc Gaulois coniointement.

Les histories ont recueilly des Druides & autres: comme les Philosophes d'Aegyptiens.

Outre les noms qui sont cy dessus, on leur a aussi baillé le nom d'*Ansuarij*, ou, *Aduarij*, comme Ammian Marcellin, qui estoit au temps de Valétinian premier & Cornele Tacite. Vuolfgang Laze les apelle Bréces & Brions de Brenne leur capitaine, & allegue plusieurs autheurs à ce propos: sçauoir, Strabon, Iornandes, Otthon de Frisinghen, & Pline. Ils sont pareillement appellez Germains ou Theutons par Velleïus Paterculus sur la victoire de Marius, & Procope en l'histoire Gotthique: dont dit

Plusieurs noms dōnez aux François. Am Marcel. li. xvij. & xx. Laze au iij. de migra. Strabo au iiij & v. de sa Geogra.

Iornandes. Frissing. li. iiij. chap. xxvj. Pline liu. iij. cha. xxv. ledit Laze, *Germani qui magna ex parte Celtarum reliquiæ sumus*, c'est à dire, *Nous Germains & Allemans, qui de la plus part sommes de la posterité des Celtes.*

Quoy que soit, il est plus receu & asseuré, que par le nom des Sicambriens sont denotez les François seuls auec les autres peuples de leur faction, comme par les Sueues les Allemans, par les Chaïciens, les Saxons, desquels tous parle Claudian au lieu cy dessus allegué. Mais les poëtes anciens parlans d'eux les ont prins selon la liberté poëtique : quelquesfois particulierement pour les peuples, qui habitoient la contrée des anciens Sicambriens, ou pour les François venus d'ailleurs, ja meslez & conjoints auec eux : tesmoins Claudian & Sidoine Apollinaire, ou pour tous François & autres de leur faction qui tenoient le quartier de la Sicambrie sur le Rhein, ainsi que le mesme Claudian parlant des legions Romaines, qui gardoient les lisieres du Rhein contre les peuples illec voysins. Quant à leur langage & forme de parler, ils tenoient des Germains ou Theutons, comme mesmes les noms de leurs Ducs, Capitaines & Rois, ensemble des villes & bourgs qu'ils ont basty le demonstrent : & est amplement prouué par Robert Cenal, & par ledit Vuolfgang Laze au troisieme liure parlant des Cimmeriens, alleguant vn vieux liure d'vn Concile escrit par vn François il y a huict cens ans.

Le langage premier des François emprunté du Germain & Theutonique.

Mais, puis qu'ils sont entrez en Gaule, il fut du

du tout dissemblable à celuy des François restez en Franconie, tellement qu'ils ne se pouuoient entendre l'vn l'autre. La raison est, parce qu'ils apprindrent la langue, partie des Gaulois, des Romains, & des Theutons ou Flamás par la commixtion ou frequentation de tous, ainsi que le tesmoignent Ottho de Frisinghen & Sidoine Appollinaire, lesquels deux Autheurs ont esté incontinent apres l'entrée des François en Gaule. Procope narre la cause de ceste meslange de langues bien au long.

Frissing. li. iiij. de sa Chro. cha. xxij. Apo. ep. iiij. v. & vij. Procop. li. premier de la guerre Gotthique.

Touchant le vestement & habit du corps des anciens Celtes, Gaulois, François, Sarmates, Sicambriens, comme aussi de plusieurs nations voysines, qui voudra prendre plaisir & patience de passer le temps (parce que de nous y arrester seroit rompre le couts de nostre histoire) voye Baif, & Laze, lequel les descrit bien au long, allegue les autheurs anciens, & represente par images & peintures mieux que autre deuant luy, & depuis le Seigneur Nicolas de Nicolai mon bon & singulier amy en a touché quelque chose, comme aussi Belon & plusieurs autres.

Vestemens des anciẽs Sicamb. & François.

Baif de re vest. Laz. li. iiij. de migrat.

LIVRE SECOND.

Continuation des François, depuis Francion iusques à Marcomir leur premier Roy.

Chapitre I.

Recapitulation de la naissāce & progrez des François.

Ous auons dit cy dessus au prochain chapitre, & tenu pour constāt & asseuré l'abordée de Francion petit fils de Priam Roy des Troyens, Duc & Capitaine des Sicambres ou François en la basse Hongrie, lors ditte Pannonie, leur force & multitude de peuple, l'edification de la ville de Sicambre, & la durée d'icelle, souz l'authorité de leurs Ducs iusques à sa periode. Ensemble la Chronologie dudit temps au mieux qu'il a esté possible le recueillir de diuers autheurs. Pendant lequel temps l'on n'aprent point par aucun autheur asseuré la Genealogie ou deduction de succession d'iceluy Francion iusques à Marcomir, sinon par-ce qu'en dit Iean le Maire en son histoire des Cronicques ou illustratiōs de Gaule, que i'estime estre la pluspart fabuleux, comme il en

Incertitude de la genealogie & succession des François puis Francien et Marcomir

il en a dit beaucoup d'autres en sondit liure: mesmes pour n'estre attesté d'aucū fidelle escriuain, combien que Vuastald historien Scythe ou Sicambre ait escrit en son langage l'histoire durant sept cens cinquante huict ans, que les Troyens ont sejourné en Scythie, ou bien en Pannonie iusques au temps dudit Marcomir: mais nous n'en auons rien par escrit autographe.

Vuastald historien (marg.)

Cela peut estre aduenu soit pour la vieillesse du temps, qui consume toutes choses & faict perdre la memoire: joint tant de bruslemens de liures & bibliotheques anciennes aduenus en plusieurs & diuers temps: soit qu'en ce temps la ils estoient encores incogneus: ou bien (que ie croirois plus aisément qu'autre raison) que l'on ne prenoit peine de les rediger par escrit, ou parce qu'ils ont esté souuent inquietez & molestez par leurs voisins, chassez de leurs païs & puis retournez, ou pour quelque autre occasion que soit.

Dont est venuë ceste incertitude. (marg.)

Tant y à qu'il faut necessairement iuger qu'ils ont esté & duré pendant ledit temps, tant pour quelque sourde memoire que nous en trouuons, que par necessité & argument naturel prins des deux extremitez: n'estant aucunement possible, que si ceste nation eust esté entierement abbatuë & aneantie, elle fut tourné reuiure au temps de Valentinien Empereur. Car nous ne parlons des Fabiens qui moururent tous en la bataille en vn iour, fors vn petit enfant qui estoit au berseau: mais d'vne gent &

Argumēt necessaire de la continuation des François. (marg.)

nation aussi peuplée & renommée, de laquelle les habitans se sont plustost delectez en l'œuure qu'à l'escriture.

Il nous faut donc tumber à ce que nous lisons de plus asseuré & veritable en la pureté de l'histoire: c'est que chacū est d'accord qu'enuiron quatre cens quarante ans auant la natiuité nostre Sauueur Iesus-Christ estoit Marcomir Duc de Pannonie en la basse Scythie, duquel tous les Historiens font bonne & loüable mention, comme estant le premier fameux chef des François, ainsi qu'est specialement remarqué par lesusdit messire Robert Cenal apres l'histoire de Iean le Maire & de l'Abbé Trithem. Commēt il paruint au Royaume le commun tient ainsi: entre les Scythiens ou Sicambres qui habitoient és riuages maritimes pres l'entrée du Danube en la mer, ou bien des paluz Mœotides, & les Gotths nation Septemtrionale estoit vne forte & cruelle guerre. Ceux cy estans plus en nombre de gens, & descendans continuellement des Isles Scanzienes, attaquoient incessamment lesdits Sicambres, ausquels commandoit Anthenor, qui par fois estoit vaincu, par fois vainqueur, & finablement perdit vne grande bataille, où luy & tous ses gens furent desfaits: de sorte qu'il sembloit qu'il n'en seroit plus aucune memoire au monde, si Marcomir fils dudit Antenor par sa grand hardiesse & vaillāce n'eust restauré ceste perte. Mais auant que venir à Marcomir faut parler d'vne dispute entre les nostres: sçauoir si les chefs

Marcomir Duc de Pannonie premier fameux chef des François.

Comment Marcomir paruint au Royaume.

chefs des François, on les doit appeller simplement Ducs ou Rois iusques au temps de Pharamond, lequel est tout certain auoir prins titre de Roy en France. Messire Robert Cenal au premier liure de la chose Gallicque, perioche x. tient q̃ la gent Françoise n'a point vsé, & ne sçauoit que s'estoit de titre de Roy iusques à Pharamond, tous les autres estoient Ducs: combien qu'on leur voulsisse attribuer titre de Rois. Laquelle opinion se pourroit soustenir auec distinction: c'est à dire qu'il a esté le premier Roy de la France Occidentale, ainsi que nous demonstrerons plus au long en sa vie. Toutesfois suiuant les anciens (auec lesquels en cas de l'antiquité il est meilleur quasi faillir que de bien dire auec les nouueaux) & mesmes des graues autheurs qui sont l'Abbé Trithem & Sigisbert, nous les appellons Rois depuis Marcomir, lequel pour sa vaillance & sagesse à premier merité ce titre, comme asserteur & pierre fondamentale de la grandeur & renommée des François.

Question, si les chefs des Frãnçois auant Pharamond doiuent estre appellez Ducs ou Rois.

Amerodacus ancien historié dit, que les François par le moyen des Gotths, suscitez à l'enuie des Romains descendirẽt en Germanie vers la bouche du Rhein, & illec aprindrent le langage Theutonicque. Et premier furent dits Neomages, puis Germains, Sicãbres, & François: dequoy nous traiterons au prochain chapitre plus au long. Mais en passant faut noter que nous ne les apelleróns Francus, ains Sicambres iusques au regne du Roy François, dont ils ont prins le nõ, cõme par maniere de confirmation.

François sont apellez en diuers noms, mais ne s'apellent communement ainsi iusques à Francus Roy des Sicãbres.

ABREGÉ DE L'ORIGINE

DE MARCOMIR
PREMIER ROY DES
Sicambres ou François.

CHAPITRE II.

Qualitez & conditions de Marcomir.

Arcomir qui est interpreté Gouuerneur du païs, Duc de Pannonie, & commendant sur les François autrement appellez Sicambres, fut le premier ayant titre & nom de Roy entre eux.

Conseil des François sur la guerre des Gotths.

Ce Prince estoit tres-magnanime, audacieux, & belliqueux, qui le fit ainsi paroistre par dessus tous les autres, ainsi que recite l'Abbé Trithem. Apres auoir vangé la mort de son pere Anthenor, par le moyen de plusieurs victoires qu'il obtint cõtre les Gotths ses voisins, qui l'auoient faict mourir, combien qu'il ne fut esgal en force à eux, & cognoissant qu'à la longue son peuple ne seroit suffisant pour leur resister, l'an quatrieme de son regne tint conseil auec les premiers de son Royaume pour resoudre, si l'on vouloit cõtinuer à faire guerre aux Gotths, ou pouruoir à l'imminente ruïne du Royaume.

Fina

Finablement par le conseil des plus sages, non sans ministere ou augure diuin, (comme il sera dict cy apres) fut aduisé de ceder à la fortune, & se retirer en autre païs. Mais estant en peine en quel endroit demanderent les Sacrificateurs & Ministres des idoles, mesmes de Iupiter, qu'ils fissent leurs sacrifices ou sortileges, & enquissent leurs faux Dieux comme Oracles. Le prestre apres infinité de ceremonies fit telle responce: *Marcomir prince de Iupiter, Dieu te commande d'estre asseuré, & ne craindre les aduantures de ton chemin: lequel doit tendre en Occident apres tes freres à la bouche du Rhein, ou Brutus (qui signifie les Anglois) tient le dos, les Troyens la face, & Romphée exilié (qui est à dire le Saxon) y habite paisiblement.*

Alors Marcomir leuant les yeux contempla le Dieu à trois testes coronnées de trois diadémes, distincts: La premiere estoit d'vn crapaut, la seconde d'vn Lyon, & la troisiesme d'vne Aigle, laquelle estoit par dessus, les aisles estēdues. L'aigle dict à Marcomir: *Ta race & posterité s'assujectira, ma teste foulera le Lyon, & occira le crapaut.* Le crapaut dict: *Ne me desprise, Roy beau, pour estre animal laid, car ma figure & forme sont conuenables aux choses aduenir. Ta generation m'esteindra premierement: Apres ce gardera captif le Lyon par son espée. Entends le reste de luy.* Le Lyon dict: *Hoste, Roy tresfort, qui dois venir auec ta gent contre moy, promptement tu vaincras par ton trauail le crapaut.* De là, long temps apres

Demande aux sacrificateurs sur le departement des François.

Responce du prestre de Iupiter.

Ordonnāce auec predestinatiō de l'Oracle.

Monstre à trois testes, & puis retourne à vn visage de Roy.

apres mes droicts cederont aux tiens, tant de volonté, que par fraude & guerre. Ce faict l'Aigle me couronnera vaincu à son costé droict, ayant à gauche le crapaut, vaincu par ta semence. Et ce que depuis aduiendra, nostre conjonction le demonstre. Ces paroles proferées, les trois testes furent reduites en vne, & resta le môstre à trois testes en forme d'homme, mais d'vn Roy couronné d'vn diademe d'or, tenant à sa main gauche le sceptre Royal, & à la dextre vne espée.

La nuict ensuyuant, le Roy Marcomir par ses enchâtemens & conjurations acoustumees interpella le Dieu, & apella la deuineresse Aliruna pour luy expliquer ceste vision, laquelle l'expliqua ainsi : *Comme tu as veu la diuersité & transformation des testes, aussi ton Royaume ne sera tousiours vn : mais plusieurs fois diuisé, ores en deux, trois, quatre, & plus. Apres reuiendra en vn. Finablement demeurera diuisé en deux, lors que l'aigle sera par amitié conjointe au Lyon, & le crapaut tiendra la part senestre, faisant secretes embusches à l'Aigle.*

Par ainsi ton Dieu patriote, fauteur de toy & de ta gent, t'admoneste sortir au plustost d'icy, & aller aux dernieres terres du Lyon vers l'Occident. Car le Lyon designe le peuple habitant deça le Rhein vers Allemaigne, prouenu de l'ancienne tige des Troyens, & ceux qui s'appellent Saxons. De l'autre costé du fleuue habite la nation du crapaut, qui sont les Gaulois, terre fort grande & fertile : la tierce gent ou nation designée par l'Aigle, sont les Romains, la superbe desquels tend à subjuger tous l'vniuers. Va t'en donc

Aliruna deuineresse, nom Gotthique.

Explicatió de l'oracle par Aliruna.

Exhortation de la deuineresse au Roy Marcomir.

donc vers l'Occident, & tu habiteras entre les deux natiõs du crapaut & du Lyon. Apres plusieurs guerres & grand carnage de part & d'autre, ta semence & gent occuperont par armes la terre du crapaut, & la possederont par long temps, le crapaut occis. Puis ils s'assujectiront la terre du Lyon, despuis le grand fleuue du Rhein iusqu'à la grand mer Occeane. Et à la fin possederont le Royaume de l'Aigle auec plusieurs autres nations. Et sera vn grand de ta semence Roy de plusieurs Royaumes, iusqu'à tant qu'apres la troisieme generation le Royaume sera confondu par moyen de diuision.

Le Roy entenduë ceste interpretation de la deuineresse, & l'auoir tres-bien recompensée, luy pria de ne rien reueler de ses secrets, & ainsi se departirent d'ensemble. Lendemain fit assembler des grands Seigneurs & doctes de son Royaume, par l'aduis desquels fut trouué bon, & des lors par Edict public commandé, que chacun s'apprestat à changer d'habitation. Enuoya ambassade aux Saxons, pour leur bailler vn coin de terre à habiter comme freres: d'autãt que l'on disoit lesdits Saxons estre aussi descendus des Troyens. Ce que leur fut accordé, & encor plus volontiers, adjoustant qu'ils vinssent incontinent, parce qu'ils vouloient mettre lesdits Sicambres comme vn mur & tempart contre les Gaulois.

Sicambres receus en Saxonie volontairement cõme freres.

Finablement apres plusieurs traittez, Marcomir accompagné de ses freres, Sunno, Anthenor, & Priam amena tous les Sicambres ses sujects en Germanie à la part de Saxonie, &
leur

leur fut donnée habitation là où le fleuue du Rhein entre dans la mer par trois bouches. Ils y arriuerent non sans grands trauaux & dangers, & estoient en nombre 175658. combatans souz 34. Capitaines nommez par Trithem, & entre les hommes, femmes & petits enfans 1615658. Et illec furent fort amiablement receuz, appellez Neomagi: *quasi noui cognati*, c'est à dire, *nouueaux alliez*, & eurent bonne & ferme alliance par vn long temps auec les Saxons, iusqu'au regne de Charles le grand Empereur. A raison dequoy on le tient estre le premier chef & conducteur des François ou Sicambres depuis le Danube iusques au Rhein.

Nōbre des Sicambres & leur habitation nouuelle.

Hunnibaut historien a descrit amplement ce voyage: voila pourquoy ie n'en toucheray plus auant. Seulement diray qu'au commencement leur habitation estoit fort estroite, mais ils l'agrandirent par leur vaillance vers l'Occident. Car l'an xx. de son regne, le Roy Marcomir prouoqué par iniure des Gaulois, qui luy fut faicte par delà le Rhein, assembla son armée, & passant la riuiere occupa la terre, qui faict Isle au Rhein, en dechassant les habitans s'en rendit maistre, & y establit Sunno son frere pour gouuerneur, & encores y enuoya par mer gens de sa nation pour la peupler & fortifier.

Conqueste premiere de Marcomir sur les Gaulois.

Du depuis, sentant que les Gaulois se mutinoient, ne voulans souffrir cest aduenement d'vn nouueau peuple en leur païs, l'an 24. de son regne, ledit Roy assembla derechef grand ost, tant de ses gens que de Saxons ses confederez & alliez, passa par batteau la riuiere, & mettant tout à sang & à feu, paruint iusques à à la Meuse en la basse Allemagne, où il alla habiter vn petit de temps auec ses troupes, eut plusieurs rencontres & combats côtre les Gaulois, enuers lesquels il se fit tellement redouter, que beaucoup de nations s'allierent auec luy pour l'heureux succes de ses affaires, mesmes les Anglois, ainsi que nous dirons au prochain chapitre.

Passage du Roy Marcomir pardeça le Rhein.

Est à noter en passant, que dés ce temps la selon le dire de Dorac en ses Annales, les Romains ont commencé à redoubter les François, estant aduertis par l'oracle Phedien qu'ils subuertiroiēt leur Empire. Qui fut cause, qu'iceux Romains ont coniuré & tasché de tout leur possible à leur ruine & extirpatiō, mais en vain. Car ceste gent n'a iamais cessé de faire guerre aux Romains, ores estās vainqueurs, ores vaincus, iusqu'à ce qu'ils ont esté maistres iouïssans, non seulement des Gaules, mais aussi des Allemagnes, Italie, & Espagne, & presque (à dire en vn mot) de toute l'Europe: qui procede d'vn cœur fort genereux & opiniastre à la guerre.

François n'ont cessé faire guerre aux Romains iusqu'à leur victoire.

Marcomir mourut l'an 28. de son regne, & auāt la natiuité de nostre Sauueur Iesus Christ, 412. delaissez trois fils Ducs, nommez Antenor, Priam, & Nicanor, & douze filles. Conuient aussi remarquer que Vuestald Scythe à

Mort de Marcomir & combiē il laissa d'enfans.

d'escrit

ABREGE' DE L'ORIGINE
defcrit toute l'hiftoire iufques à ce poinct, &
apres luy Hunnibaut, des carmes &
fragments de Gaule, à continué l'hiftoire iufqu'au dernier an du
regne de Clouis, qui fut
l'an de grace,
499.

D'AN

DES FRANÇOIS. *Liu.ij.Ch.iij.* 33

D'ANTHENOR
SECOND ROY.

CHAPITRE III.

ANTHENOR, fils aîsné de Marcomir fut second Roy des Sicambres. Il a retenu, comme plusieurs autres apres luy, le nom des Troyens ses predecesseurs pour la cômemoration & approbation de leur origine. Au surplus fort estimé des siens. Contracté ferme alliance auec les Saxons, à l'aide desquels a eu de grãdes & insignes victoires contre les Romains & Gaulois. Aussi luy aiderent fidelement ses freres, Priam & Nicanor, auec les autres Capitaines, comme de mesmes son oncle Anthenor, qui l'instruisoit comme son fils, & reueroit comme seigneur & maistre. Chose fort rare, & dignement remarquable aux Princes.

Il espousa la fille de Belinus Roy d'Angleterre nommée Cambre, laquelle estoit la plus belle de tout son royaume, & de si grande prudence, que par son conseil, comme d'vn oracle, le Roy & les Princes François gouuernoient le royaume. Ainsi elle reforma les ru

Antenor à retenu côme d'autres apres luy le nom des Troyës ses predecesseurs.

Bel adage.

Anthenor espouse Cambre, excellente en vertu & beauté.

F

des mœurs des François ou Sicambres, encores sentans leurs Scythes: lesquels depuis ne se dirent plus issus des Scythes, mais s'appellerent Sicambres, Troyens. Fit bastir citez & chasteaux, & monstra beaucoup de choses profitables à ses sujets. Et pour dire en peu de mots, telle que les anciens poëtes auoient figuré la belle Ceres.

Faits loüables & qualitez de la Royne Cãbre.

Affin de mieux particulariser, ceste Cambre enseigna l'ornement du visage, semer le lin & le chanure, & l'accómoder à l'vsage humain & naturel: fit & composa les loix, rendit droict & s'exhiba *Alirune*, c'est à dire, *deuineresse*, & ministre de Diane. Or parce qu'estát femme, monstroit par effect, non seulement la qualité d'hõme, mais encor de Roy & de prestre, il vint en commun prouerbe entre les Saxons (grands mocqueurs de leur naturel) quand ils voyoient aucun, parlant ou faisant quelque acte de sagesse signalé, comme voulant imiter Cambre, crioient contre luy: voicy Cambre, qui se dit

Etymologie du nõ de Sicambre.

en leur langue, *si camber*, dont est venu à ce que aucuns ont voulu dire (ainsi que nous auons touché cy dessus au chapitre des Sicambres) par conjonction de lettres le mot de *Sicamber*.

François appellez Sicãbriens.

Apres sa mort, les François Sicambres la mirent au nombre de leurs Dieux: & en sa memoire par decret commun ceux qui s'appelloient parauant Neomages, prindrent le nom de Sicambriens, tant pour renouuellement de l'ancien que d'elle: lequel nom leur à tousiours duré iusques à Francus, comme nous dirons cy bas:

cy bas: duquel ils ont reprins leur ancien nom de François iusques à maintenant qu'ils le retiennent: combien que beaucoup de nations soient depuis meslées auec eux.

Entre autres loix faictes par Cambre, a esté celle qui s'appelle Sicambrienne, par laquelle les enfans du premier lict excluent ceux du second en matiere de principauté, comme fut pratiqué en ce temps la, pour le regard des enfans de Sunno frere du Roy Marcomir. *Loy Sicambrienne.*

C'est Anthenor apres plusieurs batailles, hauts faicts d'armes & insignes victoires, deceda l'an trentiesme de son regne, & trois cens quatre vingts & deux auant l'incarnation de nostre Sauueur Iesus-Christ. *Mort de Anthenor.*

ABREGE' DE L'ORIGINE

DE PRIAM,
Roy troisiesme.

Chap. IIII.

Deux ci-tez edi-fiées, Sça-uoir Neo-mage, & Neopage.

PRIAM fils vnique d'Anthenor & de Cambre, ainsi appellé pour la souuenance du noble Roy Priam de Troye, regna apres son pere vingt six ans: durant lequel temps furent edifiées par le conseil de Cambre sa mere, & de Theocalus son cousin (lequel auoit esté constitué souuerain Pôtife) deux citez entre les deux saillies du Rhein dans la mer: l'vne nommée *Neomage*, & l'autre *Neopage*, en memoire de leur nouueau aduenement: dont retiennent encores le nom *Niemegen*, & *Nieuport*.

Instructiõ & regle-ment du peuple par Theoca-lus.

En ceste-cy fut long temps la residence des Roys, & en l'autre fut vn temple, ou Theocalus auec les Prestres enseignoient les enfans des Princes & Nobles en bonnes mœurs & sciences. Entre autres le Pontife expliquoit les oracles au peuple, escriuoit en carmes les faicts des Roys: lesquels la ieunesse apprinse chantoit à iours feriez en l'Eglise. Aussi à certain temps les Prestres habitoient és solitudes, vsans d'vne grande abstinence, employás leurs esprits à l'Astrologie (fort vsitée alors) Poëme & histoire.

Priam

Priam fit plusieurs courses sur les Gaulois, & y eut force batailles, esquelles tantost les siens vainquoient, ores les autres : & deceda l'an auant l'incarnation de nostre Seigneur, 356. De son temps les François commencerent à vser de langage Saxon: retenans neantmoins vn petit du vieux Grec, dont encores auiourd'huy sont deriuez plusieurs mots François. *Victoires de Priam, & sa mort.*

DE HELENVS, quatriesme Roy.

CHAP. V.

APRES la mort de Priam succeda au regne Helenus son fils aisné, lequel fut fort cruel à ses ennemis. Car quand il pouuoit prendre de leurs enfans, les sacrifioit à la Deesse Pallas, & autres semblables idoles: mais estoit tres-doux & amiable à son peuple. *Helenus cruel à ses ennemis, & doux aux siens.*

Ce Roy fut grand guerrier, & l'an premier de son regne debella & vainquit les Gaulois, que nous appellons Brabançons ou Flamans, desquels furent occis enuiron seize mille : entre autres Guedon, fils du Roy de Theroane, qu'il tua de sa propre main, & le reste mis en fuite. Par le moyen de laquelle victoire conquit grande partie de leur païs. Et apres plu- *Victoire de Priam & conqueste sur les Gaulois.*

sieurs batailles & rencontres qu'il eut contre les Gaulois: il alla de vie à trespas l'an 19. de son regne, 337. auāt l'incarnation, & de la creation du monde 4862.

DE DIOCLES
cinquiesme Roy.

Chap. VI.

Victoire belle de Diocles contre les Goths.

DIOCLES fils aisné d'Helenus, regna apres le deces de son pere. Il estoit fort, de grande stature, belliqueux. Il s'assembla auec les Rois de Saxonie, ou Saxe, païs des hauts Allemans, de Thuringe, & des Russiens en bataille contre les Gots, qui estoient venus en tres-grād nombre pour ardre & gaster la Saxonie. La bataille donnée, finablement furent occis plus de 100000. Gots, & de la part des cinq Roys qui auoient 250000. hommes, en fut occis 25000. & le Roy de Thuringe nommé Herima. Les Saxons apres la victoire partagerent les despouilles des ennemis entre leurs cōpagnons par ratte part: & iceux ennemis chassez, chacun desdites nations retourna en son païs.

Cependant les Gaulois aduertis que Diocles auec son armée estoit sorti du païs, s'assemble semblerent en grand nombre pour mouuoir guerre aux Sicambriens. Et de de faict eussent surprins les Gouuerneurs limitrophes, ausquels la garde auoit esté commise par Helenus pere de Diocles, s'ils n'en eussent eu aduis par espions. Diocles leue vne forte armée qu'il diuise en trois parts: les deux pour mettre de front, & l'autre en embuscade. Venant au choc les Gaulois furent aucunement troublez pour leur mauuais ordre, mais ils furent tenuz de si pres par les Sicambriens qu'ils n'eurent moyen de resister. Et sur ce point ceux de l'embuscade donnerent sur les Gaulois auec telle furie & impetuosité qu'ils les rompirent & desfirent entierement. Et de 88000. qu'ils estoient, n'en resta que 1000. que tous ne fussent occis.

Bataille insigne & victoire contre les Gaulois

Il deceda l'an 39. de son regne, deuant l'incarnation 298. & l'an du monde 4901.

Deces du Roy Diocles.

DE HELENVS II.
de ce nom, vj. Roy.

CHAP. VII.

HELENVS fils aisné de Diocles regna apres son pere l'espace de quatorze ans, durant lequel temps les freres d'Helenus firent grãde guerre aux Gaulois: où n'y eut rien de memorable,

ABREGÉ DE L'ORIGINE

Qualitez d'Helenus II.

tantost vainquoient, tantost estoient vaincus. Et l'an 13. de son regne, parce qu'il estoit hôme inutil, paresseux, lubrique, & qu'il gardoit son hostel auec grand nombre de concubines, les Princes du Royaume du consentement des Nobles, commun, & populaire pour cest effect conuoquez en la ville de Neopage, le deposerent de son authorité Royale, & baillerent la couronne à son ieune frere Bazanus ou Bazan, l'an auant la Natiuité nostre Sauueur Iesus Christ 284.

Roy deposé par assemblée des Estats

DE BAZAN, vij. Roy.

CHAP. VIII.

Qualitez du Roy Bazan.

APRES que Bazan ~~l'aisné~~ ieune des quatre fils de Diocles, homme fort sage, hardy, & bon guerrier, fut constitué Roy au lieu de son frere Helenus, (Theocalus le souuerain Pontife estât decedé) faict aussi & creé par son peuple Pontife en sa place, conjoignant par ce moyen à la façon des anciens Hebrieux la Royauté auec le Pontificat ou prestrise. Iceluy aimoit & obseruoit tant la Iustice, qu'il fit mourir son propre fils accusé d'adultere: suiuant la loy Sicambrienne, en ayant luy mesme prins la cognoissance

Royauté iointe auec le Pôtificat. Grand seuerité de Bazan Roy contre l'adultere.

sance au milieu de son conseil. En quoy se mõstra plus seuere que Seleucus Roy d'Egypte.

Les Sicambriens l'eurent en si grand respect & reuerence qu'ils luy firent honneurs plus diuins qu'humains: Il n'estoit loisible à personne contreuenir à ses ordonnances, sur peine de la mort infallible, soit en grands ou petits affaires. En quelque part qu'il alloit, faisoit porter deuant soy vne espée & vne corde, en signe euident de sa bonne iustice. Parquoy les prestres des Dieux l'appellerẽt en Grec Δικαιοβάσανς en Latin, *Theobasan*, & en Allemand, *Basangoth*, c'est à dire, Iuste Basan, amy des Dieux. Le prouerbe en vint entre eux, quãd ils oyoiẽt ou voyoient quelque chose contre la Loy, lon disoit: *Hoort opp liefman, ken gynit dy grote, knuig Bazan*. C'est à dire, Cessez cela, Ne sçauez vous pas que Bazan est Roy grand & iuste, lequel s'il l'entendoit vous feroit mourir sans faute.

Respect & honneur deferé par les siens à Bazan.

Noms excellens de Bazan.

Le Roy des Isles Orchades ayant assemblé grande armée, & venant par mer côtre Bazan, apres auoir descouuert sa grand puissance, ne l'osa attaquer, & s'en retourna. Il eut victoire contre les Gaulois & Therouanois, desquels en resta bien peu sur le champ. Ce faict, bastit force chasteaux & forteresses deçà & delà la riuiere de Meuse, y mettant grosse & forte garnison: entre autres vn bien fort qu'il nomma *Basanburg*, où les Rois des Sicambres & François, apres luy, à cause de la beauté du païs & forte assiete du lieu, ont par vn long temps faict leur habitation & demeure.

Hauts faicts du Roy Bazan.

F 5

ABREGÉ DE L'ORIGINE

Bazā fort religieux & amateur des sciences.

L'an 26. de son regne Bazan Roy apres plusieurs batailles heureusement données, & cirtcuy beaucoup de nations, se voulant ranger au seruice des Dieux, fit choses fort memorables pour leur religion: institua plusieurs prestres, lesquels il faisoit instruire en l'Astrologie, aux Prognostiques, Exposition des songes, Ethique, Physique, Poësie & Histoire, entre lesquels fut excellent vn nommé Heligast fils dudit Pontife Theocale, dont nous auons cy deuant parlé.

Heligast grand & admirable personage.

De c'est Heligast, Hunnibaud en escrit choses admirables & hors de creance, si n'est qu'ils fussent par artifice demonique (comme il est aisé à croire.) Car il predisoit l'aduenir, sçauoit le secret du cœur des hommes, & le descouuroit incontinent: chose que les mesmes Demons ne peuuent auoir, sinon par longue obseruation. Brief tout se regissoit par son conseil, & apres qu'il eut faict cest office 32. ans, vn iour dedié à Iupiter estant au milieu des prestres faisant son office, soudain il disparut, & n'a despuis esté veu. Les Sicambriens pensans qu'il fut Dieu & marié à Diane, luy ordonnerent par chacun an de beaux sacrifices.

Victoire du Roy Bazā contre le Roy Thaborin.

L'an 33. de son regne Bazan mena son armée contre le païs appellé Tigarana, qui est vers le midy, entre les Saxons & Magontiens souz la garde des Treueriens: où il donna bataille contre leur Roy nommé Thaborin, lequel le Roy occit, & tous ses gens furent desconfits, & ledit païs mis à sa subjection. En memoire dequoy

quoy il y fit baſtir vn beau chaſteau, en la montagne qui s'apelle *Thabos*, & auiourd'huy par langage corrompu *Monthabur*, à quatre mille pres de Confluence en Allemagne.

L'an 36. de ſon regne apres la conuocation des eſtats à Neopage (ſuyuant la couſtume en cas d'importance) vn iour de ſa natiuité il fit courōner Roy Clodomires ſon fils. Puis auoir prins congé de tous les Princes entra au temple de Iupiter qu'il ferma ſur ſoy, & apres ne fut plus veu. Aucuns dient, qu'il fut prins & enleué par dol ou art diabolique, combié que ſes ſubjects l'adorerent deſpuis comme Dieu, & le nommerent *Baſangotz*. Cela aduint l'an auant la natiuité noſtre Sauueur Ieſus-Chriſt 248. & de la creation du monde 4951. Quant à moy ie tiens qu'il ſe fit cacher (comme Romule Roy des Romains premier) par appetit d'eſtimation de diuinité: par-ce qu'au raport d'Amerodacus Philoſophe Sicambrié, il eſtoit fort cupide & glorieux de la diuinité, aymoit & faiſoit Iuſtice, & la recommanda à ſes ſucceſſeurs. Ayma ſa gent, ſurmonta ſes ennemis, pitoyable aux bons, cruel & ſeuere aux meſchans.

Bazan fit couronner ſon fils Roy par conuocation des eſtats.

Bazā fut apellé Dieu apres ſa mort nommé Bazangotz.

DE

ABREGE' DE L'ORIGINE

DE CLODOMIRES huictiesme Roy.

Chapitre IX.

Clodomires fils aisné de Bazan, vint durant la vie de son pere, comme a esté dit, au Royaume des Sicambres: lequel ayant esté requis par les Ambassadeurs des Gaulois de leur rendre les terres & possessions que son pere Bazan auoit occupé sur eux, les entretint à faire bonne chere par long espace de temps, pendant lequel il manda à ses amis & confederez pour estre secouru: puis asseuré du secours, les renuoya auec rude responce. Il appella doncques les Rois de Saxonie & de Thuringe à son ayde en ceste guerre, par le moyen desquels il vainquit en chãp de bataille les Gaulois, en vn lieu appellé Delon, où ils furent presque tous occis par finesse & ruse de guerre. Ce Roy regna 18. ans, & mourut l'an auãt la natiuité de Iesus-Christ 230. Le mot de Clodomir est interpreté en leur langue, maistre du peuple.

Sage conseil de Clodomires.

Sa victoire contre les Gaulois.

DE

DE NICANOR,
neufiesme Roy.
CHAPITRE X.

Nicanor fils de Clodomires succeda à son pere Roy des Sicambres: seuere, iuste, & belliqueux, tres-ardent, & impatient à la guerre contre les Gaulois: qui fut cause, que par fortune diuerse il combatit contre eux. Doncques il eut plusieurs batailles, tant contre les Gaulois, que contre les Gotths leurs anciens aduersaires: lesquels Gotths du commencement luy firent beaucoup de maux, mais incontinent apres ils furent vaincus. Pour raison dequoy ce nom de Nicanor luy fut baillé, tiré du mot Grec, *victorieux*. Ce Roy l'an 21. de son regne donna secours par mer au Roy d'Angleterre son beau frere à l'encontre du Roy des Isles Orchades. Toutesfois il luy succeda mal, parce que luy ny ses gens n'estoient point experimentez en guerre nauale, & mourut l'an 33. de son regne, & auant la natiuité de Iesus Christ 196. Il eut cinq enfans, sçauoir Marcomir, qui luy succeda au Royaume, Anthenor, qui fut Admiral de mer, Priam lequel deceda vers son oncle en Angleterre, Helene qui fut Duc des Tegariens entre la Saxonie & le Rhin, & Clodius Duc des Mosains.

Qualitez du Roy Nicanor.

Prudence & experience en guerre requises.

Enfans de Nicanor.

ABREGE' DE L'ORIGINE

DE MARCOMIRES, dixiesme Roy.

CHAPITRE XI.

Belles qualitez de Marcomires.

Pres la mort de Nicanor, Marcomires son fils fut Roy, fort modeste, clement, bien instruit en toutes sciences mondaines, principalement en Astrologie, & souuét en lieu de iouër, faisoit pour son passetemps chanter les memorables faits des anciens: à celle fin d'inciter luy, & les ieunes gens à les ressembler suyuant l'ancienne coustume de la nation, qui a esté depuis

Coustume ancienne des Sicambres abbastardie.

(comme plusieurs bonnes choses) mesprisée & aneantie. Il eut quelques guerres, tant cótre les Gaulois, que les Romains, & grandemēt augmenta son Royaume, puis deceda l'an 28. de son regne, & auant la natiuité 168.

DE CLOVIS XI. ROY, premier du nom.

CHAPITRE XII.

Victoire des Sicambres où leur Roy est occis.

Clodius ou Clouis fils de Marcomires regna vnze ans, & apres plusieurs batailles qu'il eut contre les Gaulois, en la derniere d'icelles pres le chasteau de Basambourg, edifié par son trisayeul, (comme a esté predit) il fut occis par ses

ses ennemis: toutesfois ses gens ne laisserent d'obtenir la victoire, lesquels en ayant occis grande quantité, mirent le reste en fuite. Ce fut l'an auant la natiuité 157.

D'ANTHENOR II. DV nom, douziesme Roy.

CHAPITRE XIII.

Anthenor fils de Clodius regna apres son pere seze ans. Il fit tresues pour dix ans, du consentement des Romains auec les Gaulois. La chose plus digne de memoire en son temps fut, que par le conseil des prestres ordonna que lon ne sacrifieroit plus les hommes aux Dieux: laquelle ordonnance, combien que du commencement elle ne pleut gueres aux grands, si est-ce qu'elle fut inuiolablement gardée pour l'authorité des prestres, qui auoit grand lieu enuers eux, & aussi pour reietter ceste meschante barbarie. Qui estoit le chemin de venir à la douce Loy de Iesus-Christ, par le moyen & ayde de l'humanité des François. Auant l'an de la natiuité duquel 141. ledit Roy trespassa, & le 16. de son regne. En ce téps la monarchie des Romains estoit si grande, qu'elle s'estendoit en Aphrique, Macedoine, Grece, & Asie,

Loy barbare de sacrifier les hômes abrogée par conseil des prestres.

mais

ABREGE' DE L'ORIGINE

Molin. li. de mon. Fran. ar. 13. mais non és Gaules, lesquelles ils redoutoient estrangement, ny en Germanie, moins aussi en la France Orientale, où dominoit Anthenor, ainsi qu'à laissé par escrit monsieur du Molin.

DE CLODOMIRES II.
du nom, treziesme Roy.

CHAPITRE XIIII.

Insigne victoire de Clodomires ij. contre les Gaulois. Vis Clodomires son fils fut Roy par l'espace de 20. ans: au sixiesme an de son regne les Gaulois passerent la Mense pour le venir combattre: mais il se defendit si bien auec ses gens, qu'apres grand meurtre d'vne part & d'autre, les Gaulois tournerent en suitte, & s'il eut rompu, ou fait preuenir le pont, il n'eust pas reschapé vn seul Gaulois: & despuis ne passerent ladite riuiere (où il estoit lors sa domination) pour aller contre luy durant son regne, lequel finit par sa mort en l'an 121. auant la natiuité de Iesus-Christ.

DE

DE MERODAC,
quatorziesme Roy.
Chap. XV.

APRES Clodomires, regna sur les François Merodac son fils, homme magnanime & hardy. Il fit grandes choses du commencement: car ayāt mis ensemble auec ses gens bon nombre de Saxons, Thuringiens, & Germains iusques a 220000. hommes, il les mena contre les Romains, gastant toute l'Italie fins à Rauenne, qu'il print & pilla apres plusieurs heureuses batailles & rencontres. Au retour meit à feu & à sang plusieurs villes & forteresses d'Italie.

Beau cōmencement & progres de Merodac.

Alors les Romains redoutans fort son nom & ses forces, entreprindrent luy faire guerre. Et premier induisirent par presens & promesses les Goths & Sclauons à faire guerre aux Saxons & Thuringiens qui estoient amis des Frāçois, en mesme temps qu'ils feroient guerre ausdits François. Le Roy se sentant affoibly du secours des Saxons, appella à son ayde le Roy de Dannemarc, lequel venant, augmēta leur nombre de 10000. hommes. Les Romains souz la conduite de Marius Consul joignirent leurs forces auec les Gaulois, desquels estoit chef Theodemenus, & passerent la Meuse contre les Sicambriens, qu'ils appelloient Germains. Il y eut grand bataille, & beaucoup

Grād desconfiture des Sicambriens par la ruse des Romains.

G

de gens morts de part & d'autre, mais les Fráçois prindrent la fuite, & en fut desconfit bien 10000. & plus.

Le Roy recouure son hôneur & amplifie sa domination.

Merodac ayant depuis rassemblé ses forces, se trouua plus fort que les Romains, & eut beaucoup de batailles heureuses contre eux, où il leur fit beaucoup de mal, & puis se retira en son païs: amplifiant grandement sa reputation & seigneurie, & recouurant l'honneur perdu. Il deceda l'an 28. de son regne, & auãt la Natiuité nostre Sauueur Iesus Christ 93.

Aucuns tiennent qu'il regna seulement & commanda aux siens habitans du Rhin vingt ans: & apres, qu'ils furent contraints à cause des frequentes inondations de la Mer & du Rhin, quitter le païs, & aller habiter en la forest Herciniene, où sont auiourd'huy sis les païs d'Vuirtemberg & Boheme, où il regna seulement huict ans, qui sont en tout le compliment de 28.

DE CASSANDER, quinziesme Roy.

CHAP. XVI.

Cassander vaillãt & heureux en la defensiue.

CASSANDER fils de Merodac succeda à son pere, & regna 21. ans en grande abondance de richesses & despouïlle des ennemis. Il resista vaillamment aux Gaulois aydez des Romains, lesquels

lesquels auoiēt faict beaucoup d'insultes aux François outre la riuiere de Meuse. Pareillement repoussa les Goths cōduits par leur Roy Borbista, lequel les auoit souuent tentez & assaillis auec les Germains, à l'instigation des Romains. Et par ce moyen deliura son païs de Germanie (où il auoit ramené les Sicambres) de la main dudit Borbista, par l'ayde neantmoins d'Arabe Roy des Saxons, & d'Hamer Roy des Thuringiens. Finablement apres plusieurs batailles heureusement faictes, il deceda plein de grands thresors, l'an 72. auant Iesus Christ.

D'ANTHARIVS, seiziesme Roy.

CHAP. XVII.

D'ANTHARIVS apres la mort de son pere Cassander regna par l'espace de 35. ans, durant lequel temps il print, brusla, & destruict la cité de Magonce tenuë par les Romains: par l'ayde des Germains entra és Gaules, où il fit plusieurs dommages, & rapporta grāds despouilles. L'an sixiesme de son regne, & comme dit Eusebe, 60. ans auant nostre Seigneur Iesus Christ, Iules Cesar enuahit d'vn autre costé

Antharius à grāde victoire contre les Gaulois.

ABREGÉ DE L'ORIGINE

les Gaules par hostilité, là où entre autres le mesme Cesar recite, que les Sicambres assaillirent son camp de telle audace & impetuosité, qu'ils s'en retournerent tous chargez de butin apres vne grande occision des Romains, lesquels alors penserent estre tous desconfits. Puis, l'an 35. dudit regne, & 37. auant la natiuité de nostre Seigneur, les Gaulois passerent outre la riuiere de Meuse, & coururent sur les François, où fut leur Roy Antharius occis & desfaict auec 20000. hommes: qui est la plus grāde perte qu'ils ayent iamais eu, parce qu'il ne se print garde, iusqu'à ce qu'il fut tout enueloppé de ses ennemis.

Cesar li. 6. de la guerre Gallique.

Sicambres firēt grand butin sur les Romains.

Antharius occis & ses gens desfaits par sa faute.

DE FRANCVS, XVII. Roy des François.

CHAP. XVIII.

Changement du nom de Sicambre en François à cause du Roy Francus.

FRANCVS fils d'Antharius fut Roy des Sicambres apres son pere: A cause duquel Francus quasi *par droict de retour des ennemis* (qu'on appelle en Latin, *Ius postliminij*) le peuple chāgea son nom de Sicambre en François. Car ce nom ayant esté parauant aboly, combien qu'il fut premier venu de Francion, resuscita de son temps.

Alors non seulement grāds Seigneurs, mais gens

gens de guerre, & tout le peuple prindrent si fort en amitié leur Roy, qu'ils voulurent estre appellez François, & le Roy en fit vn Edict: A quoy il condescendit volontiers, mesmes pour immortaliser son nom. Doncques du despuis ils ont esté dicts François, de la nouueauté duquel nom ils estoient tant glorieux, qu'en leur salutation disoient : *Ein gutten tag fryer Frank*: c'est à dire, *Bon jour ô libre François*. Pour signifier qu'ils estoient vrais François, n'ayans iamais seruy. Toutesfois il n'aduint si tost, mais long temps apres, que par les estrangers ils furent ainsi appellez : tant parce qu'ils estoient meslez auec leurs côfederez, qui auoient plus de reputation qu'eux, qu'aussi les Romains haïssoient fort ce nom, & les appelloient plustost Germains que François, ainsi qu'auôs touché cy dessus. Estant tres-certain, selon le dire de l'Abbé Trithem, que le nom des François a esté cogneu par les Romains, non par escrits, mais par armes : non par amour, mais par force : nô pour l'auoir de volonté recognu, ains à cause de leurs victoires.

François glorieux du changement de nom.

Ce nom incognu long temps apres des estrangers.

Belles antitheses.

Le Roy Francus estoit hardy, furieux, & belliqueux, & grand defenseur de sa patrie, lequel vengea asprement la mort de son pere enuers les Gaulois. A rapporté plusieurs victoires de ses ennemis, coustumier de vaincre, non iamais fuïr : parquoy il fut fort aimé des siens, & craint des ennemis : & en ces qualitez, on peut faire quelque comparaison de luy à nostre Roy de present regnant.

Qualitez du Roy François.

ABREGÉ DE L'ORIGINE

François suspects & redoutez des Romains.

Il fit perpetuelle alliance & traitté auec les Germains, Saxons, & Thuringiens anciens amis des Sicambres. Dés son aduenement à la coronne, les forces des François commencerent d'estre fort suspectes aux Romains: qui fut cause qu'Auguste Cesar Empereur fit la description generale des gents estans souz son obeïssance (comme il est porté en l'Euangile) estimant à force d'hommes de les suppediter & aneantir.

L'an troisiéme de son regne, les Romains, ne se fians à leur force, ains à leur ancienne ruse de guerre, practiquerent les Goths, lesquels auec les Scanziens & leurs voisins en grand nombre abandonnerent leurs païs, & allerent aux limites de Saxonie, où ils sejournerent faisant dix ans durant la guerre.

Insigne victoire des François contre les Gotths.

Mais en fin les François auec leurs alliez firent vne armée de 2:0000. hommes combatans, journée assignée de bataille, laquelle estant donnée, y eut grand perte de tous costez. Le lendemain s'estans les François diuisez en trois parts, le Roy Francus se porta si vaillamment & courageusement auec eux, que lesdits Goths furent vaincus & chassez de Saxonie, & en, fut tué plus de 80000. & le reste mis en fuite.

Cry de ioye en la victoire.

Est à noter, que lors de ceste victoire les François en signe de liesse (côme l'on a dit depuis *mont-Ioye*) cryoient, *Hic Franc, hic Franc*: repetant souuent ce nom de François, tant à cause de leur premier Francion, que du Roy Francus: à l'exemple des anciens, lesquels aux chants

chants nuptiaux cryoient, *Hymen, ô Hymenée*, pour denoter l'extremité de ioye & affection.

Le Roy estant venu à chef de la guerre des Goths, aduerty que les Gaulois ayant passé le Rhin, & mis à feu & sang toute la region, s'en retournoient auec grād despouille, apres auoir harangué à ses gens, lesquels il trouua tresbien disposez, manda aux confederez pour le secours. Ce qu'ils firent: sçauoir les Saxons de 84000. combatans, les Germains & Theutoniques 60000. Doringiens 46000. lesquels son armée conjoincte montoit enuiron trois cens mil hommes. Quand ils furent tous assemblez commença à leur dire: *Voyez mes compagnons qu'à bon droict vous pleurez le sang de vos peres cruellement espanché par les perfides Gaulois. Ie iure par la teste d'Antarius mon pere, qu'ils ont tué, que ie ne donneray iamais repos à la mienne, que ie ne m'en voye vengé.* Laquelle parole fut tresbien receuë & approuuée de toute la multitude, auec vne indicible ioye & applaudissemēt.

Doncques par vn pont de batteaux qu'il fit faire, passa le fleuue dans deux iours, & entra és Gaules, où il fit plus de degast & meurtre, qu'autre n'auoit faict auparauant, & y fut tué 200000. ames, sans espargner sexe ny aage, par semblable cruauté que les Gaulois auoient vsé enuers eux: tant ils estoient enuenimez & acharnez contre les Gaulois: parce qu'ils n'estoient encores illuminez l'vn ny l'autre de la loy Euangelique.

Les Romains esmeuz de ceste nouuelle, ne

Assemblée de l'armée contre les Gaulois.

Belle harangue de Francus.

Grād cruauté côtre Gaulois.

ABREGÉ DE L'ORIGINE

les oferent plus attaquer, mais enuoyerent M. Lollius capitaine auec grand armée contre les Saxons, lesquels ils vainquirent, & occirent 18000. hômes. Ce qu'entendant le Roy Francus enuoya à leur ayde son fils Clogio, lesquels joincts ensemble eurent victoire contre les Romains, & ce fut le 24. an de son regne. Le discours desquelles batailles & victoires est fort plaisant : mais parce qu'il se trouue au long d'escrit par les historiens, ie l'ay voulu icy reduire (comme les autres choses) par abregé.

Les Germains & Saliës Cisalpins s'allient auec les Romains.

En ce temps les Scythes ou Saliens Germains furent par messages inuitez à l'amitié du peuple Romain, & se submirent à l'Empereur Auguste. Cottius Roy des Saliens Cisalpins luy fut aussi côcilié sans effusion de sang, & fut par le Senat appellé Roy, amy, & compagnon du peuple Romain. Et moyennant ce fit dresser le chemin du mont Cenys, qu'on appelle, *Alpes Cottianæ*, à cause de luy, & regna le surplus de ses iours en tranquilité. Apres sa mort fut par ses subjects honoré de sacrifices & tiltre diuin. Son Mausolée ou Sepulchre se voit encore de present edifié d'ouurage antique en forme de triangle auec trois tours aux trois coings, au dessus & contre les murailles du chastel de Suze. Dont ne resta autre nation que lesdits Sicâbres ou Saliens François, (lesquels tous se disoient yssus des Troyens) que tout le monde ne vesquit en pais souz l'obeissance de Cesar Auguste.

Roy Cottius & les Alpes Cottienes.

Les François n'ont esté souz l'obeissance de Cesar Auguste.

Icy

Icy ne viendra trop mal à propos d'inserer l'opinion de monsieur Hottoman, grand Iurisconsulte de nostre temps, en sa Franco-gallie: qu'és environs de ce temps-là, que les Romains commencerent à prendre pied & domination és Gaules, elles estoient partie regies par monarchie, partie par aristocratie: dequoy il en faict vn assez long discours. Mais cela n'attouche beaucoup au cours de nostre histoire: d'autant qu'auons à traicter presentement des François ou Sicambres, auant que ils fussent joints par alliance, conformité de mœurs, loix, & Prince auec les Gaulois: auquel temps est tout certain, qu'iceux François ont tousiours eu vn Roy, Duc, ou Prince pour les gouuerner.

Digression. Opinion de M. Hottoman touchant l'estat des Gaulois.

Francus mourut l'an 28. de son regne, & neufiesme auant la Natiuité nostre Seigneur Iesus Christ: accablé tant de trauaux que des ans. Les gestes duquel ont esté escrits en vers Allemands par Clodomer grand Pontife des François, & Hunnibaut en prose Latine.

Mort du Roy Francus.

LIVRE TROISIEME.

Du temps de la mission du Verbe eternel, fils de Dieu nostre Sauueur Iesus-Christ en ce monde.

CHAPITRE I.

COMME il ne s'est iamais rien passé a present, ny passera à l'aduenir, sans vn tres-grand & secret mystere procedant de l'ineffable & admirable prouidence de Dieu createur & fondateur de toutes choses. Mystere, dis-je, tendant à plusieurs tres-bonnes fins, tant pour la gloire du Souuerain, que pour le profit & salut des creatures animées & raisonnables. Aussi il à pleu à ce bon Dieu nostre seul pere, aduenant la plenitude du temps, nous enuoyer en ce terrestre monde, & communiquer tout ce qu'il auoit de plus beau & plus precieux : qui est son Verbe eternel, & par ainsi (comme engendré de luy) son fils vnique, cooperant, pareil, & consubstantiel auec luy. Sans laquelle mission à la verité nous pouuons dire que tant par la faute de nostre premier pere, que de nous mesmes & de nostre naturel depraué, tout l'humain liguage estoit

Tout est auec vn tres-grand mystere de la prouidence de Dieu.

Dieu à enuoyé le verbe eternel son fils en ce mõdé pour le reparer.

estoit perdu, ruiné & reduit au plus profond des tenebres infernales.

Ce bon Dieu doncques seconde personne de la Trinité, par la volonté de Dieu son pere, & cooperation du sainct Esprit, descendit du ciel en ce bas monde, & print incarnation, c'est à dire, chair humaine par miracle supernaturel dans le ventre de la tres glorieuse vierge Marie: Et de mesmes sans faire effort à sa virginité, nasquit & sortit comme d'vn vaisseau entierement diuin, esleu, choisi & preparé auec vne grace speciale à ce tres-sainct œuure, non sans abondance de merites rares & quasi supernaturels pour son regard. A quoy se peut adapter le dire du Poëte: *Le verbe à esté incarné miraculeusement & sorty du ventre de Marie.*

Tum pater omnipotens fœcundis imbribus æther
Coniugis in gremium lætâ descendit, & omneis
Magnus alit magno permistus corpore fœtus.
Qui est ainsi mis en François.

Adonc le Tout-puissant par sa benigne pluye
De l'espouse le sein toucha fœcondement:
Si qu'vn grãd corps imbu d'vn grãd tres-largement,
Nous a esclos le fruict, qui donn' à tous la vie.

Ce fut au temps de l'Empereur Cesar Auguste, auquel (comme les Prophetes & Sybilles auoyent predit) la Paix vniuerselle deuoit estre au monde, mais auec vne telle desolation des ames, que presque tout le monde auoit perdu la vraye cognoissance de Dieu & la ferme esperance du salut. *Natiuité de Iesus Christ soubz Cesar Auguste.*

Qui est vn des premiers secrets de la grand bouté & prouidence de Dieu, parce qu'il est *Premier effect & secret de la prouidence de Dieu.*

venu

venu (comme il dict souuent en l'Euangile) pour guerir les malades, illuminer les aueugles, bailler l'ouye aux sourds, la parole aux muets, ressusciter les morts, & brief reparer le pauure monde, qui alloit tomber en grand precipice.

Second secret. Ce fut aussi l'an de la creation du monde 3962. selon la commune supputation, pour signifier la fin des trois loix: d'autant que la premiere loy de nature a duré enuiron deux mille ans, la seconde loy de rigueur qui est celle de Moyse presque autant, & au bout delà, celle de Iesus-Christ pleine de grace, douceur & misericorde, qui dure encores, & durera iusques à la fin du monde.

Troisiesme secret. Vn autre & troisiesme secret & mystere significatif de la naissance de Dieu, est qu'il nasquit l'annee en laquelle l'Empereur des Romains Auguste pour la crainte qu'il auoit des François qui entroient en credit & reputation par tout le monde, fit la description generale. Denotant que la faulse loy Payenne redoutoit la venue de celle de Iesus Christ, & que les François seroyent ceux qui l'establiroyent, entretiendroyent, & maintiendroyent iusqu'à la fin du monde. Dieu leur en face la grace.

Deux autres secrets. *Lact. au li. 4. de la vraye sap. chap. xj.* Lactance Firmian grand philosophe Chrestien racompte deux autres secrets qui sont bien remarquables: Assauoir, que Dieu apres la loy de Moyse auoit enuoyé au monde, & specialement à son peuple esleu, qui estoit la nation de Iudée, vne grãde legion de prophetes, lesquels

lesquels leur prescharent successiuemẽt la correction de leur vie & penitence: laquelle s'ils n'accomplissoyent, leur predit, qu'il deuoit changer son testament, & communiquer de plus pres l'esperance de la vie eternelle aux estranges nations. Ce qu'aduint au bout de certain temps: voyant qu'il ne profitoit rien de leur enuoyer les Prophetes. Doncques il enuoya son premier fils vers les Gentils, à fin que ceux qui ignoroyent Dieu, en eussent la parfaite cognoissance, & ensemble observassent ses preceptes, que les Iuifs auoyent reietté & mesprisé, ainsi qu'il preuue par plusieurs textes des anciens prophetes. *Dieu à changé son testament pour la faute de son peuple.*

En apres nostre Souuerain Dieu pour reparer nature humaine n'a voulu enuoyer ça bas son fils en apparence de diuinité: de peur d'induire son peuple ingrat en erreur & mespris de sa Iustice, mais en forme d'homme, à fin qu'il seruit plus facilement de guide, & quasi le ramenat par la main (cõme on faict les petits enfans) au chemin de la vie eternelle, de laquelle il auoit perdu les sentiers par moyen de mauuaise conduite. Nous rendans totalement inexcusables enuers soy & le monde, si ne voulions receuoir vn tel capitaine, garde, & conducteur. *Pourquoy Dieu à plus aymé vestir la forme d'hõme que de Dieu.*

Et finalement pour ne laisser en arriere ains reprendre le cours de nostre histoire, & reuenir à noz Sicambres, à present nommez François, i'ay remarqué singulierement vn autre grand effect des secrets de la prouidence diuine:

divine: C'est qu'il a voulu naistre, selon la plus commune opinion, l'année derniere du regne de Francus 18. Roy des Sicambres, au temps duquel ils ont changé ce nom en François. Qui est mystere significatif de la bonne & paternelle amitié qu'il leur a porté de tout temps: monstrant que comme ils auoyent changé le vieux nom & sauuage en vn doux, gratieux & retournant à leurs premiers progeniteurs, aussi dans peu de temps apres ils racleroyent & nettoyeroyent la vieille, & puante lie du Paganisme, pour prendre la douceur & salut de la loy Chrestienne, laquelle les anciens prophetes, Druides, Prestres, & Docteurs leur auoyent predit long temps auparauant, sans grand aduancement, & sur la racine de laquelle les premiers arbres de leurs pays, terres & seigneuries auoyent esté plantez.

Tresbeau mystere & signification de la bonne volonté de Dieu enuers les François.

Aussi il y a vne autre allusion de François à Chrestien fort conforme à la verité & naturel des deux, car puis que nous auons dict cy deuant le François prendre son Etimologie du nom *Franc*, c'est à dire *libre*, il ny a rien qui conuienne plus au Chrestien que ce nom la: d'autant que (comme la saincte escripture retentit par tout) ce qui estoit soubs le ioug & seruitude de peché & damnation est faict libre, c'est à dire, apte à receuoir liberté en ce monde, & en l'autre l'eternelle beatitude, desquelles deux choses le bõ Dieu par le moyẽ de ce verbe eternel nous vueille tous faire effectuellemẽt iouïssans, vrais maistres, proprietaires, & seigneurs.

Belle allusion du nõ de Frãçois à Chrestiẽ.

Mais

Mais si on veut prendre la natiuité de Iesus Christ au temps du regne de Clogio fils de Fracus, & duquel il sera cy apres parlé au prochain chapitre, ainsi que les autres ont voulu dire, il sera encores fort à propos de faire icy vne autre allusion & antithese quant à ce nom. Car tout ainsi que nostre bõ Roy Iesus Christ à voulu venir en ce mõde regnãt en France vn Roy Clouis Payen, aussi a il voulu estre premierement recognu en Gaule par vn Roy Clouis Chrestien, issu neantmoins de la race des anciens François. Mystere significatif que iaçoit qu'il aymat les François, toutesfois parce qu'ils l'ont refusé en sa naissance & aduenement, n'estoient dignes de sa premiere grace: mais vne autre terre venuë ou meslee auec eux. Pareil exemple qu'il a monstré & monstre pour le iourd'huy à l'endroit des Iuifs & Gentils.

Allusion sur Clouis Payen & Clouis Chrestien au regard du Christianisme.

Or puis le temps du Roy Clouis Chrestien, il est tout notoire, que tous les Roys de France ont esté Chrestiens, & encores plus par leurs merites de l'Eglise & de la foy Catholique, appellez apres Tres chrestiens: car qu'elle nation a iamais plus hardiment, valeureusement & auec meilleur succez combatu pour la querelle de Dieu, pour la foy & l'Eglise que la Francgauloise, ou Françoise, auiourd'huy nommée, tesmoin en est le sieur du Haillan grand historiographe de nostre temps, voire ont acquis tiltre de premiers fils de l'Eglise, quoy que l'Espagnol luy vueille faire obstacle, mais à tort

Roys de Frãce treschrestiens premiers fils & defenseurs de l'Eglise.

Haillan li. vij. sur la vie de Philippe 1. du nom.

tort & sans raison, sinon celle qu'il fonde sur sa toison.

Haillā sur la vie de Charles Martel. Pourquoy le nom de Tres-chrestiē est baillé aux Rois de France.

Mais pour la fin de ce discours, i'allegueray l'opinion dudit sieur du Haillan, estimant que le nom de Tres-chrestien & premier fils de l'Eglise, n'est venu aux Roys de France pour auoir esté tousiours pieux, deuots & affectionez au siege de Rome, mesmes dōné ce qu'on appelle auiourd'huy le patrimoine S. Pierre & exerchat de Rauenne, ains de Charlemagne seul, qui a vaillamment combatu pour la foy Chrestienne contre les infidelles, laquelle opinion ne me semble bonne : car ie le prendrois pour les deux raisons. Qu'il ne soit ainsi, il s'en

Ledit autheur en la vie de Louys le Gros.

trouue par les Chronicques de France, tant deuant qu'apres luy, qui ont fait de choses incroyables & miraculeuses pour l'Eglise. Aussi il dit ainsi en vn autre lieu. *Il n'y à nation en toute la Chrestiēté en laquelle les Papes se soyent tant fiez, ny semblablement ait trouué tel secours qu'ils ont faict en France à chascune fois qu'ils ly ont cherché, & nul autre Roy n'en a poinct tant veu, qu'a faict*

Remarque sur Louys le Gros.

Louys le Gros : car de son temps Vrban, Paschal, Gelase, & Innocent y passerent sans y comprendre Callixte qui estoit François, & fut esleu en France. Aussi de son tēps le Concile fut tenu à Rheims pour appaiser le scisme de l'Eglise, ou accourut grand multitude de gens de toutes parts de la terre, en l'assemblée desquels le fils dudit Roy fut sacré durant la vie de son pere. Ce qui n'est onc aduenu à autre Roy, ny auec plus grande solemnité.

DE

DE CLOGIO, AVTREMENT CLOVIS II. DV nom, xviij. Roy.

CHAPITRE II.

CLOGIO fils aisné de Pharamond regna apres son pere l'espace de 20. ans sur les François. Il estoit fort rusé, subtil d'esprit, entendu en Magie, & Astrologie, duquel Clodomer preallegué Pontife & prophete des François a escript choses belles & admirables. Sa mere Lothilde fille du Roy des Thuringiens fut la grande sacerdote du temple de Pallas, & par son art d'enchantement à fait de grands & signalez effects pour les François contre leurs ennemis. A l'ayde des Saxons & Thuringiens il vainquit & defit M. Lollius Consul, que les Romains auoyent enuoyé à l'encontre de luy. *Qualitez du Roy Clogio & de sa mere Lothilde.*

Defuicte de Lollius Consul Romain.

L'an dixiesme de son regne nostre bon Sauueur & redempteur Iesus Christ nasquit en Bethleem de Iudée soubs Octaue Auguste, qui fut premier Empereur des Romains, auquel temps fut faite generale description de la terre, comme a esté predit, le monde estant en paix vniuerselle, & en signe de ce, le temple de Ianus à Rome fermé, combien qu'aucuns tiennent que cela aduint l'an prochain auant le regne dudict Clogio. *Autre opinion touchans le temps de la naissance de Iesus Christ.*

ABREGÉ DE L'ORIGINE

Ambassade du Roy Clouis à Cesar Auguste.

Il enuoya par commun accord des François ambassade vers Auguste, & presens pour accepter les conditions de paix: combien que Cicero contemporain asseure, que ladite ambassade fut plus par feinte & ostentation de paix, que par certaine obeyssance ou subiection. Et bien le monstrerent à toutes occasions s'offrans à pouuoir recouurer la liberté perdue.

Phrysus second fils de Clogio coronné Roy de Phryse à la charge du tribut & subside.

Mort de Clogio.

Audit an dixiesme, le Roy par le conseil de Lothilde sa mere, enuoya son second fils nommé Phrysus, ainsi nommé à cause des Phrygiens, dont il estoit issu, en la region adiacente à la mer Germanique vers Aquilon, qui à present est de son nom appellée Phrise: lequel Phrysus dix ans apres par consentement de tous les François en fut coronné Roy, en leur payant tribut de 260. bœufs par an, & à la charge, qu'ainsi que les confederez, il seroit tenu prester ayde & secours aux François. Clogio mourut l'an 20. de la natiuité de Iesus Christ, & ainsi subsecutiuement nous en ferons cy apres la supputation. Il eut trois enfans, Herinet, Phryse, & Marcomir.

DE HERIMER, dixneufiesme Roy.

Chap. III.

HERIMER fils aisné de Clogio regna apres son pere 12. ans. L'an 13. de son regne, Iesus Christ souffrit mort & passion en l'arbre de la croix hors la cité de Ierusalem, condamné par Ponce Pilate Preuost de Iudée soubs l'Empereur Tybere (lequel toutesfois l'ayant mis au nombre des Dieux, on fut fort argué par le Senat Romain) & le tiers iour il ressuscita, & puis monta aux cieux, ou il sied à la dextre de Dieu son pere, & ne viendra visiblement en ce bas monde, iusques à ce qu'il sera estably Iuge, & prononcera la sentence supreme sur tous les vifs & les morts. Telle est la foy de l'Eglise Catholique, hors laquelle ny a point de salut.

Mort de Iesus Christ son ascension & iour du iugement.

En la mesme année, les Gaulois pillerent & saccagerent les terres des François delà la riuiere de Meuse, par la negligence des Princes & Gouuerneurs. A raison dequoy il les chastia bien asprement selon l'ancienne loy des Sicambriens, portant ainsi: *Le Prince constitué en puissance Ducale ou gouuernement soubz le Roy de France, doibt garder soigneusement sa prouince. Que si par sa negligence l'ennemy entre en icelle, & y faict du mal, la moitié de son bien sera mis en coffre*

Loy anciẽne des Frãçois touchãt la garde des prouinces.

ABREGÉ DE L'ORIGINE

du Roy, & ne sera plus Duc, ains priuée personne. Si de son gré il à baillé l'entrée à l'ennemy, soit tout vif enseuely, ou decapité, & ses femmes & enfans auec tous ses biens adiugez au Roy.

Mort du Roy & perte de bataille.

Le Roy se voulant venger de ceste iniure contre les Gaulois, leur fit forte guerre par deux fois, & en la derniere par sa trop grande hardiesse & imprudence, il fut occis en la bataille, & tous ses gens deffaits. Cela aduint l'an de nostre Seigneur 32.

DE MARCOMIR, III. du nom, xx. Roy.

CHAP. IIII.

Qualitez du Roy Marcomir

Nostre Seigneur mourut l'an 33. de son aage & ij. du regne de Marcomir selon Trithems.

PARCE que Herimer n'eut point d'enfans, son frere Marcomir luy succeda à la couróne. Cestuy estoit de grand stature, aspre de meurs, fauorable aux amys & terrible aux ennemis, & à beaucoup trauaillé les Gaulois & leurs associez. L'Abbé Trithem tient, que l'an deuxieme de son regne nostre Seigneur souffrit mort & passion: qui reuiẽt toussiurs au compte & supputation de ceux qui soubstiennent, qu'il nasquit l'an dernier du regne de Francus, d'autant que suiuant la cõmune opinion il mourut l'an 33. de son aage, qui est le tẽps plus accomply: combien qu'il ne regardoit pas les aages, mais

mais la predestination du vouloir de Dieu, lequel voulut haster son decez & cruelle mort pour nous apporter tant plustost nostre salutaire redemption. Il y a donc entre les escriuains & historiographes dix ans de difference pour le regard de la supputation du regne des Roys de France : mais non de la mort de Iesus Christ: car il est tout certain, qu'il mourut l'an de la creation du monde 3962. ainsi qu'a esté dict, & de l'Empire de Tybere Cesar l'an 15. soubs deux Consuls gemeaux, le septieme iour auant les Calendes du mois d'Auril.

Temps de la mort de Iesus Christ.

Enuiron l'an 14. du regne de Marcomir, Claude Cesar Empereur de Rome retournant de la conqueste d'Angleterre, & des Isles Orchades fit guerre aux François auec bien grād perte & dommage, non sans mutuelle diminution des Romains. Marcomir mourut l'an 18. de son regne, & de nostre salut 50.

Guerre entre les Romains & François.

DE CLODOMER, III.
du nom, xxj. Roy.

CHAP. V.

CLODOMER fils de Marcomir fut Roy des François par l'espace de douze ans. Il estoit homme belliqueux, & donna beaucoup de fascherie & trauail aux Romains & Gaulois: ne

Qualitez du Roy Clodomer iij. dit nom.

neur des François, les gestes duquel ont esté escrits par Arebat Pontife & Poëte des François en vers, que depuis Hunnibaud a redigé en prose. Renouuela l'alliance, que son predecesseur Francus auoit faict auec les Saxons, Germains, & Thuringiens.

Cruauté insatiable de Nero Empereur.

L'an second de son regne, Nero l'Empereur fit mourir à Rome sainct Pierre & sainct Paul, princes des Apostres, & par tout son Empire plusieurs autres Chrestiens. Mais ce ne fut point chose trop estrange de son naturel, puis qu'il aimoit tant la cruauté, que mesmes il n'espargna sa propre mere par vne horrible façon de parricide, ny aussi son pere spirituel le bon Philosophe Senecque: duquel l'on peut dire, côme de Platon, que s'il fut Chrestien, fut paruenu à vne grâde perfection.

Coparaison des bôs & mauuais Empereurs à l'édroit des Chrestiês.

Telles cruautez contre les Chrestiens (qu'ils appelloient pour lors Iuifs) seroiêt encor plus odieuses aux bons Empereurs qui l'ont ensuiuy, ne fut qu'ils se peuuent excuser sur le Senat & suitte de la Cour, qui commêçoient d'estre tant deprauez, qu'ils ne pouuoient endurer la tres-bonne odeur du Christianisme.

Trespas du Roy Rather auec son enterrement.

Le Roy Rather alla de vie à trespas, l'an 21. de son regne, & de nostre salut, 89. fut enterré en la cité de Rhaterdame en Holande qu'il auoit edifiée de nouueau en memoire de son nom: de laquelle cité estoit natif ce grand personnage, Didier Erasme, lequel a plus laissé par escrit que nul autre de nostre temps.

DE

DE RICHIMER,
vingt-quatriesme Roy.

CHAP. VIII.

RICHIMER fils du Roy Rather succeda à son pere au royaume. Il estoit Prince magnifique, hardy, & belliqueux, & pour sa deuotion enuers les Dieux, il fut faict grand Pontife. Delà on peut tirer deux grands mysteres & signes de bien-vueillance de Dieu enuers les François. Le premier est en ce temps, qu'à cause de ceste deuotion (combien que le Roy fut Payé, ayant toutesfois l'ame droicte) par vn miracle & permission de Dieu, sa loy en Iesus Christ fut manifestée & apportée en Gaule par Sainct Denys Areopagite disciple des Apostres, lequel pour la soustenir fut martyrizé auec saincts Rustique & Eleuthere ses compagnons pres la ville de Paris: où il fut enseuely en l'Eglise consacrée à son nom. Ie ne reciteray tous les autres, & presque innumerables Saincts & Sainctes, qui ont depuis luy flory, tant en France qu'en Gaule: voire plus qu'en nulle autre nation, parce qu'il appartient mieux à la Legende des Saincts qu'à nostre traicté.

Le second, qu'il y planta la foy Chrestienne

Qualitez du Roy Richimer.

Deux mysteres de Dieu enuers les François par l'instrument de sainct Denys & ses compagnons.

ABREGÉ DE L'ORIGINE

& Catholique l'an 96. de nostre salut, & fut le premier païs deçà les Monts instruict en la foy Chrestienne, duquel sont venus & sortis tant de beaux & illustres rejettons, qui ont illustré tout le monde. Le Roy Richimer chassa les Goths de Saxonie où ils estoient entrez, & auec l'ayde des Saxons & Germains occit bien 20000. & à fin de leur interdire le passage, enuoya bien 18000. hommes de son païs auec leur famille pour se tenir aux limites d'entre les Goths & Saxonie, ausquels il bailla pour Duc & gouuerneur Sunnon son secód fils. Durant la vie de l'Empereur Nerua eut guerre pres la cité de Bazan contre les Gaulois & Romains, ou resta beaucoup de gens morts d'vne part & d'autre. Il edifia la ville de Frácfort, qui est la ville du traffic & commerce des François, desquels partant elle retient le nom. Espandit la nation Françoise en diuers païs & contrées: dont les villes de Sunnon, Marcomir, & Brandebourg sont prouenues. L'an 113. de nostre salut, alla de vie à trespas, apres auoir heureusement regné par l'espace de 24. ans: la vie, gestes, & mœurs.

Victoires & batailles de Richimer.

Franc-fort edifiée par les François.

Ses loüables gestes & sa mort.

DE

DE AUDEMAR, vingt-cinquiesme Roy.

CHAPITRE IX.

AVDEMAR fils de Richimer fut apres luy Roy des François, Prince fort doux, amiable, & paisible. Il fit paix auec les Gaulois & Romains, qu'il obserua durant sa vie: Au moyen dequoy s'addonna à dresser le bien public, decorer temples, faire somptueux edifices & citez, entre autres vne excellente appellée de son nom Andermarhiem, qui est encores és limites du diocese d'Vtrech, en laquelle il fut enseuely, l'an de grace 127. & de son regne 14.

Audemar enclin à la paix & à somptueux bastimens.

En son temps estoit entre les François vn grand Pontife, Prestre & Poëte, appellé Vecthan venu d'ancienne tige des Roys, eloquet en langage Grec & Latin, & fort expert en Medecine, Philosophie, & Mathematiques: car il auoit longuement estudié à Rome & Athenes: & finablement retourné en son païs, se meit à enseigner soubs vn chesne les enfans des Roys, Princes, & grands Seigneurs. Il escriuit aussi l'histoire des Roys pour exciter les esprits de la ieunesse. Puis l'ã 5. du regne d'Audemar passant vn petit fleuue fut noyé, auquel fleuue pour ceste cause le nom a esté baillé de Vecht, & en cest endroit le Roy fit bastir vne ville, où il fut enterré souz vne pyramide.

La vie de Vecthan grand personnage, & sa mort.

DE

ABREGÉ DE L'ORIGINE

DE MARCOMIR, IIII. du nom, vingt-sixiesme Roy.

CHAPITRE X.

Paix entre les François, & Gaulois & Romains, non sans quelque soupçon par les Romains.

MARCOMIR apres la mort du Roy Audemar son pere, regna 21. ans en paix : parce qu'il continua l'accord, que son pere auoit faict auec les Gaulois & Romains. A raison dequoy les François s'enrichirent, mais les Romains, nonobstant la paix, auoient tousiours quelque soupçon sur les François, pour auoir eu respece de leurs Dieux, qu'ils deuoient subuertir l'Empire Romain.

Dorac insigne Poëte reueré comme Dieu.

De son temps a esté en vogue Dorac conseiller des François, & insigne Poëte, lequel auoit esté disciple de Vecthran aussi yssu de noble race de Roys, & apres le decés d'Audemar, succeda par election au Pontificat : estoit veneré & respecté comme Dieu, & a escrit l'histoire des François en vers. Ledit Marcomir deceda l'an de grace, 148. laissant sept enfans masles, desquels le dernier né fut Pontife.

DE

DE CLODOMER, IIII.
du nom, vingt-septiesme Roy.

CHAP. XI.

CLODOMER fils aisné de Marcomir luy succeda au regne & seigneurie des François. Il fut Prince prudent, modeste, & humain, & eut de la femme Hastilde trois fils l'aisné desquels fut Roy apres luy, le second fut Roy de Phrise, Le tiers nommé Roricus se noya en vne riuiere, qui depuis à cause de luy a prins le nom de Rora, entre le chasteau de Neoc, & de la ville de Moradun. Ledit Clodomer deceda le 17. de son regne, & de nostre salut, 165.

Lignée de Clodomer.

Rora fleuue, de Roricus, & du Roy qui s'y noya.

DE PHARABERT,
vingt-huictiesme Roy.

CHAP. XII.

PHARABERT fils aisné de Clodomer regna sur les François. Il renoüa & confirma les alliances faictes par les predecesseurs auec les Germains, Saxons, Thurin

Commencement de Pharabert

ABREGÉ DE L'ORIGINE

Thuringiens, Marcōmás, & Cimbres, dequoy faschez les Romains, firêt forte & dure guerre.

Mais finablement il chassa les Romains de Saxonie pendant l'Empire de Marc Antonin Debonnaire, autrement Pie. Cinq ans apres les Romains soubs l'Empire de Luce Aurelle Cōmode derechef retournerent en Germanie, où il y eut grand accident contre les Germains & François. Car comme les deux armées fussent l'vne pres de l'autre, la foudre & gresle tomba sur les Germains & François, & la menuë pluye sur les Romains.

Grand accident pour les Romains côtre les François.

De son temps Eleuthere Pape de Rome envoya à la requisitiō de Luce Roy d'Angleterre audit païs Fagan & Diuian Euesques pour annōcer l'Euāgile de Dieu, & côuertir le peuple à la vraye foy Chrestienne. Ce qu'ils firent heureusement: les temples des idoles furent conuertis en temples de Dieu, & les Flamines & Archiflamines en Euesques & Archeuesques, comme ils sont pour le iourd'huy.

Angleterre reçoit le Christianisme.

Aussi le bon sainct Irenée Euesque de Lyon en France, fut mandé venir à Rome par le mesme Pape, lequel estant de retour en sa cité de Lyon a esté martyrisé auec presque tout le peuple Chrestien à la montagne: dont le sang decouloit par vne ruë, laquelle s'appelle à cause de cela *Gourguillon*, & tomboit dans la riuiere de Saone, qu'on dit auoir, à cause de ce prins ce nom, & en Latin *Sāgona*, pour le sang si espais des martyrs, qu'il conuertit la couleur d'icelle riuiere naturelle en sanguinaire.

Martyre de sainct Irenés.

Saone, Sāgona.

Le

Le Roy Pharabert deceda l'an 20. de son regne, & de nostre salut, 185.

Deces du Roy Pharabert.

DE SVNNO
xxix. Roy.

CHAPITRE XIII.

SVNNO fils dudit Pharabert, regna apres luy 28. ans. Il eut guerre contre les Romains & Gaulois pres le chasteau de Delon, en laquelle il demeura victorieux : les faicts & gestes duquel Hildegaste Philosophe François mit par escrit en vers vulgaires, que Hunnibaud à depuis traduit en prose Latine. Et c'est des ce temps que l'on commença à escrire la gloire des François: car auparauant l'espée estoit plus en vsage que l'escriture. Iceluy Sunno deceda l'an de grace 213.

Gestes de Sunno.

L'on commence à descrire les faicts des François.

DE HILDERIC
xxx. Roy.

CHAPITRE XIIII.

HILDERIC ou Childeric fils aisné de Sunno, fut le 30. Roy des Fraçois, lequel ne regna pas moins par prudence que par armes: desfendit tres bien son païs, & amplifia les bornes

Qualitez de Childeric.

ABREGÉ DE L'ORIGINE

nes du Royaume. Hunnibaud en parle ainsi: *Noz maieurs n'ont pas eu moindre soin du nom de leur gent, que du Royaume. Resoluants par commun decret, que desormais ils ne changeroient plus ce nom, qu'ils auoient des le commencement acquis auec grande gloire: combien que les Romains & autres nations par enuie les appelloient Germains, tant le nom de François leur estoit odieux & espouuantable.*

Nom de François par eux retenu, & odieux aux estrangers pour leur valeur.

Hildegaste Philosophe Prophete & parent des Rois, estoit en si grande reputation & authorité, que chacun obeïssoit à ses commandemens. Il a dit & prophetizé choses admirables: entre autres le iour de la natiuité dudit Hilderic, estant au temple de Iupiter en la ville de Neopage, apres les accoustumées ceremonies crolat la teste côme esmeu de fureur poëtique, il prononça tout haut en rithme sans mesure ces vers, que Hunnibaud à depuis ainsi escrit.

Hildegaste Philosophe reueré de tous & a predit choses grãdes.

Veniet ab Oceano Francis victoria Deo,
Dardaniúque vates quem coluère maiores.
Quicquid habet Gallus, quicquid Germania tota,
Iuri cedet omne tuo bellicose Sicamber:
Hunc tibi cum dederit primum de nomine regem,
Quem statuent principes iam sine rege duces.
Tunc illo vincente Francus sine fine regnabit.

Vers d'Hunibaud historien.

Puis il adjouste au regard de l'Empire Romain:

Magnus ecce Deus dabit Franco lupanaria castra,
Et franget aquilam leo serpente collisam.

Lesquels vers i'ay reduit en François de ceste forme, combien que l'on pourroit douter
s'il

s'il entend du temps de Francus, mais Hildegalte prophetiza de Hilderic.

Des François Sicambres.

Du Dieu de l'Occident, lequel par nos ancestres
A esté adoré, & predit par les prestres
Dardaniens, viendra la victoire aux François.
Toute la dition des Germains & Gaulois
Flechira souz ton joug, Sicambre glorieux.
Deslors qu'vn Roy premier du nom sera heureux
Par les Princes esleu, sans Royale conduite,
Le François regnera sans fin à sa poursuite.

De l'Empire Romain.

Le grand Dieu tout puissant remettra au François
Le fier ost de la Louue, & le Lyon courtois
Rompra l'Aigle appuyé sur sa force maligne,
Luy tortillant le col de sa queuë serpentine.

Hunnibaud explique cecy des armoiries que les François prindrent (apres auoir quitté les trois crapaux en champ blanc qu'ils auoient apporté de Scythie.) Sçauoir le Lyon rampant, les pattes esleuées, peint en bleu par l'anterieure partie du corps, & l'inferieure se terminoit en queuë de serpent, auec laquelle il sembloit tenir estroitement lié, & suffoquer le col de l'aigle peinte dessouz en champ d'or estendant ses aisles. Faisant entendre que les François tant par leur prudence, que vaillance (qui sont remarquées du Serpent & du Lyon) sup-

Changement des armoiries des François & pourquoy.

primeroient & abbatroient l'arrogante puissance des Romains.

Or de ces armoiries les François en ont tousiours puis vsé iusques à Clouis premier Chrestien, qui au lieu du Lyon print les trois fleurs de Liz à luy enuoyées du ciel miraculeusement, comme il sera dit en son lieu. Long temps apres le Royaume de France diuisé en deux entre les fils de Louis premier de ce nom, l'arme des Liz demeura aux Gaulois, le Lyon ainsi depeint comme dessus fut retenu par les François Orientaux, c'est à dire, venus de la Germanie, lesquels apres qu'ils eurent annexé l'Empire Romain au leur, osterent ces armoiries, reseruans seulement l'Aigle pour marque de l'Empire.

Des armoiries des François.

C'est Hildegaste aprint les enfans des Princes & Seigneurs à chanter les faicts de leurs deuanciers sur la harpe & autres instrumens musiquaux en vers François communs. Au peuple François ciuilité de viure & l'habit plus propre & orné: si que de farouches & quasi sauuages qu'ils estoient, deuindrent courtois, doux, familiers, & sociables à l'exemple des Grecs & des Romains. Pareillement à bastir les maisons plus brauement & somptueusement. Car auparauant pour la frequence & changement de païs ils bastissoient à la legere & fort simplement, dont les Allemans disoient: *Das hnst ein gutt alt fredi thisk*, C'est à dire, Cecy est vn bon vieux François. Cela aduint l'an 250. de nostre salut.

Hildegaste appriuoisa les Fraçois en toutes façons.

DE

DE BATHER,
xxxj. Roy.

CHAPITRE XV.

BATHER fils de Hilderic regna 18. ans sur les François. Au 19. an de son regne les François accompaignez des Germains, Saxons, Thuringiens & de ceux de Bauiere, espiās l'occasion, que les Romains n'estoient guerriers, soubs l'Empereur Galien, passerent en Italie iusques à Rauenne, laquelle ayans pillé auec plusieurs autres citez, villes & bourgades s'en retournerent. *Passage des François en Italie.*

L'an suyuant, Authaire fils du Roy Bather & Luder fils de Marbod Roy de Saxonie entrerent ez Gaules auec vne forte & puissante armee: où ils firent beaucoup de maux, se voulans ressentir des iniures receuës. De là allerent en Espaigne, où ils destruisirent la cité de Tarragona. *Passage des François & Allemans en Gaule & Espagne.*

C'est alors (selon le dire d'aucuns) que le nom des François commença d'estre plus cogneu ez nations loingtaines, principalement en Italie: car d'autant que l'Empereur Galien s'estoit rendu, pour sa lascheté & vices execrables, odieux à tout le monde, il y eut trente trois tyrans qui rebellerēt contre luy. Entre lesquels *Le nō des François commence d'estre plus cognu pour la lascheté de Galien Empereur.*

I 2

Cassius Labienus Posthumus Romain gouuerneur des Gaules, homme de grande authorité, à l'ayde des François ou Françons qui habitoyent au riuage du Rhin, s'empara des Gaules, lesquelles il tint sept ans soubs tiltre d'Empereur: mais à la parfin il fut tué auec Posthumus son fils par ses soldats parce qu'il ne leur auoit voulu donner le pillage de la ville de Mouza ou Mogunce, qui s'estoit rebellée contre luy par la sollicitation de Lollianus Preteur Romain.

Toutesfois ie treuue que leur nom a esté encores plus descouuert, cogneu, & redoubté au temps des Empereurs Aurelian, Probe, & autres suyuans (ainsi qu'a esté ja touché cy dessus) qui fut quelque téps apres. En laquelle saison, soit pour la decadence de l'Empire Romain, ou pour auoir esté des le temps dudit Posthumus allechez par la douceur, beauté & fertilité du païs, les François sont venus à grand frais au païs des Gaules à l'encontre des Romains: maintenant ayans du bon & heureux succez, tantost & assez souuét repoussez auecque grande perte, tantost faisant alliance auec eux à pris d'argent, parce qu'ils estoient redoutez comme grands entrepreneurs, & s'en seruoient ordinairement en leurs guerres.

Le nom des François amplemét cogneu & redouté au téps d'Aureliâ Empereur.

L'apprentissage & frequentation des François ez Gaules a duré puis la mort de l'Empereur Galien, iusques à Honorius, par l'espace de cent trente ans, souz lequel Honorius ils passerent le Rhin, s'emparerent de Treues, & puis

Remuement & actes des François en Gaule.

puis s'aduācerent en la Gaule Celtique & Belgique, où ils commencerent à prendre pied, & s'habituer, ainsi qu'il sera dit cy apres en son lieu.

Bather alla de vie à trespas l'an de grace 271.

DE CLOVIS, III.
du nom, xxxij. Roy.

Chap. XVI.

Lovis fils aisné de Bather regna 27. ans, durant le regne duquel les François souz la conduite d'aucuns Ducs entrerent derechef és Gaules, & par force y habiterent l'espace de 7. ans: ayāt tué prou de mille des leurs, & enuahy tout le païs: mais ils en furent deschassez (tesmoin Flauius Vopiscus) par Aurelian Empereur, lequel print prisonnier trois cens des plus notables cheualiers desdits Frāçois. Par là se descoure manifestement l'erreur d'aucuns, qui tiennent les François auoir esté premierement recognus du temps de Valentinian Empereur, puisque ils estoyent des-ja du temps d'Aurelian, lequel estoit auant Valentinian cent ans. Voyez ce qu'en escrit Nicolas Vignier plus au long.

Entrée des François en Gaule & leur profligatiō par Aurelian Empereur.

Vignié commencement du liure de l'origine, estat & demeure des anciēs François.

L'an troisieme de son regne, les Romains reciproquement se voulans venger de leur in-

Cassius Labienus Posthumus Romain gouuerneur des Gaules, homme de grande authorité, à l'ayde des François ou Françons qui habitoyent au riuage du Rhin, s'empara des Gaules, lesquelles il tint sept ans soubs tiltre d'Empereur: mais à la parfin il fut tué auec Posthumus son fils par ses soldats parce qu'il ne leur auoit voulu donner le pillage de la ville de Mouza ou Mogunce, qui s'estoit rebellée contre luy par la sollicitation de Lollianus Preteur Romain.

Toutesfois ie treuue que leur nom a esté encores plus descouuert, cogneu, & redoubté au temps des Empereurs Aurelian, Probe, & autres suyuans (ainsi qu'a esté ja touché cy dessus) qui fut quelque téps apres. En laquelle saison, soit pour la decadence de l'Empire Romain, ou pour auoir esté des le temps dudit Posthumus alléchez par la douceur, beauté & fertilité du païs, les François sont venus à grand frais au païs des Gaules à l'encontre des Romains: maintenant ayans du bon & heureux succez, tantost & assez souuét repoussez auecque grande perte, tantost faisant alliance auec eux à pris d'argent, parce qu'ils estoient redoutez comme grands entrepreneurs, & s'en seruoient ordinairement en leurs guerres.

Le nom des François amplemét cogneu & redouté au téps d'Aureliã Empereur.

L'apprentissage & frequentation des François ez Gaules a duré puis la mort de l'Empereur Galien, iusques à Honorius, par l'espace de cent trente ans, souz lequel Honorius ils passerent le Rhin, s'emparerent de Treues, & puis

Remuements des François en Gaule.

puis s'aduácerent en la Gaule Celtique & Belgique, où ils commencerent à prendre pied, & s'habituer, ainsi qu'il sera dit cy apres en son lieu.

Bather alla de vie à trespas l'an de grace 271.

DE CLOVIS, III.
du nom, xxxij. Roy.

Chap. XVI.

CLOVIS fils aisné de Bather regna 27. ans, durant le regne duquel les François souz la conduite d'aucuns Ducs entrerent derechef és Gaules, & par force y habiterent l'espace de 7. ans: ayāt tué prou de mille des leurs, & enuahy tout le païs: mais ils en furent deschassez (tesmoin Flauius Vopiscus) par Aurelian Empereur, lequel print prisonnier trois cens des plus notables cheualiers desdits Fráçois. Par là se descoupre manifestement l'erreur d'aucuns, qui tiennent les François auoir esté premierement recognus du temps de Valentinian Empereur, puisque ils estoyent desja du temps d'Aurelian, lequel estoit auant Valentinian cent ans. Voyez ce qu'en escrit Nicolas Vignier plus au long.

Entrée des François en Gaule & leur profligatiō par Aurelian Empereur.

Vignier commencement du liure de l'origine, estat & demeure des anciēs François.

L'an troisieme de son regne, les Romains reciproquement se voulans venger de leur in-

ABREGÉ DE L'ORIGINE

Victoire des Romains cõtre les Allemans. iure, enuoyerent legions en Allemagne: contre lesquels les Allemans en nombre de 30000. combattans liurerent bataille, en laquelle ils demeurerent vaincus, & enuiron 15000. des leurs occis pres du Lac Benac, appellé Grand-see, Clouis deceda l'an de grace 298.

DE VALTHER, xxxiij. Roy.

CHAPITRE XVII.

VALTHER fils de Clouis regna apres son pere, 8. ans: pendant lequel temps les Romains deffirent *Deffaite des Allemans par les Romains.* 60000. Allemans pres la ville de Langres. Et ledit Roy Valther fut magnanime, fort, & belliqueux, mourut l'an 8. de son regne, & de nostre salut 306. auquel an, y eut vn grand tremblement de terre.

cutiõ de des chrestiẽs presagée par tremblement de terre. Aussi en ce temps y eut de grandes persecutions contre les Chrestiẽs, presagées par le susdit tremblement, sçauoir par Diocletian en Orient, & Maximian en Occident: qui fut la dixiesme persecution apres Neron.

DE

DES FRANÇOIS. Liu.iij. Ch.xviij. 69

DE DAGOBERT, I. du nom, xxxiiij. Roy.

CHAPITRE XVIII.

AGOBERT premier de ce nom fils aisné du Roy Valther luy succeda au Royaume, il fut humain, gratieux, & equitable: administrát *Qualitez du Roy Dagobert.* sincerement Iustice à ses sujects selon les loix du païs, & fut roueré non comme maistre & Roy, mais comme pere & amy du public. Il mourut l'an 11. de son regne, & de nostre salut 317.

DE CLOGIO, OV CLOVIS IIII. du nom. xxxv. Roy.

CHAPITRE XIX.

CLOGIO, ou Clouis (comme on les a appellé despuis en langue vulgaire) fils du Roy Dagobert succeda au Royaume. L'an deuxieme de son regne les Romains & Gaulois passerent la riuiere de Meuse, & faisoient cruelle guerre aux François, mettans tout à feu & à sang: au

I 4

devant desquels marcha le Roy Clogio, mais apres auoir bien longuemēt combatu, Clogio fut occis. Son frere Clodomir vestit incontinent les armes Royales, auant que sa mort fut sceuë, & se maintint & porta si vaillamment qu'il rapporta la victoire. Qui fut cause que apres la mort de Clogio, lequel auoit seulement laissé deux petits enfans, Helene & Richimer, il fut creé Roy : joint à ce la Loy du Royaume, qui n'appelloit point les enfans à la coronne iusques à l'aage de 24. ans.

Victoire contre les Romains par la ruze & vaillance de Clodomir frere de Clogio.

Ceste Loy a esté par vn long temps gardée & obseruée, tant par les Gaulois que François : mais à la parfin il a esté trouué plus salutaire & expedient, qu'ils fussent appellez à la coronne ayans moindre aage. Et ainsi fut abrogée la vieille du Royaume, lors du regne de Charles VIII. Car en quoy ont failly les enfans s'ils sont procréez plustost ou plus tard? & mesmes ceux qui sont venus sur le vieil âge des peres, sont estimez de plus forte & parfaite complexion, iouxte le dire du Grec : *les forts sont engendrez des forts.* Mais en tout cas l'on à tousiours estimé de preferet les enfans d'vn bon pere, qui à beaucoup merité du public à ceux desquels l'experience au gouuernement du sceptre est incogneuë, ainsi que le Sieur du Haillan l'a tres-bien remarqué en son Histoire.

Loy des anciens François touchāt la succession à la coronne Royale abrogée.

Le Sieur du Haillā en l'histoire de France.

Le Roy Clogio ne regna, qu'enuiron vn an & tant de mois, & mourut l'an de la natiuité nostre Sauueur Iesus-Christ, selon la vraye supputation 318.

DE CLODOMIR, OV CLODOMER V. DV NOM, *vingtsixiesme Roy.*

CHAPITRE XX.

DONCQVES Clodomir, non tant par droitte ligne, que par election, fut Roy apres son frere: rompant par ce moyen la droicte succession des masles. Il fut prudent, courageux, & regna paisiblement, apres auoir beaucoup estendu les bornes & limites du Royaume.

Qualitez du Roy Clodomer.

L'an de grace 320. Il regnoit sur les François à l'emboucheure du Rhin dans la Mer en Gueldre & en Holande, & l'an 326. (selon le dire du Seigneur Vvolfang Laze Medecin & Cosmographe Viennois, duquel nous auons faict mention cy dessus,) il enuoya son frere Genebaud accompagné de tres-grande multitude de François pour secourir le Roy Herule des Thuringiens contre les Suedes & Saxons, lesquels par ce moyen furent dechassez du païs de Hasse iusques aux riuages du Danube & en Poloigne: mais ie ne tiens ceste opinion veritable, puis que i'en trouue vne autre confirmée par plusieurs bons autheurs. Par ainsi il sera plus vray de dire, conformement à celle de l'Abbé Trithem & autres anciens: que ce Roy

Habitatiō des François à l'emboucheure du Rhin.

Opiniō de Vvolfang Laze touchant le secours des François reiettée.

I 5

ABREGE DE L'ORIGINE

La plus saine opinion de l'Abbé Trithē que les François baillerent secours aux Suedes contre les Romains.

François auant le septieme an de son regne donna ayde & secours aux Suedes de 80000. hommes souz la conduite de son frere Gennebauld à l'encontre des Romains, au moyen dequoy iceux Romains assaillans furent chassez & rompus: mais au departement du butin, & sur le reproche du merite, suruint discorde entre les Thuringiens & Suedes: lequel debat est au long recité par le susdit Abbé Trithem en forme de duel, qui fut entre Gunter Thuringien & Adelbert Suede, où le Thuringien perdit. Finablement leur discorde fut appaisée par Clodomir, lequel fit tant par son entremise, que les Suedes accorderent trefues pour trois ans aux Thuringiens: pour recompéce dequoy iceux Thuringiens luy donnerent vne partie de leur terre fertile deuers le-midy, qui despuis de leur nom a esté appellée *Franconie*, ou bien *Ostro Francé*, c'est à dire, *France Orientale*, & seruit de répart entre les Thuringiens & Suedes, qui est le païs appellé maintenant Menihgau, entre les fleuues de Sal & du Mœin.

Debat des nations terminé par duel.

Accord faict entre Thuringiēs & Suedes par le moyen de Clodomer, auquel fut baillée la Franconie par les Thuringiens.

Allée des François en Franconie païs d'Allemagne.

Le septiesme an de son regne & de la natiuité nostre Sauueur 326. le neufiesme d'Auril, le Roy Clodomer enuoya en ceste contrée 30000. guerriers François, & 2686. tant laboureurs que marchands & gens de mestier auec leur famille & bagage. Mais ils n'allerent tous ensemble pour euiter la confusion, ains successiuement par troupes commençans à vn iour nommé, iusqu'à ce qu'ils se trouuerent tous audit païs en tel nombre. De ceste nouuelle

nouuelle habitation les François firent vn Duché, duquel Gennebauld fut le premier Duc soubs les charges & conditions suiuants.

Que luy & les siens tiendroient à foy & hommage ce Duché du Roy François. Qu'ils obeyroient à ses mandemens & ordonnances, & le defendroient en guerre enuers & contre tous. Que suiuant la coustume des autres Ducz dependans du Royaume de France: ils luy feroient seruice & porteroient honneur, le recognoissans pour Roy & Prince souuerain. Et faut noter qu'en cest estat tant luy que ses successeurs ont tousiours vescu iusqu'au temps de Pharamond, lequel entrant en la coronne (comme nous dirons cy apres) fut ce Duché reuny à la coronne de France.

Ces paches ainsi faictes & accomplies, Gennebauld Duc de la France Orientale s'achemina auec toute sa troupe en iceluy païs, où il edifia plusieurs villes & bourgades, & specialement la ville de Vvitzbourg sur la riuiere de Mœin, & accreurent dans peu de temps en richesses & puissance. Gennebauld leur domina pres de trente ans, estant homme fort sage, courageux, & belliqueux: & non seulement les a contenus en bonne paix, mais augmenté leurs limites. Chose qui donna au commencement beaucoup d'ombrage aux Sueues: craignans ce qui est aduenu, qu'ils ne s'estendissent à leur preiudice. Mais voyans n'estre assez forts pour leur resister, s'aduiserét de dissimuler & les bienveigner: puis prier Gennebauld de les accorder auec les Thuringiens, ce qu'il fit

Franconie erigée en Duché.

Charges & conditions de Duché enuers le Roy François.

Commencement du Duché de la France Orientale & ses effects.

fit par sa grande prudence, dont il fut moult loué. Le Roy Clodomer apres auoir regné 18. ans sur les François alla de ce monde en l'autre, laissant pour successeur Richimer son fils, l'an de grace, 337.

GENEALOGIE DES Ducs de la France Orientale.

Chap. XXI.

Cōtinuation & digression à la France Orientale.

IL a esté dit cy dessus, comme par forme de parenthese, que Gennebauld frere de Clodomer Roy des François fut deputé pour commāder en la France Orientale en tiltre de Duc, & souz quelles qualitez & condition, & auec combien de peuple tant armé que non armé il y entra. Maintenant pource qu'aucuns curieux des recherches historiques pourroient demander le succes de ceste Duché & domination, combien de temps il a duré, & puis quand reünis & conjoincts à la coronne de France, nous a semblé n'estre hors de propos, suiuāt le fil de l'histoire de Tritemius, de descrire brieuement l'ordre & genealogie des Ducs de la Frāce Orientale, puis ledict Gennebauld iusques à Pharamond, souz lequel la reünion fut faite. Doncques ce Gennebauld premier Duc des François

François Orientaux ainsi enuoyé & deputé par l'assemblée des anciens François, eut deux enfans masles, Marcomir, & Dagobert. Marcomir mourut ieune: Dagobert succeda au pere, & domina 21. an. Apres Clodius son fils dix ans. Marcomir son fils 16. ans, lequel eut enfans, Pharamond & Marcomir. Pharamond tant auec son pere que seul a gouuerné ce Duché 15. ans, & puis fut esleu Roy des François, (comme nous verrons cy apres.) Au moyen dequoy la reünion fut faicte du Duché au royaume. Estant Pharamond paruenu au tiltre de Roy & Duc par le moyé de ladite reünion: Il s'aduisa auec l'assemblée des Estats, que pour estre les païs distans loing l'vn de l'autre, & par ce moyen impossible ou mal-aisé, qu'vn seul peut auoir intendãce sur lesdits deux peuples: il estoit besoin & expedient de renuoyer vn Duc en la Frãce Orientale, comme il estoit parauant, & de faict bailla le Duché ou gouuernement de la France Orientale à son frere Marcomir.

Marcomir frere de Pharamond gouuerna ce Duché par l'espace de 18. ans. Apres luy Priam son fils 12. Gehnebauld second 20. Sunnon son fils 25. Apres luy Clodius frere de Clodomer, ou Clouis premier Roy Chrestien domina 16. ans: lequel allant à la chasse fut rencontré & tué par vn Sanglier. Clodomer fils dudit Sunnon luy succeda au Duché, & gouuerna 21. an. Tout le surplus de la genealogie & succession des Ducs de la France Orientale, faut rechercher

Ducs de la Frãce Orientale puis Genebauld iusques à Pharamond.

Reünion du Duché au Royaume, & puis la seconde separation.

Autres Ducs de la Frãce Orientale, puis Marcomir frere de Pharamond.

Trithemius & Munsterus.

ABREGÉ DE L'ORIGINE

cher dans Trithemius, Munsther, & autres, qui en ont escrit, parce que nous n'auons proposé d'escrire, sinon iusques au temps dudit Clouis premier Roy Chrestien, ainsi qu'auons dict à la preface de nostre liure.

DE RICHIMER, II. du nom, trente-septiesme Roy des François.

CHAP. XXII.

Qualitez du Roy Richimer.

RICHIMER fils aisné de Clodomer regna apres luy par l'espace de treize ans sur les François. Estoit fort audacieux, & bon guerrier, & a faict beaucoup d'actes genereux, auec l'aide de son oncle Gennebauld & de ses confederez.

Deux victoires de Richimer contre les Romains.

L'an quatriesme de son regne accompagné des François, Germains, Saxons, & autres ses alliez entra és Gaules, & fit guerre à Tiberian lieutenant de l'Empereur des Romains esdits païs, dont il eut victoire. Deux ans apres les Romains souz Constans, fils de Constantin le grand Empereur de Rome, luy vindrent faire guerre en son païs, & du commencement eurent victoire, mais en fin furent repoussez & mis en fuitte.

L'an dernier de son regne les Romains renouuel

nouuellerent la guerre contre luy, où le Roy perdit beaucoup pour ne se prendre garde à ses affaires, & fut occis. Qui aduint l'an de grace, 350.

Perte & occision du Roy.

DE THEODOMIR,
trente huitiesme Roy.

CHAP. XXIII.

THEODOMIR fils de Richimer & de Hastilde, fille du Roy de Saxonie, fut le 38. Roy des François. Fit continuelle guerre aux Romains, vn peu trop opiniastrement, ainsi qu'il sera deduit plus particulierement cy apres.

Qualitez de Theodomir.

L'an dernier, qui fut le dixiesme de son regne, & de nostre salut 360. vaincu & prins en vn conflict auec sa mere Hastilde par les Romains, lesquels firent mourir Hastilde, & couper la teste à Theodomir. Parquoy ne se faut esbahir si ses enfans & successeurs n'ont iamais cessé de venger ceste iniure, iusques à ce qu'ils ont entierement chassé les Empereurs & nom Romain des Gaules. Icy faut noter en passant, que l'esprit de vindicte est plus enuers les grands qu'enuers les petits, & le iuste iugement de Dieu: lequel venge l'iniure & outrage qui est faict aux Roys, Princes, & ses ministres

Theodomir & sa mere Hastilde prins en guerre & cruellemēt traitez.

Iuste iugement de Dieu pour la ven-

ABREGÉ DE L'ORIGINE

geance de l'iniure faicte aux Princes.

stres alencoatre de ceux qui l'ont faict iusques à la troisiesme generation.

Ceste deffaicte des François fut sous le têps de Constans, fils de Constantin le grand Empereur de Rome, de laquelle parlent amplement Socrates, Sozomene, Sainct Ierosme, Paul Diacre d'Aquile, & apres eux Gregoire de Tours & Auentin. Apres laquelle victoire, & nonobstant icelle, ledit Empereur fit en son second Consulat paix & alliance auec eux, les aymant mieux auoir amis qu'ennemis: tellement qu'il en choisit & enrolla grand nombre entre les legions Romaines; suiuant le prouerbe, qui a esté faict depuis:

Socr. li. 2. ch. 10. & 13. Sozo. lib. 3. S. Hiero. en sa chronique. Gregoire de Tours li. 2. chap. 9.

Sois tousiours amy du François,
Mais de voisin point ne le sois.

L'Empereur Romain veut auoir les François pour amis.

En ce temps, la demeure des Roys François estoit au chastel de Dispark, sur les confins des Tongres, dela la riuiere de Meuse. Puis la borne & limite des François iusques à la riuiere de Loyre estoient les Gaulois sous la puissance des Romains: passé Loyre, les Goths y habitoient, & ce neantmoins entremeslez auec gens de diuerse nation: qui a duré fort long temps, mesmes iusques au regne de Clodion le cheuelu, comme nous dirons cy apres. Est à noter aussi qu'ils amplifierent lors leur domination iusques à Meuse, & iamais n'ont cessé par l'espace de septante ans, qu'ils ne se soient rendus maistres de toutes les Gaules.

La domination & estenduë des François.

D'agobert fils de Gennebauld premier Duc de la France Orientale, & son successeur audit Duché,

Duché, ayant assemblé grands forces passa le Rhin, & vint en la Gaule Cisrhenaine, qu'il mit tout à feu & à sang : print, pilla, & brusla la ville de Treues fort antique, bastie par Abraham Prince des Iuifs.

Conqueste de Dagobert Duc de la France Orientale.

DE CLOGIO ou CLOVIS, V. du nom, trente-neufiesme Roy.

CHAPITRE XXIIII.

CLOGIO fils de Theodomer estant Roy, fit tous ses efforts pour venger la mort de ses pere & mere. Assembla grosse armée de François, & entra bien auant és Gaules, à la grand confusion & perte des Romains, lesquels ne luy pouuoient resister.

Actes genereux de Clodio pour venger la mort de ses parens.

Il print par force la ville de Cambray, & conquist tout ce beau païs iusques à la riuiere de Somme, où tout ce qu'il trouuoit des Romains sans misericorde, mettoit au fil de l'espée. Les vns tiennent que c'est iusques à Saone en Bourgongne. Autres iusques à Ayne, fleuue qui passe à Soissons, à cause de la dictiō Latine, *Axona*, qui y semble accorder : mais ie le tiens plustost estre entendu du Latin de *Somona*, c'est à dire, *Somme*, qui est auiourd'huy limite & borne de l'Empire François : laquelle s'appelloit aussi *Samara*, dont la re-

Grandes conquestes de Clogio. Des fleuues nōmés Axona, & Somona. Robert Cœnal en l'histoire de la chose Gallique.

gion a prins le nom de *Samorabrine* : d'autant qu'il est impossible, que les François peussent penetrer si auant en vne seule fois.

En ce temps, & l'an 371. mourut le tres-glorieux & benoist amy de Dieu, Sainct Hilaire Euesque de Poictiers, lequel apres auoir esté exilé au païs de Phrygie par la faction de Saturnin Euesque d'Arles pour la foy Chrestienne contre les Arriens : finablement fut reuoqué d'exil, & a escrit beaucoup de beaux & doctes liures, specialement contre les Arriens heretiques de son temps.

De sainct Hilaire Euesque de Poictiers.

L'an premier du regne de Clogio, les Romains se battirent contre les Allemands, non guieres loing du Rhin, sur les terres de Strasbourg. En laquelle bataille il y eut prou de morts de costé & d'autre, mais plus des Allemands, & le chef des Romains estoit Iulien l'Empereur, autrement surnommé Apostat.

Guerre entre les Romains & Allemās.

Le 17. an de son regne, les Romains (comme les victoires sont alternatiues, selon le iuste vouloir & dispositiō de Dieu, qui les baille & oste quād il luy plaist) entrerent en Germanie, & obtindrent victoire contre luy, & les Saxons en la terre des François, pres le fleuue d'Odere, & non loing de la mer.

Les Romains eurent victoire contre Clouis.

Clogio vaincu, s'accorde auec eux souz Valentinian leur Empereur, & luy porta ayde & secours contre les Goths, Alains, & autres nations barbares : à cause dequoy (comme il sera dict cy apres) l'Empereur affranchit les François pour dix ans du tribut, qu'ils souloiēt payer

Clogio s'accorde auec Valentinian.

DES FRANÇOIS. *Liu.iij. Ch. xxv.* 66

payer aux Romains.

Le Roy Clogio laissa trois enfans: Sçauoir est Marcomir, qui luy succeda au Royaume, Dagobert, qui apres la mort de son frere à tenu le Royaume souz le tiltre de Duc simplement, & Hector surnommé Degenbert, duquel Pepin & Charles le grand Roy de France & Empereur, ont tiré leur progeniture. Il mourut le 18. an de son regne, & de nostre salut, 378.

Enfans de Clogio, & son deces.

DE MARCOMIR, V. du nom, le quarantiesme Roy.

CHAPITRE XXV.

MARCOMIR fils aisné de Clogio succedant à son pere, fut le 40. Roy des François, & en qui print fin la Royauté, iusqu'à ce qu'elle fut remise sus par Pharamond, ainsi que nous dirons cy apres. Il fut Prince fort magnanime & audacieux.

Qualitez du Roy Marcomir.

Le premier an de son regne & autres trois suiuans, les Romains à l'ayde des Gaulois firent guerre aux François, contre lesquels Romains assisté des Saxons, le Roy se presenta fort hardiment aupres de Coloigne: les combatit, obtint victoire, diuisa leur despoüille

Victoire des François contre les Romains.

K 2

auec ses compagnons, & conquesta grands païs en Gaule. Finablement voyant les Romains ne pouuoir gaigner n'y s'assubjectir les François, par Edict r'appellerent leurs forces, & les enuoyerent en autre part: mais non pour cela les Fraçois se desisterent de leur entreprise, qu'estoit de faire forte & cruelle guerre aux Gaulois.

Au temps de ce Roy, aucuns rapportent l'histoire que i'ay descrite cy dessus au premier liure, chap. 4. des François, & de leur Etymologie: contenant en brief le secours & ayde que Valentinian le vieux Empereur des Romains eut des François à l'encontre des Alains, lesquels il vainquit, & l'affranchissement du tribut des François pendant l'espace de dix ans. Puis, comme au bout des dix ans de l'immunité, les François refusans luy payer le tribut, enflez de leurs victoires, Valentinian assembla grand ost, & vient contre eux: lesquels voyant n'estre assez forts pour resister à vne si grande puissance, aymerent mieux quitter & abandonner leurs païs & cité, que d'endurer le joug & tribut des Romains, & s'en allerent demeurer le long de la riuiere du Rhin tirant contre la mer. Parquoy dés-lors fut exaltée & publiée par tout le monde la magnanimité, noblesse, & franchise de courage des François.

Secours des François à Valentinien Empereur affrāchissement & denegatiō du tribut, ensemble leur deslogement en païs estrāge.

Maxime appellé par Octaue au Royaume d'Angleterre.

L'an neufiesme de son regne, Maxime Roy d'Angleterre poussé d'ambition & impatience de repos, se fit coróner & proclamer Empereur
de

de Rome par les soldats contre la creation de Gratien. Or estoit-il venu de la race des Cesars, & peu auant appellé de Rome par Octaue Roy dudit païs d'Angleterre, auec le conseil *Desseins* des plus grands du royaume, parce qu'outre *grands de* sa vaillance son pere estoit Romain, & sa me- *Maxime.* re Angloise: lequel luy bailla sa fille en mariage, auec laquelle apres la mort d'Octaue il posseda ledit païs.

Soudain il commit vn lieutenant en Angleterre, & auec toute la noblesse & force qu'il peut assembler, descendit & passa en Gaule, cuidant apres l'auoir prinse pousser iusques à Rome. Vint en l'Armorique, qu'on appelle auiourd'huy Bretaigne, car elle estoit deriuée de l'Angleterre, qui s'appelloit grãde Bretaigne.

En ce païs là, les François y auoient constitué vn Duc nommé Iubalch, lequel estonné de si grãde affluence de peuple, & allant au deuãt d'eux, leur liura bataille, où luy auec 15000. hommes fut occis, & les autres mis en fuitte. *Victoire de* Apres ceste victoire, Maxime pour se faire *Maxime* plus craindre, vsa de grande cruauté. Car il *contre les* faisoit mourir iusques aux femmes, vierges, & *François* petits enfans, & tout ce qu'il rencontroit: cõ- *en Bretai-* bien qu'il fust Chrestien, & tout le païs Payen, *gne, & sa* où il laissa pour Duc & Gouuerneur Conan, *grande* nepueu dudit Octaue, qui faisoit tousiours *cruauté.* forte guerre aux Gaulois.

Quant à luy, prenãt la meilleure part de l'armée, s'en alla vers le reste des Gaules: auquel païs tous ses refractaires & contredisans, tant

k 3

par grand puissance que cruauté, les rendit obeyssans à soy. Gratien Empereur entendant cela, auec grosse armée luy va encontre, & entre dans Paris : mene les mains auec Maxime, mais par la trahison de Mellobaude son Connestable fut vaincu, & s'enfuyant fut tué à Lyõ. Maxime feignant trefues auec Valétinian son frere, le chassa de toute l'Italie, & puis tint le siege de l'Empire à Treues, où il fit assembler vn Concile, auquel assisterent Sainct Ierosme, Ambroise, Martin, & Ausone.

<small>Maxime vainquit & extermina Gratien, & tint Concile general à Treues.</small>

Valentinian se retire à Constantinople, ou il fut bien receu par Theodose. Depuis Maxime allant en Italie admonesté par sainct Ambroise de cesser ses grãdes cruautez, auarices, & tyránies, n'en voulant rien faire, fut tué en vne bataille, qu'il eut cõtre Theodose pres d'Aquilée, & par ce moyen l'Empire rédu à Valentiniã, cóbien qu'autres dient ledit Maxime auoit esté occis à Rome par les amis de Gratien.

<small>Maxime refusant l'admonition de S. Ambroise, desfaict & occis par Theodose.</small>

Icy ne viendra mal à propos, inserer vne tres-belle & piteuse histoire, laquelle neantmoins Sigisbert met vn peu autrement, & au temps de Merouée. Quãd Maxime sortit d'Angleterre, il emmena auec soy 30000. combatans, & du peuple & laboureurs cent mil : dont les mariez laisserent leurs fẽmes au pays. Arriuez en la basse Bretagne, Connan aduisa n'estre propice prẽdre alliáce auec ceux dudit païs, qui estoient Payens, ores que les filles, eussent receu le Christianisme. Parquoy prierent Dionote lieutenant general de Maxime en Angleterre, leur enuoyer femmes veufues & filles.

<small>Tres-belle & pitoyable histoire.</small>

DES FRANÇOIS. Liu. iij. Chap. xxv. 68

Dionote auoit vne fille, nommée Vrsule, la plus belle d'Angleterre, & tres-deuote, laquelle Conan auoit demandée à femme. Le pere satisfaisant en partie à son desir, fit assembler de toutes parts d'Angleterre vnze mil vierges nobles, & d'autres de bas estat 60000. qu'il enuoya à Londres en certain iour pour s'embarquer par la Tamise. Estans sur mer, faisant voile en Bretagne, suruint vne grand' tempeste, qui en submergea plusieurs, & les autres tomberent és mains de Vanius & Melga, meschans Princes: lesquels practiquez par argent de Gratien, rodoient toute la Bretagne, en haine de Maxime. Or pource qu'elles ne voulurent consentir d'estre deshonorées mesmes des Payens, elles furent miserablement tuées: laquelle histoire est descrite par Geofroy de Monemut Anglois. Autres dient que le Roy des Huns les fit occire, & martyrifer à Coloigne: dont elles ont esté canonisées, comme on lit dans leur legende.

Martyre d'Vrsule, d'onze mil vierges d'Angleterre.

Geoffroy de Monemut libr. iiij. des gestes des Rois d'Angleterre.

Cependant le Roy de France Marcomir, comme sage & bien aduisé, ne fauorisoit le party de Maxime, ny de Gratien: l'vn, parce qu'il leur auoit osté l'Armorique, & y commit tres-grāde cruauté: l'autre pour estre chef des Romains ennemis des François, aimant mieux voir consommer l'ennemy par son ennemy, que de fauoriser à son ennemy.

Sage conseil du Roy Marcomir.

Mais tout soudain apres la mort de Maxime, il assembla vne grosse armée, & l'enuoya en Gaule, souz la cōduite des Ducs Sunnon, Gen-

K 4

nebaud, Priam, & Anthenor, lesquels non seulement recouurerent vne partie du perdu, mais cõquirent de nouueau beaucoup en Gaule. Le malheur voulut, qu'estans ainsi empeschez en Gaule, Valentinian compagnon en l'Empire de Theodose leua vne puissante armée, laquelle il enuoya au pays des François. Marcomir luy alla au deuãt auec les Germains & Saxons, & fut donnée bataille, en laquelle pour le peu de nombre qu'il auoit (combien qu'ils fissent tres-bien) il fut vaincu, & occis auec partie des siens: l'autre partie prenant la fuite. Cela aduint l'an 15. de son regne & de Iesus Christ 393.

Desfaicte auec la mort de Marcomir & des siẽs.

Valentiniã desirant de passer outre, & soumettre à son obeyssance tout ce que les François tenoient deçà le Rhin, fut contraint retourner en Italie pour la nouuelle qu'il ouït de l'incursion des Lombards. Mais par finesse, cachant la necessité de son allée, manda aux François, qu'ils eussent a choisir de deux l'vn: ou de guerre, ou de luy payer le tribut accoustumé. Ce qu'eux voyant n'estre assez forts & ignorans ceste necessité, accorderent: toutesfois ne le pouuoient faire ny payer, sans l'assistance ou approbation de leurs Princes absens. Cela estant rapporté aux Ducz qui estoient en France leur despleut grandement, & euë meure deliberation, resolurent d'aller plustost defendre la liberté de leur païs, que s'amuser en la Gaule: ce qu'ils firent, & retournerent en leurs païs, delaissant Priam capitaine pour eux sur les Gaulois auec vne bonne garnison.

Valentinian trõpe les Frãçois.

Les Ducs François desaduouïent l'acord du peuple, auec Valentinian.

LIVRE QVATRIEME.

Du tresgrand credit & authorité qu'ont eu les Ducs François ou Roytelets, enuers la Cour des Empereurs Romains.

CHAP. I.

C'EST vne chose trescertaine, (ainsi que l'on peut recueillir par les histoires, & aussi a esté par nous touché au chap. xxiij. du Roy Theodomir liure precedent) que les François par leur prouësse, force, & gaillardise de cœur se rendirent fort renommez par tout le monde, & consequemment ne se trouuant pour lors nation plus haute & superbe, que les Romains, deuindrent enuieux, & enuiez l'vn de l'autre. Qui fut cause, que tant sur le subiect de l'inuasion des Gaules, qu'autrement pour leur emulation, il se firent quasi tousiours guerre continuelle, iouxte le commun prouerbe : *inuidia inter pares* : C'est à dire, l'enuie tousiours entre pareils.

Enuie grã- de entre les Fraçois & les Ro- mains.

Cela a duré vn fort long temps, & ie pense iusques à l'Empire de Constans successeur de Constantin, lequel, comme a esté predit, non-

Belle proposition de Constans Empereur, contraire à ses predecesseurs quāt aux François.

nobstant vne insigne victoire qu'il auoit r'apportée sur eux se proposa d'attirer à soy le cœur des François, plustost par douceur & amitié, que par force: changeant en cela la fortune de ses predecesseurs. Aussi à la verité le cœur genereux & noble de l'homme vertueux (à l'exemple de la palme) est plutost esteint & suffoqué, que vaincu ou suppedité.

Paix entre les Romains & François.

Doncques cest Empereur bien sage & adui sé fit paix auec les François, lesquels par ce moyen commencerent entrer en tresgrand credit faueur & authorité en la Cour des Empereurs Romains Constans, & Constantius son frere, ainsi que recite Ammian Marcellin, lequel faict vn long recit & denombrement de plusieurs chefs François, lesquels firent beaux faicts d'armes, tant d'eux-mesmes, que soubs l'enseigne des Romains, & entre autres de Mellobaudes Roy des François, Bario, Arbo-

Nom des Roytelets ou Ducs François qui ont biē faict.

gastes, Gennobald, Sunno, Marcomir, & plusieur autres, desquels nous ne parlons en ceste presente histoire, n'estant qu'vn petit recueil & abbregé. Dauantage nous n'escriuons que des principaux gestes exercez par les Roys de France & leurs gens au benefice des François, & non de ce qu'ils ont faict en faueur des Romains, ou d'autres natiós estranges: dequoy en est rendu raison à la preface ou epistre liminaire de nostre liure.

Par ainsi, si le dire d'Ado & Aymonius anciens hystoriographes François est vray, que durant quelque temps les François ont esté gouuernez

gouuernez par Ducs, il se doit rapporter en ce temps-la, que successiuement Mellobaudes, Gennebault, Sunno, & Marcomir, leurs commanderent : lesquels à c'este raison Sulpitius Alexander appelle *Duces, Regulos*, c'est à dire, Ducs, Roytelets : Paulinus, *Rois*, parce qu'ils en tenoient le nom, ou estoiēt extraicts de lignee Royale. Et quand Sunno & Marcomir, eurent esté ostez de ce monde par Stilicon, Pharamōd fils de l'vn d'eux, fut substitué en leur estat, qu'il exerça long temps, iusqu'à ce que les François se furent soubs sa charge & conduite poussez en Gaule, & logez ez contrees des Tongriens qu'est au païs du Liege & enuiron. Mais on luy fit apres prendre nom & qualité de Roy, pour se mieux conseruer soubs luy au païs par eux conquesté, ainsi que Gregoire de Tours semble declarer, & nous dirons plus amplement cy apres en son lieu.

Tesmoignage de ce nō de Ducs & Roytelets & le tēps.

Pharamōd premier reprent le nō de Roy de France.

DE L'INTERREGNE des François, & de Dagobert leur Duc.

CHAP. II.

MARCOMIR Roy des François estant occis en bataille par l'Empereur Valentinian, les François & principalement les nobles se retrouuants fort esperdus pour estre destituez de Roy, se reti

Comment vint l'interregne entre les François.

se retirerent en Franconie deuers le Rhin, ou ils bastirent vne belle ville, nommée Francfort, qui encores en retient le nom. Et (si comme vne fiere beste ayant receu vn grand coup va hurlant & brayant, & pour quelque temps n'ose comparoir en public ny faire ses traits accoustumez) ils se contenterent pour la necessité presente de choisir & eslire sur eux vn chef, gouuerneur ou Duc qui fut Dagobert, frere dudit Marcomir: par lequel moyen commença l'interregne entre les François, commandez par leurs Ducs, sous le nom desquels fut continuée & non interrompues leur puissance ou monarchie.

Comparaison.

Ce Duc Dagobert fut esleu en l'an de nostre salut 393. (combien qu'aucuns varient sur la supputation du temps) & fut moult courageux & belliqueux: tellement que par sa bonne & sage conduitte, les François commençants à prendre haleine (ainsi qu'est le coustumier de ceste nation) reprindrent leurs anciennes forces, vertu, & hardiesse, lesquels ils employerent tresbien, tant en multiplication d'hommes, qu'en conqueste de plusieurs villes, citez & chasteaux ez Allemagnes & enuiron.

Qualitez du Duc Dagobert.

François reprennent leur force à loisir, l'employent vertueusement.

L'an deuxieme de la domination de Dagobert, Valentinian somma de rechef les François de payer tribut: à quoy ils respondirent en c'este façõ: La liberté perpetuelle des François a accoustumé d'imposer tribut aux autres nations, non de le payer. Que si tu es enflé de quelque victoire, que tu as eu sur nous, ç'a esté

Hardie responce des François à l'Empereur demãdant tribut.

esté par dol non de iuste guerre, la plus grand partie des forces Françoises estant absente. Parquoy si tu pretens quelque chose, vien, quand tu voudras, & nous nous monstrerons tres-libres & toy serf:& ne vien pas sans estre bien garny, estans deliberez de plustost perdre la vie, que la liberté.

Valentinian ayant eu ceste responce, s'esmerueilla fort de leur constance & hardiesse, & puis il dit tout haut : franc, franc, tu es vn peuple rude, & dois mieux estre appellé de la ferocité ou vaillance, que de la liberté : dont l'on veut dire, que des ce temps ils furent premierement appellez François, combien qu'ils l'estoient desja vn temps deuant, ainsi que i'ay monstré au tiltre des François de nostre premier liure. Et par l'espace d'vn an n'entreprint rien sur eux, à cause que il estoit assez occupé d'ailleurs.

Paroles de Valentinian de la nature des François.

L'an suyuant Valentinian abusé d'vn mauuais conseil, leur voulut enuoyer pour la deuxieme fois faire semblable sommation par Sisinnius Comte du Palais, lequel en vengeance de la mort de Marcomir leur Roy, les François firét mourir auec toute sa compagnie. Ce que ie ne trouue pas bon, car c'est entierement violer le droit des gens. mais la récente memoire de leur playe iointe auec l'audace & importunité de l'Empereur en furent cause.

Sisinnius ambassadeur tué par les François, contre le droict des gents.

Cela faict, les François ayants assemblé vn grād ost sous leurs capitaines Sunnon & Gennebault, auec aussi grande impetuosité passans le Rhin

Degast fait par les François sur les terres des Romains.

le Rhin se ruerent sur les terres des Romains, gastants tout iusques à Coloigne & Treues qui faisoient pour eux, & renuoyerent tout le butin en leur païs. Quoy entédu par Nanne & Quintin Gouuerneurs de Treues assemblerent gens pour leur resister & courir sus: ce qu'ils firent, mesmes d'autant que l'armee des François n'estoit en bon ordre: car ceux qui estoient restez attendoient leurs compagnons en grand confusion. Qui fut cause que s'estans ainsi choquez, ils furent mis en fuite iusques à la forest Charboniere, & bonne partie de tuez: dont s'ensuiuit vne haine des François contre les Treueriens, à cause dequoy ils vindrent apres hyuerner en la region de Treues.

Desconfiture des Fraçois, pour leur desordre.

Sur ce Quintin & Nanne tomberent en dispute, parce que Quintin estoit d'aduis d'aller assaillir les François en leur païs, & Nanne du contraire: disant que s'ils estoient hardis en païs estrange, ils le seroient encores plus au leur. Neantmoins Quintin temerairement desprisant ce conseil, persista au sien, & de faict passant le Rhin auecque son armee, planta le camp aupres du chasteau de Muz, esperant de prendre les François au despourueu, plus courageux que fort & puissant: mais les François non paresseux, le receurent brauement: la bataille commencee, se porterent si bien, qu'il y eut plusieurs mille de Treueriens occis, & le reste mis en fuite à la faueur de la nuict & des bois: auquel conflict mourut Heracle Tribun de la legion Romaine auec presque tous les chefs

Bon argumens.

Grāde desconfiture des Romains pres le chasteau de Muz.

chefs de l'armee, ainsi que tesmoigne l'Abbé Trithem fort amplement.

Toutesfois Sigisbert Abbé de Gemblour en ses Chroniques tient que cela aduint l'an de grace 387. & soubs l'Empire de Theodose & conduicte de Quentin & Heracle capitaines des Romains, lequel est ensuiuy par maistre Nicole Gilles Annaliste de France: mais i'ayme mieux croire ledit Trithem, que i'estime autheur tresfidelle & veridique. *Conflict d'opinions.*

Quoy qu'il en soit, ceste desconfiture fit telle efficace, qu'onques puis les Romains ny quelconque autre nation, ne s'est osé ingerer de demander tribut aux Françõis, lesquels apres ce, ne demeurerent tous en iceluy païs, pour la tresgrande multitude du peuple, à quoy ils estoient creuz, ains s'espancherent çà & là, comme nous dirons apres. *Victoire cause d'exeption de tribut aux François.*

L'Empereur Valentinian, pour la grande austerité d'Arbogaste son Conestable fut contrainct de finir la vie par vn licol, en la ville de Vienne ez Gaules, & des incontinent par le conseil ayde & faueur du mesme Arbogaste, Eugene print l'Empire des Gaules & regna trois ans. Au bout desquels Theodose l'Empereur successeur de Valentinian, eut grand bataille & victoire contre eux, où ils furent tous deux tuez: Eugene par ses ennemis, & Arbogaste se tua de son espee, tout ainsi qu'il auoit contraint Valentinian de se pendre. *Grands chāgemēs en l'Empire.*

Theodose ainsi victorieux, & retournant en Italie, mourut à Milan: son corps fut transporté en la *Semblable punition d'Arbogaste.*

ABREGÉ DE L'ORIGINE:

en la cité de Constantinople, & auec tresgrand & magnifique honneur enseuely: qui aduint l'an de nostre salut 397. Apres luy succederent en l'Empire ses deux fils Arcadius & Honorius, & regnerent l'espace de 13. ans: non sans plusieurs grandes trauerses & infortunes, tant de leurs propres nourrissiers ou conducteurs Rufinus & Stilico, que de beaucoup & diuerses sortes d'ennemis: mais nous lairrons cela pour reuenir au but & suite de nostre histoire.

Theodose meurt est enseuely à Milā, auquel succederent Arcade & Honore ses enfans.

DE GENNEBAVLT
Duc des François.

CHAP. III.

Gouuernement Ducal des François.

L'AN de nostre salut 398. deceda Dagobert premier Duc des François, despuis l'Interregne, & luy succeda Gennebault son fils au gouuernement des François: lequel ne se voulut nommer Roy, mais se contentant du tiltre de Duc, ne voulut rien vsurper de la Royale dignité. Il eut deux freres, Sunnon & Marcomir (dont nous parlerons cy apres) lesquels auec les autres capitaines de la France, estant neantmoins Dagobert chef par dessus eux, ont par commun accord & volonté, fidelement administré la republique Françoise, tant en guerre qu'en paix.

Ne faut obmettre vn beau discours faict par l'Abbé Trithem sur ce temps (d'autant qu'il touche vn petit les François) de Caroc Roy des Vandales, lesquels par la licence des François, en dissimulant la haine des Romains & Gaulois, sortirent des isles Scanzienes ou Gotthiques passants par la Germanie, Saxe, & France entrerent en Gaule, & la mirent toute à feu & à sang. Ce fut par le conseil de sa mere pour rendre son nom glorieux & memorable. Entre autres, il print saccagea, pilla, & brusla les citez de Moguce, Vvorme, Spire, Treues, & Mets, & tua tous les habitans qu'il r'encontra sans espargner ny sexe ny aage.

Course de Caroc Roy des Vandales en Gaule auec ses cruautez.

De là vint à la grand cité d'Arles, laquelle assiegeant, il fut prins par Marianus president du lieu, & puis par ignominie mené par toutes les villes qu'il auoit gasté, lié & enchainé: finablement par diuers tourments il acheua sa vie malheureuse par vne mort digne & iuste. Les Vandales restez en Gaule, apres la mort de Caroc, appellerent pour leur Roy Godgisith, homme meschant & mal renommé.

Mort ignominieuse de Caroc condigne à ses dessertes.

Cependant Alaric Roy des Vvissigoths auec grande armee gastoit toute l'Italie, & manda à l'Empereur Honorius de deux choses l'vne, ou qu'il vint en guerre contre luy, ou qu'il bailla à ses gens terre pour habiter en son Royaume. Honorius par crainte les renuoya en la Gaule, qui estoit en ce temps exposée à la rage d'vn chascun: dequoy les Vandales extremement indignez, combien que ils

L'Empereur Honorius baille la Gaule à Alaric Roy des Vvissigots.

L

ABREGE DE L'ORIGINE

Vandales vōt courir en Espagne & en Aphrique.
fussent prouenus de mesme païs, & esperdus de frayeur delaisserent la Gaule, & en cōpagnie des Alains & Suedes occuperent partie des Hespagnes, ou ayants demeuré pres de 30. ans, apres allans en Aphrique destruirent & pillerent la belle cité d'Hippone, dont le glorieux & grand amy de Dieu sainct Augustin estoit Euesque.

Alaric changeant d'aduis retorne en Italie, pille Rome & de là va en Sicile où il mourut.
Alaric par la permission d'Honorius voulant aller en Gaule sortit d'Italie: sur lequel le propre iour de Pasques Stilico, qui auoit esté conducteur d'Honorius, & sans son mandement, se ietta à l'improuiste & au commencement fut vainqueur: puis au second conflict vaincu se sauua par la fuitte. Quoy entēdu par Honorius, & que Stilico vouloit attenter à sa vie, le fit mourir auec son fils Eucherius. Alaric cuidant cela estre aduenu par secret commandement d'Honorius, changea d'aduis & rebroffa chemin en Italie, où il fit beaucoup de maux, print, pilla & saccagea Rome. Le troisieme iour en sortit volontairement: alla en Sicile où (apres auoir enduré naufrage) il deceda de mort soudaine en la ville de Consence.

Grande deffaite des Vandales par les François en Gaule.
En ce temps, les François estimans l'occasion propice pour s'assubiectir toute la Gaule soubs le gouuernement de Gennebault leur Duc, & cōduits par Pharamond, Marcomir fils de Priam, & Sunnon fils d'Anthenor entrerent ez Gaules, & les conquirēt par diuers moyens. Premier choquerent les Vandales qui estoient retournez en Gaule, lesquels auec leur Roy Godgisith

Godgisith au nombre de vingt mil ils deffirét, & si Respendial Roy des Alains ne fut venu au secours des Vandales, comme il se r'encontra par fortune venant des Espagnes, lesdits Vandales fussent tous perdus.

DE SVNNON, YBROS, & autres Ducs, & Capitaines des François.

CHAPITRE IIII.

PENDANT tout le temps de cest interregne, conuient presupposer, qu'il y eut plusieurs Ducs & Capitaines des François, desquels l'on n'a bonnement peu sçauoir le nom, sinon des principaux. A cause qu'ils se departoient en diuers païs & contrées selon que la necessité de guerre ou du temps le commandoit tesmoins Eutrope, Nazare, Marcellin, Claudian, & autres bons autheurs: ainsi qu'il aduient ordinairement en la conduite d'vne armee, cóbien qu'il y ait plusieurs vaillás chefs & capitaines l'on ne nommè point que le principal, qui a nom & tiltre plus honorable, en Italien appellé *capo di parte*.

L'on ne retient communemét que le nom du principal chef de guerre.

C'est pourquoy par les histoires ne se trouue guieres de chefs nommez durant ce temps là. Mesmes l'Abbé Trithé tres-fidelle & asseuré historien, ne faict mention que de deux, sçauoir de Marcomir & Pharamond, combien qu'il y en eut plusieurs autres : comme Priam, Anthenor, Pharamond, Marcomir, Dagobert, Gennebault, Sunnon, Ybros, & ceux qui seront cy apres nommez au chapitre prochain: lesquels auoient tous tiltres de Ducs ou Capitaines, encores qu'il y eut vn Duc principal des François, à qui tout se rapportoit. La cause prouient de ce qu'ils estoient employez en diuerses Prouinces & occasions au faict de la guerre: ioinct que la faute d'vn Roy pouuoit causer quelque desordre ou alteration au tiltre & charge de principauté.

Pourquoy pendant l'interregne y a plusieurs Ducs & Capitaines non renõmez.

Or soubs la domination de Gennebault estoient entre autres capitaines & chefs de guerre Sunnon & Marcomir ses freres. Quant à Sunnon, l'on ne lit rien, qu'il ait fait de singulier pour la gloire du nom François : de Marcomir, nous parlerons en l'autre chapitre suiuant. Mais y auoit de ce temps, & encores parauant durant dix ans vn vaillant capitaine ou chef d'armee, nommé Imbros ou Ybros, retenãt du vieux nom des Sicãbres, lequel à cause de l'augmentation & nõbre effrené des François, s'aduisa d'en depaïser vne bonne partie, faisant enuiron vingt-deux mille hommes.

Sunnon chef de guerre.

Ybros autre chef de guerre qui conduit les François en Gaule.

Par ainsi, estans sortis pour chercher nouuelle contrée & habitation soubs la charge & conduicte d'Ybros, ayants entierement quitté l'Allemagne, vindrent en Gaule, courants & vagans

vagans çà & là sans contradiction iusques à la riuiere de Seine, qui vient de Bourgongne: tant estoit leur nom desja florissant & redoutable à toutes sortes de nations.

En cest endroit le païs & commodité du fleuue leur pleut si tresfort, qu'ils se resolurent d'y faire seiour, outre qu'ils y trouuerent quantité de personnes qui estoient descendus de leur generation, & la conformité des mœurs des habitans approchants à leur naifueté & candeur. Entre autres villes, se fermerent dans la ville & cité de Lutece, appellée auiourd'huy Paris, laquelle ils rebastirent, augmenterent & embellirent grandement, ainsi que racompte Maistre Nicolas Gilles chroniqueur moderne de France: lequel aussi au chap. viij. de ses annales, tient qu'vn du mesme nom fonda la mesme ville de Paris. Dequoy ie me rapporte à ceux qui sont plus curieux rechercheurs des antiquitez, parce que ce seroit rompre le fil de nostre histoire, si nous arrestions sur l'origine & fondation des villes.

Lieu de leur seiour & habitation premiere qui est à Paris.

Nicolas Gilles aux annales de France.

ABREGÉ DE L'ORIGINE

DE MARCOMIR
Duc des François.

CHAPITRE V.

Qualitez de Marcomir Duc des François.

APRES la mort de Sunnon & Ybros qui fut enuiron l'an de nostre salut 399. Marcomir qui estoit Duc sur les Orientaux ou Sicambriens, entra pareillement en Gaule. Et parce qu'il estoit vaillant & hardy cheualier, bien experimenté au faict de la guerre, comme aussi pour la reuerence du sang de Priam Roy des Troyens (duquel, l'opinion du peuple, tenoit qu'il estoit descendu) les François qui estoient en Gaule, (n'ayants pour lors aucun Seigneur) le retindrent pour Duc, lequel en ceste qualité gouuerna la seigneurie sur eux par l'espace de vingt ans ou enuiron fort sagement & heureusement.

Beaux gestes de Marcomir.

Commencement du nom de France & de Paris.

Car il leur fit clorre de murailles les villes & chasteaux, pour empescher l'incursion des brigands. leur enseigna l'vsage des armes, & fit autres plusieurs grands biens à la chose publique : changea le nom de Gaule en France pour la memoire de Francion, duquel il se disoit issir, & semblablement le nom de Lutece en Paris, à cause du beau Paris fils du Roy Priam de Troye : combien que long temps auparauant Lutece auoit esté bastie, & y auoit

eu

eu plusieurs Ducs & gouuerneurs en Gaule, mais non qui se dissent extraicts du sang des Troyens, comme cestuy-cy. Qu'est cause que l'on tient ce Duc auoir donné le commencement à tout le peuple du beau nom de France & à la ville de Paris.

En outre traicta le peuple fort doucement & paisiblement, de sorte qu'en son têps ne fut faicte ny entreprinse aucune guerre aux estrãgiers: mais auoit vn fils nommé Pharamond grand personnage, hardy & belliqueux, lequel l'on estime estre premier Roy des François entrez en Gaule: mais non des François estans ez Allemagnes, ny des Gaulois purs, ainsi que nous monstrerons cy apres plus amplement. Et dura cest interregne des François 47. ans & selon aucuns 26. iusques à ce que lesdits François voyants les autres natiõs estre mieux establies & gouuernées soubs l'authorité & preeminence Royale, esleurent ledit Pharamond pour leur Roy.

Marcomir paisible eut vn fils belliqueux Pharamond.

Marcomir mourut l'an de grace 419. ores qu'aucuns tiennent en l'an 404. & fut enseuely à l'ancienne forme au mont nommé Frankenberg, qui est pres de Vvirtsbourg, laissant pour successeur au Duché des François son fils Pharamond, qui gouuerna ce peuple auec son pere, ou sans son pere, l'espace de 15. ans, & puis par commun consentement de tous (comme nous dirons cy bas) fut crée Roy des François, tant de ceux qui estoient restez en Allemagne, que de ceux qui estoient ja entrez en

Mort & enterremẽt de Marcomir & election de Pharamond.

ABREGÉ DE L'ORIGINE

Gaule, comme dit est, parce que des ce temps principalement ils commencerent à ne faire qu'vn mesme peuple & mesme nation.

D'ATTILA ROY DES HVNS, ET DE VALENTINIAN Empereur, & de Aetie preteur Romain gouuerneur des Gaules.

Chapitre VI.

Continuation de l'histoire.

AVANT que venir à Pharamód, & à la conjonction des François auec les Gaulois, il nous faut traicter de l'origine & cause de ladite conjonction, qui aduint par le moyen qui sera cy apres deduict.

Finesse d'Attilla Roy des Huns, & sa deffaicte.

Attila Roy des Huns pour se rendre Seigneur & maistre absolut de toute l'Europe, vsa d'vne grande finesse & trahison, laquelle à la parfin (comme font tous semblables actes) reüssit contre son autheur. Car il tascha de separer & des-vnir les Gots & François qui estoient en Gaule de l'alliance Romaine. D'autre costé escriuit à Valentinian second du nom Empereur de Rome, que son arriuée n'estoit que pour deliurer les Gaules de la seruitude des Goths, & les conseruer en son obeyssance.

Mais l'Empereur ayant descouuert la trahison escriuit à Aetie Preteur & gouuerneur en Gaule pour les Romains, lequel destourna le faict le faict, vainquit en plain champ de bataille Attila, & le contraignit prendre la fuite, ainsi qu'il est amplement recité ez histoires de Constantinople liure xv.

Valentinian fit mourir secretement ledict Aetie, tenant qu'il auoit laissé eschaper expressement Attile lors de sa victoire: mais ce ne fut tant pour cela que pour ialousie de son grand renom & prouësse. Peu apres il en fut recompensé estant tué par vn soldat dudict Aetie qu'il auoit retiré à son seruice, lequel auoit esté suborné & induict à ce faire par Maxime, qui depuis vsurpa l'Empire, espousant Eudoxie femme dudict Valentinian. Eudoxie pour se venger de luy, appella & par apres espousa Genseric Roy des Vandales, lequel tua Maxime, rauagea toute l'Italie, pilla Rome & plusieurs autres villes & citez, & emmena le butin en Aphrique, comme il est amplement deduict par Paul Diacre en son quinzieme liure de l'histoire Romaine. En quoy l'on peut aysement remarquer, combien sont grands & miraculeux les effects de la toute puissance de Dieu, tantost esleuant les petits, tantost abaissant & supprimant les plus haut montez: mais entre autres, comme il en prent tousiours mal à ceux qui appellent à leurs secours les heretiques, Payens & contraires à leur Religion.

Grands changemens sur l'Empire de Rome ex personnes de Valentinian, Aetie, Maxime, & Genseric Roy des Vandales.

Les effects de la toute puissance de Dieu grands & miraculeux.

L 5

ABREGÉ DE L'ORIGINE

DE L'OCCVPATION des Gaules par les François, & vsurpation des noms.

CHAPITRE VII.

François ont souuēt enuahy les Gaules par diuerse fortune.

IL est vray (comme il a esté touché cy dessus) que les François allechez de la douceur, suauité, & fertilité du païs des Gaules, s'y sont plusieurs fois transportez : mais, comme l'on dict en Latin, *ancipiti marte*: c'est à dire, par diuerse fortune, ores bonne, & ores mauuaise pour eux. Toutesfois, aduenant la declinaison de l'Empire Romain, cela leur a baillé occasion de mieux pousser leur fortune, & aduancer leurs brisées : specialement au temps, qui a esté touché prochainement, qu'Attila Roy des Huns vint enuahir les Gaules, & les Romains estoient assez empeschez aux regions loingtaines, pour n'y pouuoir donner secours. Les François sur ce subject se ruerent sur la Gaule Belgique à eux plus voysine, & s'en emparerent, comme l'on dict en prouerbe, *moitié figue, & moitié raisin*: c'est à dire, partie par force, partie par droict de voysinage, amitié, & confederation.

Entrée des François en Gaule au temps d'Attila Roy des Huns.

Illec estant habituez & accasez firent presque

que vn monde nouueau, & empruntèrent aucuns noms des Romains, lesquels l'auoient dés long temps tenuë & occupée. Les autres noms partie des anciens Gaulois partie des leurs, partie des Goths, Italiens, & Espagnols: lesquels en ont aussi retenu d'autres des François, pour cause de la frequentation, & voysinage des prouinces. Nous auons aussi en France plusieurs trasses du langage Theutonique, dont sont descendus les Allemands, comme la conformité des noms le demonstre assez clairement, ainsi qu'il est specifiquement prouué par messire Robert de la Cene, Euesque d'Auranches, & noble Antoine du Verdier, Sieur de Vaux-Priuas.

Noms vsurpez en France, d'où ils sont venuz.

Noms en France venuz des Allemãds

Rober Cœnal & Anthoine du Verdier liu.4. de la proso. cha. l'Emper. Galien.

Mais, qui plus est, l'on peut à la verité soustenir, que plusieurs noms des François pratiquez pour le iourd'huy, sont venuz du langage Grec, ainsi qu'il a esté exéplairemét prouué par Sussanne Turnebe, Guillon, Morel, & plusieurs grands & doctes personnages de nostre temps. Par où l'on peut cognoistre que les François ont esté frequentez, assistez, & accompagnez en leurs guerres & entreprises de plusieurs estranges nations, lesquelles à cause de leur vaillance & renommée s'accostoient d'eux, & par ce moyen suiuoient reciproquement auec la conformité des mœurs, la conformité & similitude des langages. Si l'on en veut voir d'auantage quant aux langues, ie les renuoye à monsieur Hottoman, & au petit liure de M. Picard, où il est entre autres choses

Noms de Frãce venus des Grecs & autres estranges nations. Hottoman chap. 2. de Francogallia & Iean Picard au liu. Celtoperdia.

demon

demonstre les lettres & armes auoir esté en tres-grande vigueur enuers les anciens Gaulois, voire plus qu'és autres nations, lesquelles pour la plus part les ont apprinses & recueillies d'eux.

Diuersité de langage selon le temps.

Nous auons cy deuant au premier liure chap. 4. touché la cause de la diuersité du langage qu'ont eu les François en plusieurs & diuers temps, que ne repeterons icy pour n'ennuyer le lecteur, & abuser le papier. Mais qui voudra sçauoir plus amplement que c'est de la langue Gallique & Françoise, ie le renuoye au liure intitulé, *Mithridates*, escrit par Conrad Gesner Suisse, homme fort docte & curieux rechercheur de l'antiquité.

DE LA CONIONCTION des François & Gaulois, & mixtion de leurs humeurs.

CHAP. VIII.

Conionction des François & Gaulois, & institution de leurs loix.

'ESTANS les François joints auec les Gaulois vrais & originellemēt naturels de la Gaule, ioignirēt aussi leurs loix reciproquement ensemble, prenant de chacune ce qui leur sembloit de meilleur: comme le tesmoignent les loix Saliques, Ripuaires, & infinies autres, lesquelles

quelles nous auons perduës pour auoir esté
nos ancestres plus curieux obseruateurs des
bonnes loix, que greffiers & commentateurs, *Belle anti-*
là où pour le present on voit tout le contraire. *these.*
Faute aduenuë (comme i'ay dict ailleurs) plus
par la malice du temps, & frequentation des
estranges nations, principalement des Romains, que de discontinuation de bon naturel.

Delà vient, qu'on les a surnommez Francs
Gaulois, ou Francigenes, à celle fin de monstrer & faire entendre, que la douceur & humanité des Gaulois tempera la barbarie des
François: tout ainsi que reciproquement la *Douceur*
vaillance des François rendit exempts & li- *des Gaulois, &*
bres les Gaulois de la seruitude & joug des *vaillance*
Romains, dont ils furent alors affranchis. Et *des Fran-*
à ce propos se peut rapporter ce que nous en *çois, & de*
auons touché cy dessus au premier liu. chap. 4. *leurs effects.*
des François, & de leur etymologie.

L'exemple est fort familier, des potions &
breuuages pour la guerison des maladies, ausquelles entrent plusieurs sortes de simples, ayás *Exemple sur la medecine.*
toutes differentes vertus, qualitez, & proprietez: à celle fin que l'vne temperée ou corrigée
par l'autre, se face vn remede propre & salutaire.

DE

ABREGÉ DE L'ORIGINE

DE LA DIETTE, ou *PARlement & deliberation sur la forme de Gouuernement du public.*

CHAP. IX.

Diette des François & Gaulois pour la conuocation des Estats.

Diette en Allemagne, Parlemēt en France.

Noms des Princes, Seigneurs, Prestres, et Docteurs principaux de la Diette.

APRES la conjonction de ces deux braues nations, & le deces de Marcomir, qui fut l'an 419. de nostre salut, les François tant Orientaux qu'Occidentaux meslez auec les Gaulois (lesquels nous appellerons cy apres seulement du nom de François, comme le plus noble, vaillant, & vsité) firent vne grande conuocation & assemblée d'Estats, & principalement de grands, sages, & doctes personnages en vne Diette, c'est à dire, iour assigné (que depuis l'on a nommé *Parlement* en France, ou *Diette* en Allemagne) de la forme & substance, que s'ensuit.

Là estoient Pharamond Duc des François Orientaux, Marcomir & Sunnon Prince ses freres. Clodius fils de Pharamond, Dagobert, Nicanor, Pharabert, Richimer, Anthenor, & Priam son frere. Berther capitaine des Gaulois, Heribert capitaine des Insulains, Sunno & Richer, fils du defunct Duc Gennebaud,

Diocles

Diocles, & Meroué, tous grands Seigneurs & Capitaines. Quant aux Prestres & Docteurs, Salagasthald grand Pontife de Iupiter, Gasthald, Herald maistre des Requestes, Vuisogastheld, Pontife de Diane, Ruthnic, Adelhard, Richeri, & autres plusieurs, tant de la Noblesse que du peuple.

La premiere & principale question, qui y fut agitée, bien debattuë & disputée, fut sur leur estat & forme de Gouuernement, sur laquelle y eut deux opinions. Les vns tenoient pour la Monarchie, c'est à dire, gouuernement d'vn Roy, pour qui parla & haranga fort longuement Charamond: Les autres pour l'Aristocratie, c'est à dire, gouuernement des Sages souz la puissance populaire, pour qui haranga Quadrec, lesquels estoient deux grands Seigneurs: mais il n'est besoin d'inserer icy leurs harágues, tant à cause de la prolixité d'icelles, qu'aussi elles sont descrites & copiées par les historiens, nommément par le Seigneur Bernard de Girard, dict du Haillan, de moy tresbien cogneu, aymé, & honoré (que l'on peut appeller non pas en fable, mais en histoire, le vray Thucidide de nostre temps) au liure premier de son histoire de France.

Disputes entre l'Estat Monarchique et Aristocratique.

Du Haillan le Thucidide de nostre temps.

Il m'a semblé bon de rapporter icy certains poincts fort remarquables & dignes de memoire contenus en leurs harangues, outre autre par moy adjoustez. Sçauoir premierement pour l'estat Monarchique: Que la forme de gouuernement diuisée en plusieurs parties ou subiects

Raisons et argumens contre l'aristocratie alleguez par les historiens.

subjects portans tiltre de Gouuerneur, apporte beaucoup d'incommoditez. Les vns sont poussez d'vn bon zele & affection enuers la patrie, mais priuez de prudence, sans laquelle ce zele est inutil. Les autres ayans l'vn & l'autre, n'ont esté creuz ny respectez. Les autres sont agitez d'vne ardante ambition & desir de gouuerner & commander, qui les aueugle tellement, qu'ils se ruënt à trauers les affaires, comme vn foudre qui passe partout. Autres attirez d'vne esperance de gain, font leur profit particulier au dommage public, comme s'ils entroient dans vne moisson dorée. Brief, ceste pluralité de Gouuerneurs & gouuernemens donne vn grand trouble à nos affaires, & bonne esperance à nos voisins de nous ruïner par le moyen de la diuision & contention, qui en peut suruenir : de sorte qu'elle nous menasse vne prochaine subuersion de l'estat, s'il n'y estoit bien-tost pourueu & remedié.

Deux raisons par nous alleguées. Plato au liure de la Repub. Iustinian Empereur en ses Nouuelles constitutions §. fin. de sen. ciuita. coll. sij.

I'y ay adjousté celles-cy : L'vne tirée de Platon en son liure de Repub. où il dit en ces mots : *Cùm, vt existimo, quæ in potestate populi ciuitas est, libertatem sitiens, improbos pocillatores nacta fuerit, qui cum Imperio sint, mero plus iusto inebriatur.* C'est à dire, Quand la cité ou païs, qui est en la puissance du peuple, lequel naturellement ayme sa liberté, ainsi qu'vn vin plaisant, & delicat, recontre de Gouuerneurs gens superbes, fols, & yurongnes, ils s'enyurent de leur propre vin, & en prennent plus qu'il n'en faut. L'autre est de Iustinian Empereur, lequel defend mesme de continuer les

Magi

magistrats & offices publics plus auant que le temps prefix & limité, sinon que par le consentement de tout le peuple & nul contredisant, il soit aduisé pour sa preud'hommie d'eslire de nouueau, vn personnage qui aura des-ja-bié versé en sa charge, vsant de ces mots, d'eslire non de continuer, & adioustant la raison: *Ne frequentia ordinationis & continuatione curæ & per quandam machinationem illud sæpe renouando fiat aliquibus infinita gubernatio.* C'est à dire, *De peur, que par frequence de l'authorité & continuation de charge, & bien souuent l'affectant & pratiquant par mauuais & sinistres moyens, le gouuernement soit rendu à aucuns perpetuel & desreglé.*

Pour l'estat Aristocratique, il y a au mesme lieu vn tres-bel Adieu de Quadrec aux François, pource qu'il leur preuoyoit aduenir, selon son iugement vn pauure & miserable estat, s'il estoit monarchique, d'autāt que naturellement les hommes, & mesmes les François se s'entans esleuez en honneurs & preeminence sur les autres, ne se tenants dans les bornes & conditions de leur charge, ains cuidants faussement que à cause de ce tout leur est loysible, s'eslancent & fouruoyent de la raison, & deuiennent au lieu de vrais Rois (comm'il y a és fourmis & mousches à miel) tyrans, cruelles & sauuages bestes, tels que sont tigres, loups, lyons, & autres semblables.

Aristote au troisiesme liure de ses Morales dit ainsi: *Princeps cui non sufficit honor & gloria, consequenter tyrannus efficitur: quia si non sit conten-*

Raisons contre l'estat Monarchique de Quadrec.

Authorité d'Aristote sur ce subiect par nous alleguée.

M

tus gloria & honore, quærit voluptates & diuitias, & sic ad rapinas & iniurias conuertitur subditorum. C'est à dire: Le Prince, auquel ne suffit l'honneur & gloire, il devient tyran, car s'il ne borne son affection par la raison de l'honneur & gloire, soudain il s'estudie aux voluptez & richesses, & par ainsi est du tout converty à torts, griefs, violence, iniure & oppression de son peuple.

Autres formes de gouverner le public, avec la resolution.

Il y a aussi d'autres formes de policer ou gouverner vn public, qui sont descrites par Homere, Platon, Aristote, & autres anciens autheurs, lesquelles on peut voir par le menu & plus au long digerées & arraisonnées dans Plutarque, Stobée, Seyssel, Cōrad Lycosthene, & plusieurs modernes. Mais la plus saine & meilleure opinion est de ceux, qui constituent la monarchie retenant vn petit des qualitez & conditions d'vne Aristocratie: C'est à dire, qu'vn homme seul commande estant assisté & conseillé de gens sages, & conscientieux.

La France tres-bien regie soubs la monarchie meslée de l'Aristocratie.

I'ay fait tout ce discours, pour concilier & accorder ensemble les deux premieres opinions de Châramond & Quadrec, & aussi pour monstrer, que Quadrec n'a pas bien prophetisé iusques icy de nostre France: Dieu vueille qu'il en aille tousiours de mieux en mieux. Car la France Occidētale s'est trouuée autant bien & heureusement regie soubs l'Empire & gouuernement de soixante dix & tant de Rois par l'espace d'enuiron douze cens ans, qu'autre païs ou nation qui soit au monde. Mais c'est par le moyen de la derniere forme, qui a esté & est enco

DES FRANÇOIS. *Liu.iiij.Ch.ix.* 82

est encores auiourd'huy practiquée en icelle: se voyant la participation de l'Aristocratie aux priué & grand conseils du Roy, & és graues & discrets Parlements. Aussi quand l'vrgente necessité des affaires le requiert, l'on vient a vne assemblée generale des trois estats du Royaume, sçauoir le clergé, la noblesse & le peuple.

Et en ce poinct se voit, comme la prediction de Pandolfe Ricci Astrologue Luquois sur la France (qui me fut enuoyée l'an 1560. de Rome à Tolose où i'estudiois aux loix) a esté rompue par la sage resolution & conseil de nostre Roy Henry IIII. se retournant & conuertissant au giron de l'Eglise Catholique Apostolique & Romaine, & embrassant d'vn cœur non moins paternel que Royal tous ses subiects indifferemment: en quoy il a monstré, comme dit Dauid, auoir tout oublié & mis soubs le pied pour l'honneur, gloire & louange de Dieu.

Sage aduis du Roy Henry iiij. a rompu la prediction de Pandolfe Ricci Luquois.

Dauid Psal. 131.

Doncques soit pource que la harangue de Charamond fut mieux receuë, soit à cause de la souuenance de leurs anciens Roix, ou bien à l'exemple des autres nations pour mieux conseruer le païs, ils resolurent en ceste diette ou assemblée de restablir l'estat Royal, lequel auoit par quelques annees discontinué parmy eux, & fut creé & institué premier Roy Pharamond ou Varamond, qui s'interprete homme veritable, qui estoit de race ancienne des Rois, ainsi qu'ils auoient accoustumé faire en pareil

Election de Pharamond pour Roy auec les causes.

M 2

cas. Car il estoit fils de Marcomir dernier Duc des François, & mediatement descendu de Clogio & Marcomir leurs derniers Rois, comme a esté dit cy dessus:outre ce qu'il estoit doué de grande vaillance & rare prudence à la conduite des affaires.

DE L'ORDRE DE LA succession des Rois de France, & seconde diuision des François.

CHAP. X.

En ce teps les Royaumes & Duchez passoient plus par election que succession.

EN ceste election de Pharamond, est aisé à remarquer, que de ce temps les Royaumes & Duchez passoient plus par electió que par succession, veu qu'il y auoit deux fils de Gennebault viuants, & neantmoins fut choisi Pharamond qui n'estoit plus proche: combien qu'on le tint estre venu de la race des anciens Rois en ligne directe. Mais cela aduint tant à cause de ses grands merites & prouësses, que aussi pour accorder lesdits Orientaux auec les Occidentaux, & remettre tous ces peuples en vn: à celle fin qu'ils fussent plus forts au besoin pour resister à leurs ennemis, & desormais regis en plus grande paix, vnion & concorde par ensemble, combien que despuis par plusieurs fois lesdits

lesdits deux païs & gouuernemens ont esté separez & reünis, & encores pour le iourd'huy ils se trouuent separez.

Surquoy ne sera inutile ny mal à propos de faire vne petite digression: mesme à fin de ne troubler le cours de l'histoire sur la vie de Pharamond. Cy dessus au chap. 21. du troisiesme liure, & sur le regne de Clodomer V. du nom Roy de France, a esté traicté de la premiere diuision d'entre la France Orientale & Occidentale, laquelle dura iusques audict Pharamód qui les reünit: quasi à l'exemple d'vn fief, lequel apres auoir longuement duré en estrange main, retourne en fin à son Souuerain & premier Seigneur.

Les fiefz & Seigneuries se reünissent & puis separent.

Cette reünion faicte (ainsi que dict est) Pharamond voyant ne pouuoir luy seul regir & gouuerner ces deux païs ainsi esloignez l'vn de l'autre, & diuisez par beaucoup de fleuues & nations entre deux, il enuoya de rechef Ducs & Gouuerneurs en la Fráce Orientale (luy demeurant Roy & chef de toute la France Occidentale) le premier desquels Ducs fut Marcomir son frere, & les autres successiuemét apres, comme nous auons dict au mesme lieu.

Pharamód fit la secóde diuisió des Fráçois & du gouuernement.

Ainsi se doit entendre la seconde diuision des François: car les vns estoient Orientaux, lesquels n'estans iamais bougez de leur manoir & habitation de Fraconie en Allemagne, nommée vulgaire *Frankenlandt*, ont prins autremét leur denomination de *Frács Saliens*, à cause du fleuue Sal, qui se vient desgorger

François Oriëtaux ou Francs Saliens en quelle contrée.

dans le Mein grãd riuiere d'Allemagne à l'endroict d'vne ville qui s'appelle *Gemundt*, & de ce fleuue Sal l'on veut aussi deriuer la loy Salique, de laquelle nous parlerons cy apres.

Les autres s'appelloient *Gaulois Francs* ou *Francs Gaulois*, lesquels ayans delaissé ledict païs & passé la riuiere du Rhin, vindrent en la Gaule Belgique (com'il a esté predict) qui est maintenãt appellée *France*: à la similitude, que nous auõs aussi alleguée, du sauuagin qui prẽd le nom du greffe ou rameau qui y est hanté dessus. Qui est cause que l'on tient proprement & naturellement le païs de France estre la Gaule Belgique, iusques aux riuieres de Seine & Marne, suyuant la diuision de Cesar en les commentaires: d'autant que c'est le premier lieu que les François venants d'Allemagne ont occupé pour y ficher le pied & planter leur bourdon en deschassant les Romains. Combien que despuis par succession de temps ils se soyent saisis des autres païs qui sont auiourd'huy comprins soubs le nom de France: tant par le moyen de leurs hauts faits d'armes, chassants pareillement les Romains, iniustes vsurpateurs des Gaules, que par alliances, confederations, & mariages.

Celle mesme diuision a esté aussi receuë par les anciens Allemãs, lesquels appelloient les Gaulois Orientaux, *Ostuualen*, & les Occidentaux, *Vvestuualen*, ainsi qu'est tenu par le susdict Messire Robert de la Cene, Monsieur Hottomã, & plusieurs autres graues autheurs.

Mais

Frãcs Gaulois ou Frãçois Occidẽtaux en qu'elle contrée.

Gaule Belgique proprement appellée Frãce.

Ceste diuision receuë par les vieux Allemãs, nõ par les nouueaux.

Mais les nouueaux Allemans ne l'ont voulu librement confesser, comme quasi ayants honte, que ces braues guerriers François ayent le renom d'auoir conquesté les Gaules, & s'en voulans à eux seuls attribuer la louange.

Il faut aussi noter, que Marcomir & apres luy ses successeurs en droicte ligne ont depuis regy & gouuerné ledit païs de France Orientale: en sorte que defaillant la race des Rois Francs Gaulois, l'on a tiré de braues & vaillans hommes de ceste succession pour regner en France, comme il est aduenu és personnes de Clouis, Pepin, & Hue Capet. Toutesfois l'on est d'accord que depuis elle a prins fin (comme font toutes choses en ce monde) & la domination passée en estrãge main: mais au contraire la race des François dure encores, de laquelle peuuent iustement estre tirez de bons & vrais rejettons pour estre transplantez (s'il plait à Dieu) en ceste France Orientale.

De la succession de Marcomir au Duché de la France Orientales.

Antithese sur les deux Frãces, Orientale & Occidentale.

M 4

LIVRE CINQVIESME.

De l'entrée de Pharamond és Gaules, & qu'il ne fut le premier Roy des François.

CHAPITRE I.

Desir de Pharamond d'entrer en Gaule.

NOVS auons dit cy dessus, comme apres la mort de Marcomir, les François s'aduisans estre mieux regis & coduits à l'exemple des autres nations, souz le nom & authorité d'vne majesté Royale, que de leurs Ducs & Capitaines, esleurét pour leur Roy Pharamond fils dudit Marcomir, lequel estoit Prince fort hardy, vaillant, & magnanime, & auoit fort souuent accompagné son pere allát en Gaule, mais lors qu'il fut faict Roy, luy redoubla encor de plus fort le desir d'entrer en Gaule, comm' aussi faut noter, & l'auós pareillement touché, que iamais les François n'ont cessé, qu'ils ne s'en soient rendus maistres, que de bond que de volée.

Deux erreurs confutez.

Doncques des aussi tost il y entra auec vne grosse & puissante armée, & fit des plus beaux effects qu'aucun autre deuant luy en pareille matiere eut fait. En quoy nous faut confuter l'erreur l'erreur de ceux qui tiennent, qu'il fut le premier entrant és Gaules, & le premier Roy sur les François.

Quant au premier poinct, l'on a peu voir cy deuant, que plusieurs autres Ducs, Capitaines & Rois des François, estoient auparauant luy passez en Gaule auec de beaux & valeureux exploits de guerre: mais non auec si grands & signalez effects, comme fit Pharamond, ainsi qu'il sera traicté par apres en sa vie.

Pharamond fit de plus grands effects en Gaule que autre Frãçois auant luy.

Quant au second, il appert aussi par le precedent discours, que Pharamond ne fut le premier Roy des François: car il y en auoit eu quarante deuant luy, mais ç'a esté le premier apres le temps de l'interregne: tout ainsi que l'on tient nostre Sauueur & Redempteur Iesus Christ estre le premier homme pour la reparation de nature humaine, combien qu'Adam fut premier en creation.

Pourquoy Pharamond est tenu premier Roy des François.

Il est aussi tenu premier Roy, par-ce qu'aucuns doutoient, si les autres precedens s'appelloient Ducs ou Rois, ainsi qu'auons touché cy dessus. Aussi on le peut dire vrayement premier Roy des Franc Gaulois, c'est à dire, des François, qui vindrent habiter en Gaule. Autre raison, par-ce que luy & sa posterité ont esté continuels & perdurables Rois des Gaules iusques à present: car auparauant luy les Romains, mesmes Ariouistus auec plusieurs autres, s'estoient rendus la Gaule sujecte: mais puis apres cela a prins fin. Item par-ce que le nom des François estoit plus incognu auant

Pharamond, & n'auoit esté tant traicté par les histoires, combien que môsieur Pasquier tient le contraire. Ie n'aprouue pas si bien son opinion en c'est endroit, comme ce qu'il dit de l'opiniastreté des François à s'empieter & saisir des Gaules: car la derniere est prouuée & tesmoignée par bons autheurs: mesmes par ce bon S. Augustin Euesque d'Hippone en Aphrique, escriuant de son temps, que les Gaules estoient occupées par les François, desquels le renom commençoit à rouler desia par toutes les parties du monde. Aussi qu'il ne faut attribuer toute la venuë des François souz vn Valentinian premier ou dernier, comme plusieurs histoires d'Italie maintiennent, d'autant qu'ils n'occuperent les Gaules d'vn premier coup ou effort, ains par vn assés long progrés, & apres auoir donné plusieurs escheqs à l'Empire, finablement le matterent.

Reuenant à nostre Pharamond, il fut le premier reclamé Roy de la Gaule Occidentale, deposant le tiltre de Duc de la France Orientale, lequel demeure aujourd'huy en Franconie: mais celuy de Roy ne reste plus, qu'en la gent Franco Gallique, que nous appellons France, & les Latins ou Italiens Gaule: ne voyans, combien ils se font des-honneur de l'appeller ainsi, parce qu'ils en ont esté honteusement deschassez par les François. Voila pourquoy l'on tient communement que ce Pharamond a esté la fontaine ou source de la monarchie Françoise.

Icy

Nom des François plus incognus auāt Pharamond contre l'opinion de Pasquier au li. des recherches chap. j.

Les François apres auoir par long temps abbayé contre la Gaule s'en sont saisiz.

Italiens se font des honneur d'appeller nostre païs Gaule.

Icy on peut remarquer la difference qui est
entre France Orientale & Occidentale. Celle *Difference*
la s'appelle Franconie & ducale, composée de *entre Frā-*
Franco-Germains, & celle cy simplement *ce Orien-*
France est Monarchique & Royale, composée *tale & Oc-*
de franc-Gaulois. De la premiere nous en auōs *cidentale.*
parlé cy dessus, mais par-ce qu'elle n'est de nostre sujet, nous estendrons plus sur la seconde.

DE LA LOY SALIQVE.

CHAP. II.

Es Sages esleuz (qui sont nom- *La premie-*
mez cy dessus au neufiesme chapi- *re chose est*
tre du precedent liure) apres le co- *l'establis-*
ronnement de Pharamond & par *sement de*
bōnes loix.
son injonction, iugeans estre la premiere chose
pour establir vne belle police en sa Monarchie, firent vn volume de loix & constitutions
nouuelles, sur ce qui estoit necessaire pour le
peuple.

Les principaux Legislateurs s'appelloient *Nom des*
Vvisogast, Arbogast ou Basogast, Salagast & *quatre Le-*
Vvindegast, lesquels furent deputez par la voix *gislateur.*
du peuple, tant pour faire & cōstituer des loix,
que pour les faire obseruer & entretenir en
dernier ressort, sans aucun appel. Et furent faictes lesdites loix en trois villes d'Allemagne
qui en ont prins leur nom: *Salechaim, Bodohaim,*
& Vvindehaim.

Ceux

Ceux-cy firent de belles loix & constitutions qu'ils diuiserent en trois tomes ou parties par trois diuerses matieres, d'autant que les loix qui estoient auparauant, auoient esté longuement hors d'vsage, ou enseuelies souz la tombe des iniustes & impitoyables Mars & Bellone, lesquels du temps de Pharamond furent ressuscitées & remises en vn tres-bel ordre & lustre: mais beaucoup en apres augmétées, & decorées au temps de Clouis, premier Roy de France Chrestien. L'on pouuoit nommer ces loix quartumuirales, comme de present les loix & sentences des Cours de Parlement (& principalement de Paris) centumuirales, parce que du commencement ils n'estoient que cent pour faire iustice à tout le peuple.

Premier effect & nom des loix.

Or combien qu'ils fissent plusieurs loix, decrets, & sentences, desquelles par succession de temps, par changement, abrogation, ou rafraichissement d'icelles (tout ainsi qu'il est aduenu des loix anciennes des douze tables & autres deuant l'Empereur Iustinian) l'on a perdu la memoire, toutesfois il s'en trouue encores quelques fragments ou restes, mesmes de l'vne qu'on a appellé loy Salique, laquelle dure encores iusques à nostre aage.

Origine de la loy Salique.

De ces quatre legislateurs l'on peut deriuer le nom des Pairs de France, qui a duré long temps depuis, & fut expressément confirmé par Charlemagne, & dure encores auiourd'huy: De là est venu le mot de *Parlamentum*,

Pairs de France legislateurs.

quasi

quasi parium votum aut lamentum, parce qu'estās esgaux en toute sorte de cōditions, ils auoient l'authorité & puissance, tant de faire les loix que de les interpreter, faire obseruer & iuger tout ce qui se presentoit de different entre les parties souerainemēt & sans appel. Ce qu'ils peuuent auoir prins de l'ancienne façon des Gaulois, lesquels, au temps que n'estans assujectis à la loy des Romains, ils viuoient par forme de Republique, auoient accoustumé choisir des douze citez vn (qui estoit douze en tout) qui bailloient les loix à toutes les Gaules, & les interpretoient, distribuans la Iustice à chacun. Suiuant cela, l'on peut alleguer le prototype de la Cour de Parlement de Paris, qui est vrayement Parlement, retenant le nom & forme ancienne cy dessus deduicte, les autres n'estās que cours eclypsées d'icelle. Ce qui est aduenu par la douceur & humanité des Roys de France, lesquels ayans acquis nouueaux païs és Gaules, leur ont voulu conseruer le dernier ressort & iurisdiction sur le lieu.

Parlemēs de France, & sur tous celuy de Paris.

L'etymologie du nom de loy Salique est diuerse: Premierement de l'autheur d'icelle plus apparent, nommé *Salagast*, lequel a esté grand Pontife de Iupiter, (comme a esté cy deuant remarqué) & edifia vne ville iouxte la riue du Moein, qui s'appelle de son nom *Salagastat*, ou *Ingolstat*: comme l'autre legislateur nommé *Vuindegast*, edifia vn petit village en la Frāce Orientale, appellé *Vuindeshaim*.

Etymologie de la loy Salique.

Salagast & Vindegast legislateurs.

Aucuns

Aucuns la tirent de la cité *Saltzbourg*, où *Salichaim* en Allemagne, qui est deçà la riuiere du Rhin, parce que les Legislateurs la commēcerent à faire en ceste cité. De là, on collige que les François de ce temps, n'auoient passé le Rhin, ny descédu en Gaule pour estre leurs loix faictes en Allemagne : mais ie tiens (comme il a esté predit) qu'ils n'y estoient encores descendus pour faire continuelle demeure, d'autāt qu'ils repasserent le Rhin, & vindrent en Allemagne par plusieurs fois.

Saltzbourg ou la loy a esté commancée.

La troisiesme & plus commune & vray-semblable etymologie est du nom des Saliens, peuple François, nommé en Allemagne *Deseling*, à cause de la riuiere *Sal*, sur laquelle ils habitoient en Franconie, pres du Moein, & qui se desgorge dans iceluy. Parquoy ils ont esté appellez par tous les bōs autheurs, *Salij & Salingi*, dont nous auons fait cy dessus métion.

Sal, fleuue pres du Moein en Franconie.

Autres la prēnent dont Gaguin a esté le premier autheur, du nom du Sel, par deux raisons naturelles. La premiere, parce qu'elle est cōstāte, perpetuelle, & inuiolable, vraye marque de sapience & incorruptiō. L'autre est, que cōme le sel est la vraye conditure, saulse & preseruatif des viandes, aussi ceste loy a esté aux François vn vray appareil, conditure, & façonnement de leurs mœurs, lesquels d'intemperans, farousches, & desreiglez qu'ils estoient auparauant, ont esté par icelle changez en meilleure, plus douce & sage forme de viure.

Loy Sali que appellée du Sel par deux raisons.

Munsther (comme il forge plusieurs choses ridicu

ridicules de son cerueau) la tient estre dicte *Salica quasi Aulica*, c'est à dire, de la salle. En Latin seroit mieux nomée, *Consistorialis, Senatoria seu Palatina*, cõme qui diroit, la loy de la Cour ou salle. La raison est, parce que les Legislateurs & Barons pour attirer à leur deuotion le cœur des François, leur ont apprins la langue des Gaulois, qui estoit plus douce, gentille, & coulante que celle des François, Allemans, ou Sicambriens: ainsi que l'on voit auiourd'huy difference entre la langue Françoise & Germanique. C'este etymologie si elle est fausse, du moins n'est-elle pas laide ny mal à propos.

Salica quasi Aulica.

Loy ou lãgue de la salle des Rois.

On la veut encores deriuer aussi ridiculement du commécement de la susdite loy, estãt en ces mots: *Saliqua portio hereditatis*, par vne syncope, disant ainsi: *Saliqua portio*, tout de mesmes que l'on veut tirer le nom d'Huguenots en France, de ce que le commancement de la premiere harangue qu'ils firent au Roy estoit: *Hûc nos venimus*. Et l'on appelle communément en droict vne loy des Romains, par le nom initiatif de la loy.

Nom de la loy prins du mot initiatif.

Finablement de ce mot, *Salius*, qui est de nation, à eux donné pour l'agilité de pied à courir & saulter, suiuãt le carme, *Salius pede salce Gelonus*, pourquoy les prestres de Mars à Rome furent aussi appellez de mesme. Vignier allegue plusieurs authoritez, adioustant que lesdits François nommez Saliens occuperent la ville de Toxiandrie, sur la riuiere de l'Escaut, lors qu'estans chassez par les Saxons d'Ho

Saliens à cause de l'agilité du pied.

Loy des successions est plus necessaire en la iustice.

ABREGÉ DE L'ORIGINE

d'Holande, se retirerent és Gaules, selon l'opinion de Zozimus.

Or comment que ce soit de la vraye etymologie, nous apprenons de fort anciens & approuuez autheurs, qu'entre les autres loix & ordonnances qui y sont contenuës, est cestecy, comme principale & plus celebre, d'autât qu'elle contient le reiglement des successions: qui est la chose plus necessaire & profitable en termes de Iustice pour euiter à confusion, debats, & querelles d'heritages ou patrimoines.

Elle est donc conceuë en ces termes Latins: *De terra Salica nulla portio hæreditatis mulieri veniat, sed ad virilem sexum tota terra hæreditas perueniat. Item vbi inter nepotes aut pronepotes post longum tempus de Allode terrae côtentio suscitatur, non per stirpes sed per capita diuidatur*, qui est interpreté en langage François: Qu'en la terre Salique aucune portion de l'heredité n'aduienne à la femme, ains est acquise au sexe viril. Mais où apres vn long temps suruient debat entre les petits fils & riere fils pour l'alleu de la terre, elle sera diuisee, non par degré de races, mais par testes. Il y en a aussi plusieurs autres chefs, que nous ignoróns pour l'asseurer certainement, que l'on pretend estre descrits dans vn liure appellé, *De la loy Salique*, lequel maistre Nicolas Vignier dict auoir esté veu. Toutesfois aucuns tiennent n'estre celuy qui fut faict durant la vie de Pharamond, ains fut reformé, amplifié, & redigé ainsi par escrit aux temps des Roys Clouis, Childebert, & Clotaire premier de leur nom.

La succession de la terre n'aduient à la femme, ains à l'homme en païs Salique.

Liure de la loy Salique de quel têps. Vignier en l'histoire de Fran. chap. 1.

Auquel

Auquel endroict la terre Salique ou Francique est nommée *Allodiale, c'est* à dire vrayement propre, patrimoniale, & qui ne recognoit aucun superieur: car telle estoit la terre des anciens François (comm'il a esté dict cy deuant) combien que l'on interprete communement ce mot, *Alladial*, qui recognoit seulement la souueraineté du Prince, auquel il paye tribut & autres deuoirs personels. Et suiuant la premiere interpretation, ces termes conuiendroient proprement & naturellement à la coronne Royale: non aux fiefs inferieurs ny au commun peuple ainsi qu'en la succession des masles on remarquera cy pres.

Allodial reçoit double interpretation. Iacob. de Belloui-su sup. tit. de allod. in vsib feudo.

C'este loy est conforme à celle des Romains, qu'on appelle *Voconia* pour le nom de celuy, qui la fit *Voconius* Tribun du peuple, laquelle estoit aucunement tirée des douze tables, qui furent apportées d'Athenes à Rome : mais d'autant que ce point appartient plustost à la iurisprudence qu'à vne histoire, nous le lairrons aux Iurisconsultes.

La loy Voconie tirée des douze tables.

Reuenants donc à nostre histoire, il appert que la loy Salique ne parle point expressement de defferer la couróne aux masles à l'exclusió des femelles, ains en general des alleuz. Mais elle a esté specialement appliquée & accommodée à la succession du Royaume des le temps de Pharamond : non certes par paroles expresses, ains mentalement, c'est à dire par intelligence d'esprit & taisible consentement du peuple: tout ainsi qu'à Rome il y auoit de loix

L'exclusió des femelles de la couróne en France, loy non escrite, ains approuuée comme par coustume.

escrites & non escrites. Les nõ escrites estoient celles, que le taisible consentement du peuple par vn assidu & long vsage auoit approuué: & à la verité dire, elles sont les meilleures: mais d'auantage ie tiens, apres auoir ouy dire à vn rare & excellent personnage de nostre temps, monsieur Baptiste du Mesnil aduocat general du Roy, plaidant en pleine Audience du Parlement à Paris, que les loix escrites, c'est à dire, ordonnances nouuelles du Prince, ne meritent tiltre ou nom de loix, iusques à ce qu'on voye, si pour l'vtilité ou commodité publique, le commun vsage les aura approuué & retenu.

Loix escrites & non escrites.
Iustin. in prin. tit. de iure nat. gent. & ciuili in Instit.
M. Baptiste du Mesnil excellẽt personage.

Loix du Prince sont approuuées par vsage. Fondemẽs de la loy Salique.

Ceste loy non escrite de l'exclusion des femmes du sceptre Royal de France, a esté authorisée par la practique ou coustume inueterée, trouuée bonne & vtile pour la necessité & aduancement du bien public, & d'ailleurs fondée sur ce mot, *allodial*, comme il a esté dict, par vne figure nommée αὐτονομασία, parce que la couronne ou patrimoine du Roy c'est le vray fonds *allodial*, qui ne meut que de Dieu & de l'espee. Ou par l'argument de dialectique, *De minori ad maius*: Que s'il a esté trouué raisonnable qu'aux fiefs & alleuz, comme petits ruisseaux, fleuues & riuieres, les femelles fussent excluses par les masles, à plus forte raison en doibt estre autant dict du sceptre Royal & couronne, dont sont venus lesdits fiefs comme d'vne source ou mere fontaine, qui est la grand mer.

Doct. super cap. nouit. de iudic.

Aucuns la veulent tirer par vne allusion, (non

(non trop mal à propos) du passage commun de la saincte Escriture. *Considerate lilia agri, quomodo crescunt, non laborant parturiendo, neque nent pensa trahendo, quod mulieri peculiare est.* C'est à dire, *Regardez les liz des champs, comm'ils croissent, on ne les seme, cultiue, ny laboure, ainsi que les herbes, ou chanure, qui est propre aux femmes.* Mat.ch.6.

Monsieur du Molin tres-docte & graue personnage de nostre temps, tient que le Royaume de France entre tous autres ressemble plus quât à la succession & deuolutio de la couronne au Royaume d'Israël, qui fut institué par Dieu en la personne de Dauid l'an 2891. de la creation du monde selon la vraye supputation des Hebrieux: combien que au parauant, mesmes du temps des Iuges, le peuple voulut créer Gedeon pour Roy, & apres luy ses enfans masles, mais il refusa ceste qualité, disant qu'il leur commanderoit non soubs son nom, ains de Dieu. Molin.de monar. Franc. Conformité des Royaumes d'Israël & de Frāce quāt à l'ordre de successiō. Gedeon refusa tiltre de Roy.

Quant aux raisons & authoritez de ladicte loy, ie n'en diray rien r'enuoyant le lecteur à ce qu'en ont amplement discouru Nicolas Gilles aux annales & chroniques de France sur la vie de Pharamond, messire Robert Cenal liure premier de re Gallica perioche sixiesme & dixiesme, & de fraische memoire monsieur Choppin grand personnage & le Mercure du droict des François en son traicté (qu'il m'a eschangé contre le mien des reigles generales de droict) *De domanio Gallico, lib. iij. titulo primo.* Autheurs qui en allegüent les raisons.

Ceste loy est de tout temps inviolablement obseruée.

Seulement ie diray qu'elle a esté tellement approuuée en France, que depuis en la Gaule Françoise n'a receu aucune alteration ny changement: quelque force, violence, ou authorité qui soyent venus au contraire tant par les armes qu'autres moyens. Et encores à present elle est obseruée: Dieu nous face la grace qu'elle le soit tousiours à sa louange & honneur, & au benefice general de nostre France & de tout le monde. Tellemēt qu'aux hereditez ordinaires & populaires le degré ne s'estend par la loy des Romains outre le dixiesme & par celle des Lombards outre le septiesme, mais en ce Royaume de France, le masle approchant du millieme degré à la couronne, succederoit plustost que la fille du Roy, où est parlé de la tres-illustre maison de Bourbon: lesquels deux Iurisconsultes ont mieux entendu les loix & coustumes des François que nuls autres. Aussi l'on diroit qu'ils ont prophetizé en la personne d'Henry Roy de France & de Nauarre à present regnant, lequel combien qu'il fut beaucoup essoigné en degré du bon Roy sainct Louys (duquel sont descendus les Rois iusques à Henry troisiesme dernier decedé) toutesfois il a esté preferé en la couronne aux filles des Rois predecedez: surquoy i'ay faict vne singuliere remarque qu'il est le dixiesme en droicte ligne dudict sainct Louys, & vingtiesme Roy apres luy.

Le masle au millieme degré exclud la fille du Roy selon l'opinion de Balde & Iason. a l.pr. de suc. edicto. b Bald.in cap.pr. de feud Mar. Iason in l. certum C. vnde leg.

Prophetie des Iurisc. touchant Henry Roy à present regnant auec vne speciale remarque.

Il y a eu d'autres loix anciénes des François, desquelles nous auōs aprins quelque cognoissance

sance (comme Monsieur du Tillet recite en vn chapitre qu'il en a faict a part) l'vne nommée Ripuaire tiree des Allemãs de Bauieres approchante à la Salique: ie croy ainsi dicte à cause des riuages des fleuues de Rhin & Donau, où elle fut faicte, l'autre appellée Gombette, du legislateur Gondebault Roy des Bourguignons, tirant aussi vn petit à ladite loy Salique: mais beaucoup plus à la Romaine, tout ainsi que faict pour le iourd'huy la loy, par laquelle la Bourgongne est regie & gouuernée.

Autres loix anciēnes des François: Ripuaire, & Gombette.

DE PHARAMOND, premier ROY des Francs Gaulois.

CHAP. III.

AINSI Pharamõd fut le premier Roy de France, que l'on appelle Occidentale ou Gaule, fils du Duc Marcomir. Et l'an de nostre salut 419. ou 20. il fut couronné Roy en la ville de Vuitzbourg en Frãconie, qui est iustement le centre de l'Allemagne, appellée en Latin Herbipolis ou Oenopolis, pource qu'elle est plus abondante en vin qu'en herbes selon Munster.

Pharamõd couronné Roy des Frãcs Gaulois à Vuitzbourg en Franconie.

Ce Roy estoit Payen: car en ce temps le peuple François communement n'auoit receu la foy de Iesus Christ, & adoroit les Idoles. La façon de couronner les Rois (comm'il fut) estoit telle: qu'ayans la voix de tous, il estoit esleué

Façon ancienne de couronner les Rois.

par ses Barons sur vn pauois, & monstré au peuple, & ainsi porté trois tours enuiron le grand autel du temple. Puis proclamé Roy, honoré, & adoré de toute l'armée & du peuple, pour la conseruation duquel l'on faisoit iournellemēt sacrifices aux Dieux. Laquelle forme, aduenant le Christianisme, fut abrogée.

Pharamōd s'addōne à policer son Royaume & constituer bonnes loix.

Il s'adonna à la police & iustice, plus qu'à la guerre pour donner fondement à son regne, & moyen au peuple de reprendre cœur, & se releuer des guerres & pertes passées, demeurāt la plus part du temps en Germanie & France Orientale. L'an troisiesme de son regne affin de reduire son peuple farouche & barbare à certaines meurs plus douces & humaines, appellez plusieurs grāds Seigneurs du Royaume, voulut par meure deliberation establir de nouuelles loix & ordonnances : car les vieilles constitutions, ou n'estoient plus en vsage, ou estoient deuenues en oubly & mespris : pourquoy il fut besoin, ou par correction les changer, ou par nouuelles les oster. Et entre autres fut faicte la loy Salique, de laquelle nous auons cy deuant parlé, combien qu'aucuns l'attribuent non à Pharamond, mais à Clouis.

Qualitez & conditiōs de Pharamond.

Quant à ses qualitez & conditions, elles ont esté memorables & vertueuses. Car il fut tresvaillant, hardy & preux cheualier tant de corps que d'esprit, bon legislateur, sage & bien aduisé en conseil: tellement que l'on peut dire les armes & les loix, auoir fleury durant son regne, comme du temps de Iustiniā l'Empereur.

Il a

DES FRANÇOIS. *Liu.v. Ch. iij.* 92

Il a esté, comme le premier, aussi le plus grād Roy de la France Occidentale, n'estant obligé ny asseruisé à aucun tribut enuers les nations estranges, jaçoit que l'on tienne que parauant luy les François auoient payé tribut aux Romains, mesmes au temps de Valent & Valentinian Empereurs. Mais Albert Crants grand historiographe (qui n'est autrement trop affectionné aux François) tient qu'ils ont esté tousiours francs & exemps de tribut, tout ainsi que le nom propre le demonstre: & est pour tel recogneu auioud'huy enuers toutes natiós, comme nous l'auons traicté au premier liure sur le iiij. chapitre des François. De sorte que pour leur grand renom, franchise & hardiesse, tous ceux qui veulent auoir credit & faueur en Turquie & és nations Payennes, se font appeller francs, autrement ils seroient mis & reduits en seruitude & à la cadene, comme esclaues.

Pharamōd n'a esté tributaire ny asseruisé à personne.

François francs & libres.

I'ay trouué dans vn vieux liure manuscript (que ie tiés pour chose fort rare, traictāt de plusieurs ordres & suites, d'Empereurs, Rois, Ducs, Pontifes, Euesques, & grands Seigneurs, qui ont esté au mōde iusques à l'an de grace 1320.) que Pharamōd ordonna à tous ses gens de porter longue cheuelure, pour & à celle fin d'estre recognous d'auec les Gaulois, ausquels Iules Cesar premier Empereur, auoit enjoinct raser les cheueux en signe de seruitude. Et a esté c'este ordonnance depuis, cōmne aux Gaulois, & obseruée iusques au temps de maistre Pierre

Ordonnance de porter grands cheueux.

N 4

Lombard grād Theologien, qui la fit abroger. Pour le regard des armes il fit de tres-beaux exploits, Guerroyant des le commencement de son regne les *Coloniens*, appellez en Latin, *Vbij*, qui sont deça le Rhin, lesquels il contraignit finablement se rendre soubs sa domination. Puis eut de grandes victoires contre ceux qui habitoient le long de la mer à l'emboucheure du Rhin, qu'il assubiectit pareillement à soy. Vray que ses successeurs Clodion & Merouée dilaterent encores mieux le Royaume, comm'il sera dict apres: mais cestuy-cy leur auoit donné vn beau pourtraict ou crayō, sur lequel il est facile à vn homme d'esprit adiouster & appliquer les viues couleurs. En son tēps les Vandales, Alains, & Suedes vsurperēt l'Espagne qu'ils diuiserēt en trois Royaumes, & peu apres pour le discord suruenāt entre eux, ils les perdirent.

Sur ce propos, est à noter ǭ lesdites trois natiōs, ēseble les Gots, Lōbards, Normās sōt de mesme source & origine, sçauoir des Isles Scāzienes, où maintenāt est *Gotthie*, appellée en leur lāgue *Gottlād*, & depuis ont esté diuisez en plusieurs parties selō la multiplicatiō & separatiō du peuple aduenuë par diuerses occurrences.

L'an troisiesme du regne de Pharamond, le bō & deuot S. Ierosme prestre de grād valeur, apres auoir par l'espace 56. ans escrit & paracheué plusieurs beaux liures, fut surprins d'vne asmatique passiō si estrangemēt, & la poictrine si enfōcée & rōpue, à cause de la grād lecture, qu'il ne se pouuoit leuer du lict, sinon tenant par

Cōquestes & victoires insignes de Pharamōd.

Facile d'imiter & suiure vn beau pourtraict.

Plusieurs natiōs sont venues des Isles Scanziennes, c'est à dire, de Gotthie.

Mort estrāge de S. Ierome grād docteur en la loy Chrestienne.

par les bras vne corde attachée au trabs. Et mourut à Bethleé de Iudée, le dernier de Septembre, l'an 98. de son aage: auquel iour les Chrestiens en font la festiuité & commemoration, & certes meritoirement pour auoir esté l'vn des plus braues & excellens seruiteurs de Iesus Christ qui fut iamais.

Es années de nostre salut 423. & 24. & du regne de Pharamond 4. & 5. les Anglois qu'on appelloit de la grand Bretagne, furent fort trauaillez par les Escossois & Poiteuins: mais ne pouuans resister à leur puissance, demanderent secours à Honorius Empereur des Romains, se mettans en leur subiection. Les Romains chasserent les ennemis de leur païs, & baillerent le Royaume à gouuerner à vn moine, Duc de Cornouaille nommé Constans. Toutesfois apres le departement des Romains, lesdits ennemis se remirent sus, tuerent le Roy, & chasserent ses freres, Ambroise & Vterpedragon, lesquels s'enfuirent pardeuers le Roy de la petite Bretagne, appellée *Armorique*: qui estoit lors separée, comme elle est auiourd'huy quãt à la domination, de la grande, combien qu'autre-fois n'estoit qu'vne mesme nation. Ce Roy estoit leur parent, & se nommoit Budic, qui les fit cheualiers, & les entretint par long espace de temps: mais ie n'en diray pas d'auantage, ores qu'à present l'Armorique soit des appendices de la France, parce que seroit faire vne trop grande digression de nostre histoire.

Pour retourner à Pharamond, apres qu'il

Guerre entre les Anglois & Escossois.

La grand Bretagne appellée Angleterre separée, quant à la dominatiõ de la petite.

Trespas du Roy Pharamond.

eut fait quelques courses en Gaule, il repassa le Rhin, & se tint tousiours depuis en Germanie, ou France Orientale, en laquelle il regna par l'espace d'onze ans, & mourut l'an de grace 430. non sans grand plainte & douleur des siens. Les autheurs modernes tiennent, qu'il ne bougea de son païs, mais enuoyant ses troupes par forme d'essay, rapporta, comme le chef, tout l'honneur & vtilité de la victoire.

DE CLODIO LE CHEuelu II. Roy des Franc-Gaulois.

CHAP. IIII.

LODIO fils de Pharamond fut son successeur au Royaume de France, l'an 430. Il fut surnommé Cheuelu, tant à cause de sa longue cheuelure, qu'aussi par tout le corps estoit velu: ou parce qu'il fit la loy, par laquelle n'estoit loisible à autres qu'aux Roys & Princes du sang de France nourrir longs cheueux ny barbe, pour deux raisons: L'vne en signe de superiorité, l'autre, parce que les hómes estans ordinairement occupez à la guerre, cela leur pouuoit donner beaucoup d'empeschement: combien que Pline appelle nostre Gaule cheueluë,

La loy des longs cheueux pour respect des Roys & Princes du sang.

Pline au 4 liure de son hist.

pour

pource que l'on y portoit de longs cheueux, mais c'estoit auparauant ledit temps. Aucuns veulent dire, qu'il fit premier porter longue cheuelure aux François en signe de liberté, & à fin de les discerner d'auec les Romains.

Doncques les cheueux des Princes estoient comme ceux des espousées par derriere, & au deuant troussez, peignez, oingts, parfumez, & gallonnez, tout ainsi qu'on les voit en quelques vieilles figures és portaux des Eglises: Sçauoir de sainct Denis en France, & sainct Germain des prez à Paris. Cela est confirmé par plusieurs exemples en la Chronique de Haillan, où il est dict, que ceste cheuelure longue a duré depuis, iusques à Pierre Lombard, à l'instance duquel elle fut delaissée. Autres dient qu'elle cessa par le commencement de la race de Pepin. A ceste occasion, on appelloit anciennement les François par mocquerie, *Roix de soye*: laquelle loy estoit plustost d'ornement que de police. Toutesfois il n'en manque qui tiennent ladicte loy auoir prins son origine au temps de Pharamond.

Forme de la longue cheuelure, & iusques a quand elle dura.

Haillan sur la vie de Clodio.

Mais pour resoudre cest article, faut croire que le Roy portoit la cheuelure fort longue, & de beaucoup differente aux autres.

Touchant la longue cheuelure, l'on remarque trois actes bien memorables. Le premier, que Clotilde veufue du Roy Clouis choisit plustost la mort pour ses nepueux, enfans de Clodomir, que de les voir tondre : qui estoit vn signe de priuation d'estat, & inhabilité de
succe

succeder à la coróne. L'autre qu'il fut ainsi pratiqué sur Theodoric, lequel estant desmis de son royaume, on luy coupa les cheueux, en signe & memoire du desgradement. La tierce est, qu'à la bataille que les Bourguignons gaignerent contre Clodomir & ses freres, ayant occis Clodomir, ils cogneurent que c'estoit le Prince & chef de l'armée en ses longs cheueux.

Mais l'Abbé Trithem a vne autre opinion toute diuerse, Sçauoir, que Clodio au commécement de son regne commanda aux François de nourrir longs cheueux, pour la difference des Gaulois, contre qui ils faisoient la guerre. Et quand il vainquoit les Gaulois, leur faisoit couper les cheueux en signe de subjection : Par où est à colliger, que les François ont vaincu les Gaulois, mais non au contraire. Car iceux François par le tesmoignage d'Hunnibaut, & de tous les historiographes anciens, puis qu'ils entrerent en Germanie iusques à la mort de Clouis, qui sont enuiron 940. ans. souz la puissance de 47. que Roys, que Ducs, ont tousiours esté tres libres, & non subjects à aucune nation : comme aussi apres le temps de Clouis s'estans meslez auec les Gaulois, & faict vne mesme nation, tant eux que ceux qui sont demeurez en Germanie, c'est à dire, *France Orientale*, ont esté de mesmes.

Le Roy Clodion, comme il estoit vaillant & belliqueux, eut desir d'agrandir les bornes de son Empire : mesmes qu'il estoit assez estroitement

Actes memorables pour la recognoissance de la lōgue cheueluré. Agathias au 1. liure de la guerre des Goths.

Autre opinion de Trithem touchāt la longue cheuelure.

François ont vaincu les Gaulois, & non au cōtraire.

Clodio aggrandist sō Empire,

tement côfiné en Allemagne, qui fut cause qu'il se jetta en la terre des Thuringiés partie d'Allemagne, autrement dicte Lorreine, & la conquist, establissant son principal siege Royal en vne ville nommée Dispark: ainsi se doit entendre ce qu'est rapporté par Gregoire de Tours, disant en ces mots: *In his autem partibus: Id est, ad meridionalem plagam, &c.* c'est à dire, *En ces parties, sçauoir deuers le Midy.*

Passe en Lorreine, & habite au Chasteau de Dispark.

Greg. Turo. lib. 2. cap. 10.

En cest endroit conuient noter, que puis le temps que Francus Roy des François, selon le dire d'aucuns en l'an 37. auãt la natiuité nostre Sauueur Iesus Christ, contracta alliance auec les Doringiens, Saxons, Theutoniques, & Germains, ceste alliance a duré presque par l'espace de 430. ans iusques au deces de Marcomir occis par Valentinian, l'an 392. Apres lequel, comme *In miseria nemo amicus existit,* c'est à dire, *En affliction peu d'amis,* Ioinct que l'affaire public ne fut si sagement gouuerné en France par les Ducs que par les Roys, les susdites nations se retirerent de leur alliance. Qui fut cause premierement à Clodio, qu'il entreprint sur les Thuringiens, les gaigna & rendit tributaires aux François, d'autant que ils s'estoient departis volontairement sans aucune occasion de leur confederation, comme aussi le semblable aduint par apres aux Saxons & Germains.

Cause de la guerre de Clodio contre les Thuringiens.

Translaitõ de France Germanique en France Gallique.

Cela faict, & ayãt passé les riuieres de Rhin & de Meuse, transfera la France Germanique en la France Gallique, & comme l'on dict en Latin

Latin ancien: *Galliam comatam in togatam transtulit*: il tourna toutes ses forces encôtre les Gaules, où en passant gasta le païs des Tongres, & le mit tout en sa subjection iusques à la riuiere appellée, *Tabe*: y seiourna par quelque temps en signe de domination.

Clodion premier passa en Gaule pour y faire seiour.

A raison dequoy il est reputé le premier des François qui passa le Rhin en Gaule (s'entend pour y faire quelque long seiour, mais non pour y demeurer entierement, comme il sera dict cy apres.) Et l'onziesme an de son regne, depescha dudit chasteau de Dispark certains espions pour aller recognoistre l'estat de la ville de Cambray & païs circonuoisin. Ils rapporterent la region estre tres-abondante & terre fertile, la situation plaisante, les gens sans armes, craintifs & imbelles, les villes

Conqueste de Cãbray & Tournay, & pays circõnoysins.

mal garnies de soldats Romains, qui pour lors leur commandoient. Cela entendu, luy, qui n'auoit rien plus à cœur que d'augmenter la gloire & nom des François, assembla grand ost, & passant la riuiere de Tabe en Gaule, assiegea & print Cambray, tuant tous les Romains qui estoient dedans, non sans plusieurs victoires qu'il eut à l'encontre desdits Romains. S'empara de tout le païs circõuoisin, & de la forest Charbonniere. Delà auec vne grande diligence alla à Tournay, où estoit grosse garnison des Romains: lesquels sortirent en bataille contre les François, mais ils furent tous desfaits, tant qu'il n'en eschappa vn pour apporter la nouuelle: print & rendit à dit à sa subjection Tournay & tous les autres païs qui sont entre le Rhin & la Mer Occeane, & aussi iusques à la Seine amplement specifiez par Trithem: puis à l'aide des Parisiens dechassa les Romains de la Gaule Belgique.

Par le temps de son regne, les Empereurs Romains s'estoient rencoignez à Constantinople, delaissée Rome aux Papes: desquels alors commença la grande puissance & authorité pour le temporel. Lesdits Empereurs tenoient encores les Gaules, mais tellement empeschez és autres affaires loingtains: mesmes en Leuant & Aphrique contre Genseric Roy des Vandales, & en Italie à cause de la querelle d'entre le Preteur Ætius, & le Comte Boniface, qu'ils n'auoient grand soing de l'Occident ny du Septentrion. L'empire Romain commençoit à decliner, & l'on en faisoit si que d'vn arbre tronché où chacun court pour en auoir du bois. Les Ostrogots auoient occupé l'Italie: Les Vvisigots l'Espagne & Guienne iusques à Loire, pour raison dequoy luy fut baillé le nom de Gascogne: Les Bourguignōs la prouince de Lyon iusques à Marseille. Ceste declinaison donna argument à Clodio joinct son naturel & esprit martial, de s'estendre du costé des Gaules pardelà le Rhin: mesmes y estant tacitement semond par les factions & intelligences que Stilico beau-pere de l'Empereur Honorius auoit auec plusieurs nations barbares, comme escrit du Haillan: remarquant que l'establissement de la Monarchie Françoise

Commencement de l'authorité des Papes quant au temporel.

Diuerses occupatiōs des Romains, baillent occasion de grandeur aux François.

Haillan en la vie de Clodio.

Françoise nasquit des troubles & ruïnes de l'Empire Romain. De l'autre costé en Gaule vers la Bourgongne estoit descēdu Sutphar Roy des Huns auec grādes forces pour les accabler: lesquels se voyans ainsi pressez, tous de commune voix & deliberation, mettans leur esperance sur le Dieu des Chrestiens, qui est IESVS CHRIST, se firent baptiser & instruire en la foy Chrestienne. Et tout soudain voicy que venant à combatre contre les Huns, peu d'entr'eux en desfit prou de mille des ennemis: arrestans par ce moyen leur grād fureur & rage, dont ils estoient pleins Certes l'on peut bien dire que ce peuple luy deuoit (comme il fit) rendre grande action de graces, à l'exemple des anciens qui erigeoient des statuës à Iupiter Victor, Feretrius, ou Stator. Mais il n'y a aucune comparaison de l'vn à l'autre, non-plus que de la fable à la verité, d'vn subject faux à l'essence de Dieu incomprehensible, & brief d'vne imagination & forme d'idée à celuy lequel par sa tres-grāde bōté s'est mōstré vray Dieu & pere des humains. A cause dequoy nous deuons estre incessamment à le prier, loüer, remercier, honorer, seruir, & reuerer, tendans toutes nos actions, cogitations, & deportemens enuers luy, disant tresbien le Sage: *Ama Deum & ipse te enutriet, Aime Dieu, & il t'esleuera.*

Grād miracle en la victoire des Bourguignons s'appuyās sur le nom de Iesus Christ cōtre les Huns.

Belle meditation sur la bōté de Dieu, & reciprocité que luy deuōs.

Quelque temps apres, les Bourguignons ne se voulans renger souz l'obeïssance des Romains: Ætius Preteur & gouuerneur en Gaule, les

Grande desfaicte des Bour-

les alla aſſaillir & deffit en bataille leur Roy auec tous les ſiens: combien que Proſper d'Aquitaine & Caſſiodore tiennent, que Gondicharius Roy des Bourguignons fut occis bien toſt apres ladite deffaicte en vne autre bataille par les Huns. *guignons par le Preteur Aetius.*

Mais pour reuenir à noſtre Clodio, apres ces heureuſes victoires, il fit deux parts de ſon Royaume: l'vne qui eſt outre le Rhin, appellé Auſtrie, ou Auſtraſie, l'autre deçà le Rhin, regardant vers l'Occident appellé Neuſtrie ou Vveſtrie. *Royaume diuiſé en deux parts bornées par le Rhin.*

Il eſpouſa Baſine fille d'Oüidelphe Roy d'Auſtraſie & de Thuringe, de laquelle il eut quatre fils: Meroüé, Auberon, Regnault, & Ranchaire: combien qu'aucuns tiennent qu'il eut ſix fils & ſept filles. Quand ſe ſentit vieil & caduc, côſtitua maiſtre de ſa Cheualerie, qu'on appelle aujourd'hui, *Conneſtable*, Meroüé, noble cheualier, deſcendu de la lignée des Troyens. Vn jour tenant ſiege deuāt la ville de Soiſſons, ſon fils aiſné deceda, dont du dueil & regret il print fieure qui le fit mourir, & fut enterré à Cambray. *Enfans de Clodio.*

Mort de Clodion.

Laiſſa ſa femme & trois enfās ſoubs la conduicte & gouuernement dudict Meroüé, lequel nonobſtant qu'en la preſence des Princes & ſeigneurs du Royaume eut iuré & promis fidelité, toutesfois (comme l'on dict, *Morta la beſtia morto il veneno*) bien toſt apres le deces du dict Clodio, il ſe fit eſlire Roy par aucuns François: ſoit comme fils que l'on diſoit ba- *Deſloyauté de Meroüé & ce qui ſuccedda apres la mort de Clodio.*

stard de Clodio, ou comme plus proche parent de la lignée des Troyés & de Pharamond, les trois derniers enfans estans grands, luy firent guerre, & reprindrent sur luy le Royaume d'Austrasie: Eurent tous tiltre & qualité de Roy chascun en sa terre, dont sont descendus ceux de Hainault, Lorreine, Brabát, & Namur.

Les Saints florissás en Gaule du temps de Clodio.

Durant le regne de Clodio estoient en Gaule florissants & fort renommez S. Germain Euesque d'Auxerre, S. Loup Euesque de Troye, S. Euchier Euesque de Lyon, & S. Hilaire Euesque d'Arles, mais entre tous S. Germain, duquel sont racomptez de grands & estranges miracles, qu'il fit tant en Gaule, Angleterre, Italie & autres nations, pour l'amour & confiance qu'il auoit fichée en son maistre qui est le Souuerain Dieu eternel.

DE MEROVE, III. ROY des Franc-Gaulois.

CHAP. V.

Meroüé Roy de France, souche des Merouingiés.

AVCVNS ont escrit, que Meroüé estoit fils de Clodio : mais ce ne fut le fils qui luy succeda, ains vn autre Meroüé (comme il est cy dessus touché) plus prochain de sa lignée, lequel est reputé souche de tous les Rois, qui luy ont succedé en droicte ligne iusqu'à Charlemagne.

gne, & ont prins le nom de Merouingiens. Qui fut l'an de grace 448. selon la supputation plus approuuée.

Icy est à noter, qu'au Royaume de France ont esté trois races de droicte ligne. La premiere des Merouingiens, qui est la dessusdicte, puis Meroüé iusques à Charlemagne. La seconde des Carlomans, puis Charlemagne fins à Huë Capet. La tierce des Capetains, puis Huë Capet iusques à present, laquelle il plaise à Dieu continuer tresbien, heureusement & longuement pour l'exaltation de son honneur & gloire, & du nom des François.

Trois races de Rois en France.

Aussi est à noter, que iusques au temps de Huë Capet tous les Rois de France ont esté esleuz par les François, qui se reseruoient ceste puissance d'eslire & dejetter leurs Rois. Car bien que les enfans ayent quelquefois succedé à leurs peres, & freres à freres, ou autres parents, ce n'a esté par droict hereditaire, ains par election, ou consentement taisible des François, qui se trouuans bien d'vn Roy, ont voulu en recompense des biens de luy receus, eslire & receuoir pour Roy son fils ou frere, comme l'on peut remarquer par le fil & discours de l'histoire Françoise.

Rois de France electifs iusques à Huë Capet, & depuis successifs.

Puis ledict Huë Capet a esté trouué meilleur & approuuée par longue coustume (qui a lieu & force de loy) la succession de pere à fils, ou autre plus prochain masle: tant à cause du patrimoine que de la generosité & majesté qui reluit & accōpagne la souueraineté du Prince.

La succession legitime meilleur au Royaume de France.

ABREGÉ DE L'ORIGINE

Etymologie du nō de Meroüé

Le nom de Meroüé est tiré (cõme a tresbien dict monsieur du Tillet premier liure des memoires) par composition du mot Allemand *Meyer*, qui vaut à dire, *Preuost ou Lieutenant, & de Ovich, homme excellent.* Car la plus grand part des mots François de present sont descendus du vieux François ou de l'Allemand. Aussi à la verité, il a esté si braue & excellent, tant par le moyen de sa vaillance que par succés de fortune, qu'il n'a iamais peu estre dechassé de son Empire par les Romains comme ses predecesseurs: d'autant que iceux Romains estoient si affoiblis & harassez de tous costez, qu'ils furent contraints demander secours aux François, Bourguignons, & Vuissigoths contre Attila Roys des Huns, ainsi qu'il sera dict cy apres.

Meroüé hardy & victorieux: premier qui tint siege Royal permanent en Gaule.

Ce Roy fut fort hardy & proffitable aux François, amplifia le Royaume, chassa, vainquit, & occit vn nombre infiny de Romains. Aucuns tiennent, qu'il fut le premier Roy, qui constitua son siege & demeure en Gaule: combien que l'on voit, parce qui a esté dict cy dessus, que les autres y auoient esté auparauant luy. Mais pour accorder ce different, ie dirois que c'est le premier qui a constitué le siege Royal ferme permanent, & arresté en Gaule. De son temps (comme dict Hunnebault ancien Chronographe) principalement apres la mort, d'Aetius, les François meslez auec les Gaulois prindrent alliance auec eux, & eurent enfans: lesquels apprindrent les meurs & langue des

François prenent alliāce auec les Gaulois

gue des deux nations, sont ainsi demeurez ensemble pesle mesle, & confondus suis à present.

& leur demeure le nom cóme estans les plus genereux.

Toutesfois le nom de Gaule se changea en France par commun langage, d'autant que les François estoient plus excellens & victorieux, ainsi que l'on voit les enfans tenir le nom du masculin plus genereux & non du feminin.

L'an viij. de son regne, il y eut de grands tremblemens de terre presque continuels, & beaucoup de signes horribles au ciel. Certain iour sur la nuict apparut vne rougeur en l'air deuers Aquilon, comme de feu entremeslé parmy le rouge de lignes claires en formes d'haches de guerre: vne eclypse de Lune & grande & espouuentable comete, qui denoterent le mal peu de temps apres aduenant.

Grands signes & presages de mal futur.

Aussi il auoit esté long temps auant preueu par Seruatius Tungrésis en esprit de Dieu aduerty de S. Pierre à Rome, qui fut cause, que quittant son Eglise, il se retira en l'Eglise de Triecht, où il auoit transferé le siege.

Car l'année suiuante, qui fut l'an 453. & sellon aucuns 449. Attila Roy des Huns, à present appellez Hongres, Vvalamir Roy des Ostrogoths, Ardaric Roy des Gepides, & autres gens deuers Aquilon ou Orient, par commune deliberation sortans des cósins de Hongrie vindrent deuers les Gaules & Empire Occidental, pour les mettre en leur obeyssance. C'est Attila se faisoit surnommer *fleau de Dieu*: nom à luy conuenable. Car apres auoir tué par

Armée de Rois Orientaux contre les Occidétaux.

Attila pro premier surnommée fleau de Dieu.

ABREGÉ DE L'ORIGINE

fraude son frere le Roy Bleda, deuint si cruel qu'il s'imagina & efforça de ruiner & perdre tout le monde. De faict il se coula tellement auec cinq cens mil combatans en la France, où ez Gaules, qu'il ne laissa aucune cité, ville, ny chasteau exempts de sa fureur, rage, & cruauté, passa sur le ventre de l'armée des Bourguignons, où eut grand carnage, & leur Roy Gondaric tué, & brief acquit plusieurs grandes & insignes victoires, ruina & gasta beaucoup de villes, còme Treues, Mets, Strasbourg, Rheins, & autres.

Degast & victoire d'Attila.

Mais en passant, est à remarquer (à cause de la permission diuine) la preseruation miraculeuse de trois citez qui fut en ce temps la, deux par le moyen de deux bons saincts Euesques, & la tierce d'vn bon & venerable Pape, que ie traicteray icy briefuement.

Miraculeuse preseruatiõ de trois citez de la fureur d'Attila.

La premiere fut la belle & iolie cité de Troyes en Champagne, que l'on tient auoir tiré son nom de Troye la grand, combien qu'elles s'appellent diuersement en Latin: l'vne *Treca*, & l'autre *Troia*, & Iule Cesar n'en fait aucune mention. Estant donc Attila deuant ceste ville pour en faire autant qu'aux autres, comparut deuant luy Sainct Loup Euesque, par le doux & gracieux parler duquel il fut si bien addoucy (ainsi que le cruel & barbare soldat par l'eloquence de Marc Antoine grand orateur) qu'il passa auec son armée au millieu de la ville sans y faire aucun mal.

Troye en Champagne deliurée par S. Loup Euesque.

La seconde est la cité d'Orleans en Beausse qui

qui est vne des plus nobles & assise au cœur de la France, estant de mesmes assiegée par Attila, & sur le poinct de se rendre, le bon sainct Aignan Euesque les encouragea & asseura d'vn secours prompt & inesperé: luy entendant de par Dieu, & eux des Romains. Aussi il ne fut trompé, comme ne sont ceux qui mettent tout leur espoir en luy. Les ennemis voulans donner l'assaut, il apperceut de loin vne grande poussiere, qui le fit escrier de plus fort: *Bon courage.* C'estoit Thierry Roy des Vvissigots & Seigneur de la Guienne, lequel vint à propos secourir les assiegez, & fit quiter le siege, craignant l'heureux succez & aduancement des affaires d'Attila. Ainsi souuent les Princes prestent secours à leurs voisins, non par amitié, mais par crainte de leur dommage.

Orleans deliurée par S. Aignan Euesque.

Or ne laissant Attila de courir & rauager les Gaules, parce que Meroüé n'estoit assez fort pour l'attaquer, suruint le vaillant & sage Aetius Preteur Romain, allié & confederé des Gaulois accompagné dudict Roy Thierry, lesquels ioints ensemble auec Meroüé pres la ville de Chaalons sur Marne, fut bataille donnée contre Attila: qui finablement ayant failly à vaincre, se tint pour vaincu & vsa de retraicte, partie à la faueur de la nuict suruenuë, partie à cause du prudent conseil d'Aetius qu'il bailla aux François & Vvissigots de ne le poursuiure: mais ce ne fut tant pour amour d'eux, que pour soy, de crainte que leur prospe-

Cruelle bataille pres Chaalons en Champagne, où Attila fut vaincu.

re fortune ne tournat au preiudice des Romains. En ceste bataille moururent cent quatre vingts mil hommes de part & d'autre: aucuns dient trois cens mil, entre lesquels furent trouuez les Rois Meroüé & Thierry, & certes ce fut la plus cruelle & sanguinaire qui fut iamais.

Attila par le moyen du relasche qu'on luy bailla, & departement d'Aetius, reprint cœur, & rassembla ses gens en vne forte & puissante armée: deliberé plus que deuant de destruire l'Italie & les Gaules: à ceste occasion, l'année suyuante vint en Italie, print, rauagea & pilla toutes les citez, villes & bourgades qu'il r'encontra.

Rome deliurée par le Pape Leon des mains d'Attila. Estant deuant Rome, le Pape Leon se presenta à luy vestu d'habits Pontificaux accompagné d'aucuns de son Clergé, le priant & coniurant non seulement pour le salut de la ville, & du peuple, mais que delaissant l'Italie, il s'en retournast. A quoy Attila s'accorda, & interrogé des siens, respondit qu'il n'auoit tant eu crainte de luy, que d'vn venerable vieillard qui le costoyoit (c'estoit Sainct Pierre) lequel auec l'espee desgainée luy menaçoit la mort, s'il tourmentoit le Pape, où ne luy accordoit sa requeste.

Mort d'Attila, & ses presages. Parquoy il se retira de là, & puis reuint en Gaule, où peu apres ayant trop banquetté à nopces fut surprins d'apoplexie & mourut soudainement. Aucuns dient que Dieu apparut en songe à l'Empereur Martian, qui luy monstra l'arc d'Attila rompu. Ce qui ne fut vain, car par ceste maladie le sang luy sortant des narilles fut suffoqué dans son lict.

L'an

L'an 11. du regne de Meroué, & de la natiuité nostre Seigneur 457. Auit fut creé Empereur de Rome apres le deces de Valentinian, combien que l'on trouue, que ce fut Martian. Mais pour accorder tout cela, faut dire que cestuy commandoit delà les monts, & cestuy deçà, ou bien l'vn en Orient, & l'autre en Occident, comme il s'est veu plusieurs Empereurs en mesme temps & en diuers païs.

Plusieurs Empereurs en mesme temps & diuers pays.

C'est Auit (que Nicolas Gilles appelle Lucius & ne s'accorde du temps, mais mal à propos n'ayant bien leu l'Abbé Trithem) tenoit son siege principal à Treues sur Moselle, ville tres-belle & antique : que l'on dit auoir esté fondée par Treber, fils de Nine, Roy des Assyriens estant fuitif à cause de Semiramis sa marastre, laquelle il nomma de son nom, vne lettre changée.

Treues & sa fondation.

Auquel temps, estoit audit lieu comme lieutenant general ou principal de la ville vn nómé Lucius, Senateur qui auoit vne tres-belle femme, de laquelle l'Empereur deuint amoureux. Pour jouïr d'elle, faignit le malade, & que les Medecins luy conseilloient pour recouurer santé qu'il se resiouïst, deuisast auec compagnie. A ces fins fit semondre les femmes des Nobles chacune à son tour. Et autour de celle de Lucius, il fit tant qu'il la rognent: La femme sans dire mot, retourne à son mary. Le lendemain Auit sortant du lict tout gaillard, rencontrant Luce luy dist: *Tu as de beaux baings, mais tu laues à froid.* Entendant l'eau de

Facetie d'Auit Empereur pour ses filletez.

ABREGÉ DE L'ORIGINE

sa femme, qui estoit froide & aspre outre nature. Luce entendant cela, se fascha en soy-mesme, & ne dist mot : mais enuoya secrettement aux François dire, qu'il leur rendroit la ville, pourueu qu'ils vinssent promptement. Ce qu'ils firent encores plus volontiers : mesmes estant records de la grand desfaicte qu'ils auoient receuë en la forest Charbonniere du temps de leur Duc Dagobert par Nanne & Quintin Princes de ladite ville. Parquoy y allerent allegrement : la prindrent & saccagerent, & meirent souz leur obeïssance, où elle a demeuré depuis.

Adultere de l'Empereur, cause de perdre la ville de Treues.

Sur ce poinct est à noter, suiuant le dire de Nicolas Vignier, que les François sont venus en Gaule par plusieurs & diuerses fois : alleguant à ce propos les passages de Prosper & Renatus Frederidus, duquel Gregoire de Tours s'est seruy en plusieurs endroicts, & entre autres en ces mots prins de Frederidus : *Treuirorum ciuitas à Francis direpta, incensáque secunda irruptione.* C'est à dire, *La cité de Treues prinse, pillé & bruslée par la seconde inuasion des François.*

François descendus en Gaule par plusieurs & diuerses fois.

Mais principalement ie trouue qu'au temps de Diocletian & Maximian Empereurs, ils sont descendus en Gaule passant le grand fleuue du Rhin, & ont habité par la concession des Romains rieres les terres des Treuois & Neruiens, comme le tesmoigne ce tres-docte coryphée de nostre téps, non seulement en Iurisprudence, mais en l'histoire monsieur Alciat par

Premiere entrée des François en Gaule.

Alciat.li. 2. de Disp. cap. 22.

par authoritez de Mamertin, Ausone, & Ammian.

Depuis est aduenu, que les Romains estans decheuz de credit (mesmes la ville de Rome occupée par les Goths) les garnisons Romaines assises sur ledit fleuue du Rhin pour empescher le passage des François, s'accorderent auec eux, en sorte que le païs des Gaules pour lors detenu par les Romains leur demeureroit, & le surplus seroit aux François par droict de guerre. Doncques les François prenant ceste occasion, par force se sont faits maistres d'vne partie de la Gaule, qu'ils ont appellée France, comme a escrit Procope. *Capitulation des Romains auec les François touchant la possessiõ des Gaules.*

De là est venuë la distinction (selon mon aduis & celuy de mondit Sieur Alciat, auec lequel i'ayme mieux faillir que parler mal à propos auec les autres:) des païs qui sont en François appellez *Coustumier & du droict escrit*: Autrement, *Languedouy & Languedoc*. Car les païs qui estoient demeurez aux Romains en Gaule, furent obeyssants aux Romains & à leurs loix, iusqu'à ce que par longue succession de temps, les Roys de France les ont affranchis de leur joug & domination : mais non de leurs loix & maniere de viure, qu'ils ont tousiours retenu, non par obligation naturelle, mais cõme les trouuans de longue main sainctes & agreables. *Vraye distinction des pays de la Gaule ou France Gauloise. Pays de droict escrit.*

Les autres païs des Gaules qui n'auoient iamais senty le joug des Romains, mais furent vaillamment conquestez par lesdits François *Pays coustumier.*
(lors

ABREGÉ DE L'ORIGINE

(lors qu'en passant le Rhin auec toute leur gent ils leur baillerent le nom de France) ont esté tousiours ennemis iurez des Romains, & n'ont recogneu autres loix que celles qu'ils auoient de tout temps peculieres & vsitées.

Or s'estans les Roys de Frãce rẽdus maistres desdites deux sortes de païs, n'ont rien voulu changer ny alterer quant à leurs loix & façons de viure particulieres, combien qu'ils se soient reseruez (comme la raison veut) l'authorité & puissance d'ordõner & establir des loix qui leur sembloient propices & commodes pour la paix, vnion, concorde, entretenement & augmentation de l'estat vniuersel du royaume.

Conciliatiõ & accord d'opinions touchant les loix desdits pays.

En ce regne de Meroué, est fort notable la forme & maniere qu'il a tenu à l'endroict du païs des Gaules. Il s'aduança premierement en Gaule, & estendit sa seigneurie depuis le Rhin iusques à Loire: Se rendant de peu à peu maistre des citez de Sens, Paris, & Orleãs, polissoit les François & Gaulois ensemble: mais non si absolument, que le nom & loy des Romains n'eussent lieu. D'autant qu'il ne vouloit en ceste fondation de principauté irriter les chefs de l'Empire, ains s'agrandir auec douceur, & gaigner le cœur des Gaulois sans armes. Ce qu'il fit, & appella ce Royaume France, parce qu'ils se faschoient des deportemens des Romains: & voyoient bien qu'ils ne les pouuoient garentir des courses estrangeres. Ainsi le tient Belle-Forest sur la vie de Meroué. Depuis il s'aduança plus loing par delà

Belle forme & cõmancemẽt d'establir vne principauté.

de là la riuiere de Loire, mais non auec telle domination & authorité qu'à eu le Roy Clouis son successeur.

Reuenans maintenant à nostre premier propos, souz le temps de Meroué, la puissance des François accreut peu à peu, & fut grandement estenduë par la Gaule. Et faut remarquer specialement, que tant les François Occidentaux, c'est à dire, ceux qui de premier abord vindrent en Holande à l'embouchure du Rhin, (comme nous auons dict cy dessus) desquels les Roys, Ducs, ou Princes ont tenu durant 870. ans leur siege principal à Neopage, Dispark, & autres lieux, que aussi les Orientaux qui estoient demeurez en Franconie, commancerent deslors à changer leurs colonies ou habitation, & les transporterent en Gaule. Ne cessans iamais de guerroyer (comme gens y naturellement enclins) qu'ils ne fussent venuz au dessus de leur entreprinse, & soy renduz maistres non seulement de la Gaule, mais aussi de l'Italie & Allemagne, ainsi que nous auons desja touché cy dessus.

En ce tēps les François Occidentaux & Orientaux chāgent de colonie, & viennent en Gaule.

Par ainsi l'on peut dire par verité, que le Royaume de France qui n'estoit rien de son commancement, s'est en apres augmenté en infinité par leurs haut-faicts d'armes, vaillance, & courage qu'ils ont monstré par tout le monde l'espace de 900. ans. De sorte qu'apres auoir esté tout rassemblé & faict de plusieurs vn seul, il s'est rendu le premier de l'Europe : comme il est assez verifié par le tesmoignage

Royaume de France premier d'Europe.

ABREGÉ DE L'ORIGINE

Grand souhait de Maximilian Empereur.

gnage mesmes de l'Empereur Maximilian, lequel par le recit de Philippe de Commines, faisoit souhait d'estre Dieu, & que son premier fils fust Roy de France.

Au temps de ce Roy nasquit le benoist sainct Remy, le nom & gloire duquel auoient esté predits par Montanus le moyne, comme d'vn grand sainct homme. De faict, dés qu'il nasquit, Montan pour la confiance de sa saincteté, parce qu'il estoit aueugle, se fit oindre les yeux, par le laict de Cilinia sa mere, & ainsi recouura la veuë, comme recite Sigisbert.

Miracle de S. Remy par le laict de sa mere.

L'heresie Arrienne, niant l'egalité de la Trinité suiuant la foy que nous tenons, pulluloit fort en Gaule. Et comme Dieu ne laisse iamais les siens despourueuz de secours au besoin, suruint vn miracle en l'Eglise de Bazas, païs de Gascongne pour cõfirmer nostre creance. C'est, apres que la ville fut deliurée du siege des Huns, l'Euesque pour rendre graces à Dieu, celebra Messe Jeuant tout le peuple. Pendant ce, cheurent sur l'autel comme d'vne chambre au dessus trois gouttes d'eau pareilles en grosseur & grandeur plus claires que cristal, lesquelles puis conjoinctes & aglutinées ensemble firent vne belle perle, qui fut mise au milieu de la croix estant sur l'autel, dorée & semée de perles. A l'instant toutes les autres perles tomberent, & ceste seule demeura, qui guerissoit les malades. Elle auoit vne autre proprieté, c'est qu'aux personnes de bien apparoissoit claire, & aux meschans obscure.

Grand miracle en l'Eglise de Bazas pour confirmation de la S. Trinité.

Cc

Ce qui augmenta grandement la deuotion.

Meroué donc mourut, comme il a esté predict, en la bataille contre Attila, combatant vaillamment pour l'honneur de sa patrie: De laquelle & de tous il fut fort regretté, ayant esté Prince gaillard, puissant, courageux, & pareillement bon iusticier. Toutesfois Trithem dict, qu'il mourut de maladie. Et selon aucuns il regna dix, selon les autres douze ans.

Mort de Meroué.

DE CHILDERIC. IIII.
Roy des Franc-Gaulois.

CHAPITRE VI.

ESTANT Meroué decedé l'an de nostre salut 458. Childeric son fils luy succeda au royaume, mais non en vaillance & hauts faicts d'armes. Car se trouuant au commencement de son regne ieune & gaillard (joinct la licence que la superiorité baille) s'adonna à insolence de viure, lubricité, & paillardise: & abusoit, mesme par force, des femmes & filles des nobles, bourgeois, marchands, & autres, qui luy plaisoient, sans considerer qu'il estoit en païs de nouuelle conqueste: en quoy employoit tout son temps & cheuance, & pour y fournir, leuoit grandes tailles, emprunts, & tributs sur son peuple, ne pouruoyant ce pendant

Conditiõs & qualitez de Childeric.

dant aux affaires du royaume.

Qui fut cause qu'il vint en haine de tous les Estats, principalement des Nobles: lesquels (apres qu'il eut regné enuiron trois ans) en ayant tenu conseil entr'eux, auoient deliberé de le prendre, mettre en tutele, & destituer de sa charge, & punir ses mauuais conseillers. Ce qu'entendant, print conseil de Vidomare, autrement appellé Guinemaud, vn grand Baron du royaume, de bon esprit, & son amy, de ceder au courroux des François, & se retirer au païs de Thuringe, qui est Lorreine, vers le Roy Hisinou Basin. Guinemaud à son partement luy donna la moitié d'vn anneau d'or qu'il auoit diuisé en deux en sa presence, & garda l'autre moitié: Disant, lors qu'il verroit le temps propice, il luy enuoyeroit ladite moitié pour signal, qu'il pourroit asseurément reuenir en France. Proposant, que la gent des François assez austere, bouillante, & inconstante n'arresteroit guiere sans se repentir du faict.

Cause de la suitte de Childerie & cõseil de Guinemaud.

Sur le poinct est à remarquer vne belle sentence de Belle-forest en la vie de Childeric: Que c'est vn exemple aux Roix qu'ils ne facent rien de mal seant, & garder les loix. Car dés que la fureur saisit le cœur des subjects, & desir de vengeance iustement conceuë les espoinçonne, il n'y a loy qui ne soit violée, ny si grãde authorité qui ne soit mesprisée & foulée.

Bel exemple aux Rois qu'ils ne facent rien de mal seãt, & gardẽt les loix. Le sang coula par le milieu de Tholose.

L'an 461, à Tholose ville & cité des Gaules le sang coula en grande abondance par le milieu

lieu de la ville: ce que les Gotths prindrent pour mauuais augure, à leur regard, comm' aussi leur escheut' vn grand infortune, qui sera representé cy apres.

Apres le departement de Childeric les François esleurent pour leur Roy, Gillon, que les Romains soubs Maiorianus Empereur auoient enuoyé a Soissõs pour y estre gouuerneur souz leur authorité, lequel Gillon regna neuf ans, & faisoit tout par le conseil dudict Guinemaud, qui s'estoit glissé par faintise & accortemẽt en son seruice pour mieux paruenir à ses desseins.

Gillon gouuerneur pour les Romains regna neuf ans sur les François.

Par son conseil doncques, Gillon commença à mal traicter & rudoyer les François (lequel conseil tendoit a le rendre odieux aux François, & les induire a rappeller leur ancien Roy comme leur Prince & Seigneur naturel) & fit beaucoup de cruautez iusques à faire decapiter vn des plus grands Seigneurs. Guinemaud prenant ceste occasion, commença à practiquer les François par ses ruses, eloquence, & subtil moyen: de sorte que voyant le temps a propos, enuoya à Childeric l'autre moitié de l'anneau d'or, & le fit reuenir en France, amenant auec soy Basine femme dudict Roy de Thuringe son hoste, laquelle il luy auoit rauie ingratement, pendant son exil, violant la loy d'hospitalité.

Astuce de Guinemaud pour faire rappeller Childeric.

Loy d'hospitalité violée par adultere.

Childeric estant de retour en France gaigna la bataille contre Gillon, lequel il contraignit auec grande perte des siens se retirer à Soissons, & depuis il fut bien receu des François,

Chãgemẽt de vie de Childeric par la peine de son exil.

ABREGÉ DE L'ORIGINE

& changea par la peine de son exil sa mauuaise vie precedente en bonne, sage, & loüable. Si qu'il eut plusieurs belles victoires côtre ses ennemis, conquist païs & citez, & estendit bien auant la puissance, & domination de la couronne. Paul Aemile dict qu'estant retourné en Gaule, memoratif de ce qu'il auoit esté dechassé pour sa paillardise, ne voulut s'allier en mariage auec aucuns de la noblesse dudict païs.

La Royne Basine deuineresse.

Ayant espousé ladicte Basine, elle qui estoit deuineresse ne voulut coucher auec luy le premier soir des nopces, ains luy dict qu'il allast à la porte du palais, & luy rapportat fidellement ce qu'il y auroit veu.

Vision du du Roy Childeric auec l'explicatiõ de la Royne, deuineresse.

Ce qu'il fit, & vit la premiere fois quantité de Lyons, Leopards, & Onces: la seconde, d'Ours & Loups courans l'vn contre l'autre: la troisiesme de Chats, & Chiens, & grand nombre de petites bestes, qui s'entrebattoient & deschiroient. Elle luy interpreta ainsi ceste visiõ. Que d'eux naistroient trois sortes de generations:

Trois sortes de generatiõ és Rois de France.

En la premiere seroient Rois belliqueux, & vaincueurs du monde. Les seconds seroient subiects à rapines & secretes menées, guerroyãs l'vn contre l'autre. Les troisiemes enuieux & auaricieux, qui pour leur auillissement seroient haïs du peuple, de tant que sans aucun respect ny crainte d'eux ils s'entr'occiroient, tandis que les Princes abestis & enyurez de leur aise demeureroient en leurs palais sans rien faire.

De ce mariage, & apres l'explication de la vision, celle mesme nuict fut conceu & puis nasquit

nasquit le grand Roy Clouis, qui fut Roy apres Childeric. Ils eurent aussi en apres deux filles, l'vne nommée Albeflede, ou Auflede, qui fut mariée à Thierry Roy des Ostrogots: l'autre Antielde ou Andechilde, dont n'est faicte aucune mention qu'elle fut mariée.

Enfans du Roy Childeric.

Aucuns ont interpreté autrement ceste vision: Sçauoir que par les Lyons & Licornes est entendu le susdict Roy Clouis auec ses freres: par les Loups & Ours, ses enfans, lesquels diuisans le Royaume en quatre parts, ont esforcé de se tuer les vns les autres: par les Chiés, les enfans de Thierry Roy de France, imbus par leur mere à toute meschanceté. Parquoy apres qu'ils eurent chacun d'eux tasché d'occuper le Royaume: & n'en pouuans venir à bout ils le diuiserent encor en quatre parties.

Mais puisque nous sommes sur le discours des visions & propheties, veu que cy deuant au liure second chap. ij. sur la vie de Marcomir premier Roy des Sicambres ou François en a esté ramenée vne, presageant la descente des Rois de France de l'Orient en Occident, il ne sera mal à propos d'é escrire icy autre qui semble presager encore le retour & alliance des Rois François auec leur domination iusques en Orient, laquelle prophetie m'a esté baillée par vn tres-sçauant & eloquent Seigneur Iean de Solifkoski mon grand & singulier amy, qui auoit esté secretaire du feu Roy Sigismond de Pologne, & vint en France l'an 1574. pour suiure le magnanime & vail-

Antithese de deux propheties: l'vne des ordres des Dieux, l'autre de S. Brigide rapportée par Iean de Liesthberg Allemand touchant les François.

lant Prince Henry III. Roy de France & de Pologne, auquel il sembloit la vouloir accommoder : mais ie ne diray rien si elle est de luy ou d'autre. Bien diray ie en passant, que si les anciens ont adiousté foy à la prediction & oracle des faux Dieux, l'on peut mieux croire aux propheties des Chrestiens, mesmement quand elles sont rapportées par autheurs aprouuez.

Iean de Solikoske secretaire du Roy Sigismod de Pologne grād amy & familier de l'autheur.

S'ensuit donc la prophetie de saincte Brigide Royne d'Escosse tirée des predications du Seigneur Iean de Liechtemberg Allemand, chapitres 17. & 18. lequel certes a faict de beaux recueils de propheties en son liure, que i'ay riere moy, mais par fortune en ces deux chapitre les feuillets se sont trouuez rompus, & les ay recouuert d'ailleurs.

Liure de pronostique du Seigneur Iean de Liechtēberg cha. 17. & 18.

Le lis sortira de la terre Occidentale, croistra en mille millions vers la terre de la Vierge, recouurera les choses perdues, amortira le venin par son odeur, & sera plus fort que cedre. O ieune Roy en la terre du lis, prend garde iouxte le prouerbe : *Quod noua testa capit, inueterata sapit*, C'est à dire, le mortier sent tousiours les aulx. Depeins vne belle couleur de clemence, qui est tresbien sceante aux Rois, en la table de ton cœur, laquelle iusques icy a esté rasée & non embellie. Corrige ta conscience. Aduise si tu es du bon, ou mauuais François. Car du bon François ou Gaulois, il se trouue vne vieille prophetie qui dict ainsi : Le lis s'accompagnera au grand Aigle puis l'Occident iusques en Orient, & s'esmouura contre le Lyon. Le Lyon sera destitué de secours & trompé par le lis.

Belle prophetie de S. Brigide.

DES FRANÇOIS. Liu. v. Chap vj. 107

le lis. Le lis portera son odeur iusques en Allemagne, dont son los volera sur la grande Aigle. O France, terre noble qui portes vne telle fleur, laquelle par sa seule odoration fera reuerdoyer l'arbre des long temps seché, & du feu de charité enflammera l'Aigle Orientale: volant bien hault de ses deux aisles, & reluisant aux monts Chrestiens. Cestuy est le lis odoriferant, duquel les abeilles des fideles succeront le miel d'affection, & souhait vrayement bon: Les rebelles succeront le miel de lamentation & pitié, mais cependant le lis demeurera sain & entier au champ de la Vierge. A ce lis s'aheurteront les filles du Scorpion Germanique, comme au iour de la feste solemnelle & bien chaudement pleureront. O ieune en la terre du lis, regarde qu'on ne die, mal'heur a la terre, qui a vn Roy ieune.

Et en autre lieu dict ainsi,

Là sont les playes du Royaume de France & heresies, à fin que ce Royaume ne s'orgueillisse par la louange de la Chrestienté, mais d'auantage s'humilie soubs la main puissante de Dieu.

Or pour retourner (comme d'vn sentier au grand chemin) suyuants le cours de nostre histoire, & laissants à part beaucoup d'affaires qui se sont traictez entre les Gotths, Vvissigoths, Ostrogoths, Bretons, Bourguignons, Romains, & ceux de l'Empire d'Orient, parce queles historiens en ont assez amplemēt escrit, Gillon deschassé du Royaume se retira en la ville de Soissons, & demāda l'ayde des Vvissigoths, desquels il fut esté secouru, ne fut l'em-

Vvissigoth empeschez par les Bretons de secourir Gillon deschassé.

P 3

ABREGÉ DE L'ORIGINE

peschement à eux donné par les Bretons, lesquels (selon Paul Aemile) voulants accroistre leurs limites, couroient en ce temps les païs d'Anjou, Poictou, & Angoulmois.

Victoire de Childeric contre les Allemans.

Cependant Childeric remis en la possession du Royaume, assembla vne grosse armée, qu'il mena contre les Allemands, entre l'Italie & Suisse, où sont les citez de Syon, Chur, & Vvalois, & ayant donné bataille, lesdits Allemands furét vaincus & mis soubs le tribut des François. Puis passant outre, print sur les Romains la ville d'*Agrippine* qui depuis fut nommée, *Cologne*, où il y eut grand desconfiture des Romains, en aprés Magonce, Vvormes, Speir, & Strasbourg, auec toutes les villes & chasteaux çà le Rhein, despuis Constance iusques à la grand mer, & retournant par le païs d'Artois & Picardie, il mit tout en sa puissance iusques à la riuiere de Loyre. Dequoy Sigisbert en a escrit assez confusemét, & non par temps, comme l'Abbé Trithem.

Conqueste de Childeric de plusieurs villes & païs tát en Germanie qu'en Gaule.

Par tous lesquels lieux par luy conquis & és autres d'ancienne alliance & domination, furent créés & instituez par Childeric lieutenans de Roy, appellez *Ducs & Comtes*, qui soubs luy auoient le gouuernement: sçauoir les Comtes d'vne Prouince petite, & les Ducs de plusieurs Prouinces & Comtez, ou vrayement d'vne bien grande Prouince, qui estoient accomparez aux Baillifs, Seneschaux & autres Presidens de Prouince de maintenant, & leur nom

Ducs & Côtes erigez par le Roy Childeric comme ses lieutenans par les prouinces.

nom a duré iusques au regne de Charles le simple, ou selon aucuns de Louys vnziesme. Ce que ie laisse à discourir pour auoir esté amplement deduit par noz modernes historiens. Ainsi furent establis par ledit Childeric à Cologne vn nommé Sigisbert, à Cambray Ranchaire, au païs d'Artois Caroc, à Treues Heribert, à Mets Godgisil, a Magonce Arbogast, & ainsi es autres : lesquels toutesfois, despuis Clouis son successeur fit exterminer pour crainte d'auoir compagnons en sa monarchie, ainsi que nous dirons cy apres.

En ce temps, apres la mort d'Vterpedragon Roy d'Angleterre, son fils Artus fut couronné Roy duquel Merlin le prophete a predit de grandes choses, & à la verité il a esté fort bon Prince & faict d'actes tref-genereux & Chrestiens, mesmes enuers les Ecclesiastiques, comme escriuent Sigisbert & Geoffrey de Monemunt, combien que aucuns despuis ayent adiousté de choses plus fabuleuses que veritables. *Artus Roy d'Angleterre tres-genereux & tres-chrestien.*

Les Gaules, ou la France Gauloise, produisirent en ce siecle vn nombre infiny d'excellents personnages en scauoir & saincteté de vie, qui furent quasi tous Euesques ou Pasteurs d'Eglise : tellement que, qu'il sembloit selon le dire de Paul Aemile, que les Euesches pour lors rendissent les Euesques saincts : mais le temps le portoit ainsi, à cause du commencement de la naissance de la *Multitude de saincts Euesques & pasteurs en France & leur nō.*

foy. Vignier en nomme plusieurs qui meritent d'estre cogneuz: scauoir Paulin & Prosper d'Aquitaine Euesques de Rezo en Italie, auec le Poëte Ausone de Bourdeaux, Sidonius Apollinaris Euesque d'Auuergne, Exarchius, Exuperius de Toloso, Simplicius & Auitus de Vienne, Amand de Bourdeaux, Diogenien d'Alby, Dinamius d'Angoulesme, Alitheus de Cahors, Pegasius de Perigueux, Remy de Rheims & Loup de Troyes, lequel ledit susdict Sidonius appelloit pere & Prince des Euesques Gaulois, tant pour son antiquité, qu'excellence de bonne & saincte vie.

S. Loup Euesque de Troyes appellé pere & Prince des Euesques Gaulois.

Icy ne faut obmettre vn tres grand & estrange miracle qui aduint l'an 468. à Vienne en France. Premierement vn croslement de terre fort horrible. Les Loups & bestes sauuages couroient par les champs, & iusques aux villes deuorants ceux qu'ils rencontroient, le Palais du Roy de Bourgongne y fut bruslé le iour de Pasques par le moyen du feu celeste, combien que Sigisbert le marque au temps de Clouis: à raison dequoy sainct Mammert Euesque du lieu institua les Letanies, que l'ô dit aux Rogations, & à Tours por quasi semblable accident l'on porte vne image d'vn Dragon, le tout pour la souuenance des bienfaicts de Dieu.

Estranges cas & miracles à Vienne en Frāce pour lesquels furent instituées les Rogations.

Durant ce temps aussi, florissoient en l'Eglise Chrestiéne Solmnius Euesque de Chartres, & Saluianus Euesque de Marseille, tous deux admirables. Ie premier par ses predications,

tions, & le second par ses escrits. Pareillemét aduenant vne grande famine au païs de Bourgongne vn bon Senateur nommé Ecdicius ou Felicius nourrit quatre mil pauures, qui fut cause qu'il entendit la voix de Dieu, luy promettant bonne recompense. *Grande charité de Felicius recompēsee de Dieu.*

Odoacre de nation Rugien, ou Saxon Theuthonique, ayant assemblé grande force de Suedes, Bauarois, & autres, & sorty de l'extremité de Saxonie descendit par mer en Gaule, & print par force les citez d'Orleans & Angers. Contre lequel Childeric men: son armée, donna bataille, & meit Odoacre en desroute, tua le Comte Paul, vers lequel il s'estoit refugié, & print lesdites citez. En apres faisant paix ensemble, Odoacre quitta les Gaules, & s'adonna à la conqueste de l'Italie: où les affaires luy succederent si bien auec l'ayde du Roy Childeric, qu'il rengea les Allemans, pillans l'Italie: Rencontrant Oreste Patrice au païs de Geneuois, le fit rebrousser chemin, & fuir à Pauie, laquelle il assiegea & pilla, & tua Oreste. Ce faict sans nulle contradiction, il se rendit maistre de l'Italie, & mesmes apres qu'Augustule se fut desmis de l'Empire, il l'occupa & exerça 14. ans, au bout desquels fut tué par le Roy des Goths. *Faicts & gestes d'Odoacre Saxon en Frāce, & sa desroute par Chilperic. Odoacre à l'aide de Chilperic gaigne l'Italie, & se faict Empereur.*

L'An 481. le susdit Gillon Gouuerneur pour les Romains à Soissons, mourut delaissé son successeur en ceste charge, Siagre son fils, lequel voulut pretendre droict au Royaume de

ABREGÉ DE L'ORIGINE

Mort de Gillon & du Roy Childeric. France, comme nous dirons cy bas. Et puis deceda pareillement Childeric, apres auoir regné sur les François par l'espace de 24. ou 26. ans,

DE CLOVIS V. ROY DES FRANC-GAVLOIS,
& premier Roy de France Chrestien.

CHAP. VII.

Loüange du Roy Clouis.

Clouis à faict l'entrée & promotion des François en Gaule.

CLOVIS commença à regner apres son pere Childeric, l'an de grace, 484. Il fut le premier Roy de France Chrestié: Et pource aucuns le mettent premier Roy de France, joinct qu'il est reputé le premier qui a posé les fondements d'vne vraye & solide Monarchie en France. A estendu le Royaume iusques pardelà la riuiere de Seine, Loire, & Garonne, & luy a baillé les bornes qu'il a au temps present. Quant à nous, il sera la fin de nostre histoire, tant pour estre le plus excellent de tous ses deuanciers, que les gestes & faicts durant la vie des posterieurs trop vulgaires & cogneuz. De sorte que (selon qu'il apperra cy apres par le discours

cours de son regne) on luy doit à bon droict rapporter la vraye entrée & promotion des François en Gaule. Ainsi l'a singulierement remarqué M. Nicolas Vignier en son sommaire de l'histoire de France, & M. Pasquier en son liure des Recherches: où il dict que les quatre premiers Roys par leur vaillance ont crossé, esbranlé, & affoibly l'Empire Romain, mais cestuy par sa magnanimité, l'a de tous points abatu & exterminé de la Gaule, si que iamais il n'a eu moyen de si releuer & remettre. Mais plus clairement Volfgang Laze en son liure de Migratio. Apres qu'il a parlé du progres des François au temps de l'Empereur Valentinian, & de Mellobaudes, suiuant l'authorité de Marcellin, il dict ainsi: *Depuis ce tẽps là, les François ayant asseuré leur demeure en Gaule, quand ils ont apperceu croistre iournellement tant en force que gens: & au contraire les Romains partie par guerre ciuile, partie d'estrangers & barbares, specialement contre les Huns & Goths estre fort tourmẽtez, apres auoir vaincu Gilles & Siagre Roitelets des Gaules, ils conquesterent toute la Belgique, & grãde partie de la Gaule Lyonnoise: & en mesme temps les Bourguignons d'vn costé osterent aux Romains la Gaule Narbõnoise, & partie des Sequanois, & les Goths l'Aquitaine. Les François faisants alliance auec eux d'vn commun vœu & deliberation ont combatu contre les Romains, Huns, & Allemans, iusques à tant que les susdits François tirans à soy toute la loüange & reputation de l'art militaire, & estans rendus superieurs en faict d'armes à leurs*

Miracle de Dieu sur l'establissement de la Monarchie de France.

ABREGÉ DE L'ORIGINE

compagnons, leur commancerent faire guerre, & finablement par succession de temps les ont heureusement dechassez. Qui est grand miracle de Dieu sur l'establissement de la Monarchie Françoise.

Clouis entra au gouuernement du royaume en l'aage de 21. ans, combien qu'aucuns dient de 15. & regna 30. ans: quinze ans en Paganisme, & autant en Christianisme. Estoit fort beau Prince & reluisant en plusieurs grands dons & vertus d'esprit, & entre autres tres-clement & pitoyable enuers ses subjects qu'il cherissoit non comme Roy, mais comme pere: auquel en cela l'on peut comparer le Roy Henry à present regnant.

Aage & qualitez de Clouis & comparaison au Roy Henry IIII.

Or quand il fut venu au royaume, remembrant ceux qui auoient osté le sceptre à son pere, pour le premier exploict fit guerre à Siagre fils de Gillon, que les Romains auoient substitué (comme dict est) en la mesme charge & office de son pere. Assiegea & print la cité de Soissons en dechassant Siagre (lequel s'estant retiré vers Alaric, il le fit mourir, parce que Clouis le luy demanda,) & au retour print la ville & chasteau de Melun, & en expulsa les Romains. Brief, toutes les villes, païs & prouinces de la Gaule, qui estoient souz l'obeïssance desdits Romains par le moyen de la retraicte dudit Siagre, tóberent en la puissance de Clouis, & par ainsi se trouue que puis le temps que Iules Cesar premier Empereur eut reduit les Gaules, souz la domination des Romains, iusques alors qu'ils en sont sortis y, a enuiron

Premier exploict de Clouis contre Siagre & prinse de Soissons & Melũ.

Gaules sont demouré 437. ans souz la puissance des Romains.

437.

437. ans selon la supputation de Gregoire de Tours & Iornandes.

Le Roy Clouis print à femme & espousa solemnellement Clotilde fille de Childeric, l'vn des Roys de Bourgongne, lequel Gondebaut son frere auoit faict mourir, à cause de la cotention du royaume, & noyer sa femme. Par quel moyen & artifice ce mariage fut practiqué, il est assez traicté par les historiens: comme aussi des grandes victoires & conquestes à luy aduenuës. Tellement que ie m'en tairay pour la brieueté, sinon des plus insignes & remarquables, à fin de faire entendre à chacun la renommée & celebrité du nom de Clouis n'estre arriuez sans bonne occasion. *Clouis espouse Clotilde fille d'vn Roy de Bourgongne.*

Pareillement en ce temps se firent mariages entre les Roys estranges pour s'asseurer plus leurs estats. Sçauoir Theodoric Roy d'Italie maria l'vne de ses filles à Alaric Roy des Goths Occidentaux, autrement appellez Vvisigoths, vne autre à Sigismond fils du Roy Gondebaut, & la tierce au Roy de Thuringe, luy mesme aussi espousa la sœur de Clouis. *Alliances entre Rois pour asseurer leurs estats.*

L'an neufiesme ou dixiesme de son regne, le Roy Clouis meut guerre contre les Thuringiens, tant parce qu'ils refusoient payer le tribut accoustumé aux François, qu'aussi calomnioient sa mere Basine. Et venant à leur region, il meit tout à feu & à sang, & les cōtraignit de payer ledit tribut. *Guerre cōtre les Thuringiens.*

Est aussi à noter que la Royne Clotilde, qui estoit Chrestienne, vaillante, & sage Dame,

Soing de Clotilde de Chreſtienner le Roy Cloſus ſon mary.

mettoit tout ſoing & peine à faire Chreſtiéner le Roy ſon mary, ainſi qu'elle auoit tenté & eſſayé par pluſieurs fois, l'y trouuant aucunement diſpoſé. Mais, par ce que ceſt œuure eſt vrayement de Dieu, & comme l'on dict, coup du ciel, (meſmes pour l'vtilité des François) ne ſera mal à propos toucher vn petit les occaſions qui l'amenerent à ſe Chreſtienner, &

Cauſes du plantemēt de la foy Chreſtiéne en la Gaule Frāçoiſe.

(pour le prendre de plus haut) la cauſe & origine du plantement de la foy Chreſtienne en la Gaule Françoiſe.

Premierement conuient preſuppoſer qu'ētre toutes nations les François ou Franc-Gaulois ont eu dés le commencement de leur eſtabliſſement, & fort long temps auant Ieſus Chriſt, vne ferme & aſſeurée idée & cognoiſ-

Les François ou Franc-Gaulois cognoꝰ dés leur commencemēt cognoiſſāce de Dieu.

ſance de Dieu, lequel ils croyoient immortel & cōpenſateur du bien & du mal. Ceſte foy (ſi ainſi la faut appeller ſans le Chriſtianiſme) leur auoit eſté infuſe & dictée par leurs preſtres appellez, *Druides*, parce qu'ils habitoient és foreſts, leſquels auſſi eſt vray-ſemblable l'auoir tirée des anciens Iuifs ou Hebreux: car (ſelon le dire de S. Martial diſciple de ſainct Pierre, en ſes Epiſtres) Dieu eſtant incogneu és autres nations, eſtoit adoré en Gaule, alleguant auoir trouué autels à Bourdeaux & Limoges dediez au Dieu incogneu, ēs laquelle croyance ſans rien alterer, les François auoiēt touſiours perſeueré par l'eſpace de 2000 ans.

Cela leur auoit dreſſé la premiere marche de la loy Chreſtienne, ſuiuant le dire de l'Apoſtre

poſtre S. Paul (qui l'a eſprouué en ſoy-meſmes) en l'epiſtre aux Hebreux 11. chap. *Oportet accedentem ad Deum credere, quia eſt, & quod omnibus in ſe credentibus remunerator ſit.* Celuy, dit-il, qui veut venir à la cognoiſſance de Dieu, doit premierement croire qu'il eſt, & qu'il recompenſe ceux qui croyent en luy.

Premiere marche de la loy Chreſtienne.

En outre, croyoient les François l'immortalité de l'ame, laquelle, comme dict Ciceron au liure de Senectute, les Romains bien ſages n'ont creu, ſinon tard, & auec difficulté, qui eſt vne autre ſolide & ſecõde marche pour paruenir à la doctrine Chreſtienne. Auſſi la recompenſe des bien ou mal faicts : ſi que (ſelon Valere Maxime) ils preſtoient à credit, non ſeulement pour ceſte vie, mais pour le temps de l'autre. Delà, ſuiuant la propoſition du meſme S. Paul, ne ſe perdans ny eſblouïſſans leur eſprit en des folles illations & argumens ſophiſtiques des Payens, mais tirans leur penſée tout droict par l'inſpiration & benefice du ſainct Eſprit (qui eſt le vray fil d'Ariadne en matiere de la foy & religion) iceux François par le moyen, organe, & inſtrument de ce bon ſainct Denis Areopagite, de S. Irenée, S. Martial, & infinis autres, tant contemporains des Apoſtres, que leurs ſucceſſeurs, ont receu la foy Chreſtienne, & eſté faicts Chreſtiens orthodoxes, c'eſt à dire, Catholiques : leſquels deux tiltres ils ont touſiours retenus, retiennent, & retiendront auec l'ayde de Dieu iuſques à la conſommation du monde, Dieu leur

Les François croyoient l'immortalité de l'ame anciennement.

Le ſainct Eſprit vray fil d'Ariadne en la foy & religion.

Les François par le moyen des Saincts ont eu les tiltres de Chreſtien & orthodoxe.

leur en face la grace.

Ce que dessus est si vray, & par succession de temps à tellement augmenté, que l'on peut dire veritablement auec le bien-heureux sainct Ierosme, qu'entre toutes nations & contrées du monde, la seule France n'a sceu que c'est d'heresie ou fausse doctrine: Ou s'il y en est suruenu (ainsi qu'en la terre fromentiere croist de meschantes herbes) on l'a si bien serclé, qu'elle n'a iusques icy estouffé la bonne semence, comme i'espere qu'il n'aduiendra iamais par la conduite du benoist sainct Esprit: Mesmes de nostre temps au moyen du bon ordre de nostre sainct pere le Pape Clement huitiesme, & de nostre Roy Tres-chrestien Henry quatriesme, assisté de tant de bon conseil & bien affecté enuers la religion Chrestienne & Catholique.

L'heresie & fausse doctrine n'ont prins pied en France, & du moins n'ōt preualu.

Doncques ceste saincte loy & foy de Iesus Christ s'estant de peu à peu coulée & glissée dans les esprits de ces vieux Franc-Gaulois, aduint au temps du Roy Clouis encores Payē, que la plus part tenoient du Christianisme. Entre autres Clotilde, sa femme, & des plus grands Seigneurs du royaume. L'on commença à murmurer de ce que Clouis souffroit piller & saccager les Eglises: estans en continuelle doute & perplexité, qu'il seroit mal-aisé viure en diuerse loy & creance d'auec leur Roy naturel, comme aussi le Roy en estoit de mesmes. Car il n'y a rien qui vnisse plus le cœur des subjects auec le Prince que la confor-

Causes pourquoy le Roy Clouis se fit Chrestien.

formité de religion & creance enuers Dieu: ce qui est assez demonstré par l'etymologie de Religion, *a religando*, c'est à dire, *de r'allier & reünir ensemble.*

Etymologie du mot de religiō.

Aydoit à cela, nonobstant que Clouis fust Payen, il estoit homme iuste, droict, & de sincere foy, clement, & pacifique. Qui sont les plus grandes qualitez & dons du sainct Esprit, qui attirent & retiennent en la cognoissance de la loy de Dieu: de laquelle il auoit ja dans son ame quelques petites scintilles & flammesches. De sorte qu'y estant entretenu, voire poussé, tant par la continuelle habitude & frequentation des siens, que par la verité mesmes (qui ne se peut cacher ny surmonter) & les grands miracles & effects de la diuine puissance: finablement il est paruenu au sainct giron de l'Eglise, ainsi qu'il sera dict cy apres. Vn grand presage de sa conuersion fut, quand sur la priere à luy faicte par S. Remy Euesque de Rheims, il fit rendre vn calice pillé d'vne Eglise, & vn an apres par subtil & genereux moyen occit luy mesme le soldat qui l'auoit pillé.

Clouis auoit de tres belles qualitez & flāmesches sentans du Christianisme.

Presage de la conuersiō de Clouis.

La forme de ceste conuersion fut telle: Les Allemans faisans guerre contre les Sicambriés ou Vbiens, les poursuiuoient si rudemēt, qu'ils n'auoient moyen de resister, & implorerent l'ayde des François. Ce que Clouis leur accorda volontiers, ne demandant mieux: de faict, se vint en faueur d'eux, trouuer auec vne belle armée au païs de Toul pres d'vn village,

Forme de la conuersion de Clouis.

Q

nommé *Tolbiac*. En c'est endroit s'estans donnez bataille, il y eut grand conflit de part & d'autre: mais en fin se voyant Clouis fort pressé de ses ennemis en danger de perdre ou estre tué, remettant en memoire les admonitions de sa femme (comme quelquesfois elles peuuent seruir de beaucoup, mesmes en matiere de religion à l'endroit de leurs marys) fit à part soy ceste oraison à Dieu, que i'ay mis en Latin:

Les admonitions des femmes à leurs maris, seruēt beaucoup, mesmes quant à la foy.

O Deus vxoris, victricem redde cateruam,
Syncera tandem mente litabo tibi:
Háncque tuæ faciam fidei subscribere gentem.
Credere qui nolet, vmbra vel exul erit.

Oraison de Clouis à Iesus Christ.

C'est à dire, *Sire Dieu Iesus Christ, que la Royne Clotilde croit & adore, deliure moy de ce peril, où ie suis, & donne moy victoire sur mes ennemis. Ie croiray en vostre nom, & seray desormais vostre seruiteur. Et tous ceux de mon Royaume, qui n'y voudront croire, seront occis ou exilez.*

Cela faict, il se sentit le cœur enflé de nouuelle force, cria luy mesmes, & commanda à ses gens de crier pour vn mot de bataille & exultation: *Sainct Denis mon ioye*. Ce que voyans & entēdans les siens qui estoient la plus part Chrestiens, esmeuz de nouuelle ioye pour ceste agreable changement, recommencerent de plus fort le combat: de sorte que, comme par vn miracle, les Allemans furent tous desconfits, chassez, & vaincus, deux Rois demeurans morts sur la place.

Desfaicte grāde des Allemans par Clouis.

Mais est à noter en passant que ce mot par mauuaise prononciation a esté tourné en
Mont-

Mont-joye, combien qu'il dict, Mon-Ioue, comme si Clouis vouloit dire : *Autre-fois ie n'auois autre imploration ny secours, que de Iupiter. Mais à present ie le rejecte, & appelle pour mon Ioue & ayde Iesus Christ, celuy que S. Denys a annoncé le premier en France.* Ainsi interprete vn ancien autheur nommé Hubert Thomas du Liege.

Mot de bataille Mon-joue expliqué.

Apres la victoire, les Allemans receurent la loy & joug des François, de maniere qu'ils permirent leur royaume estre reduict en prouince & Duché par le Roy Clouis, qui leur donna vn Duc ou Gouuerneur : comme il fit aux Bauariens, qui furent pareillement vaincus en ladite bataille, mais à la charge de tenir feodalement de luy : ce qui a depuis duré fort long temps, & ont payé tribut iusqu'à l'Empire d'Othon, ainsi que tient Beat Rhené commentant sur Corneille Tacite.

L'allemagne & Bauiere reduites en Duché par Clouis.

Ces nouuelles ouyes par la Royne Clotilde, elle toute contente & resjouye alla au deuant de luy, & ne cessa iamais iusqu'à ce qu'elle l'eut faict enroller Chrestien par le Baptesme. Qui aduint en l'Eglise de Rheims par les mains de sainct Remy. Et auec luy furent baptisez vne infinité de peuple enuiron 3000. louans & remercians Dieu de tant de miracles en vn coup : l'vn de la conuersion de Clouis, l'autre de la subiugation & victoire d'vne gent qui estoit des plus farouches du monde. Il y eut aussi plusieurs Barons & grands Seigneurs baptisez, mesmes le Seigneur de Montmorancy,

Baptesme du Roy Clouis auec plusieurs autres.

Seigneur de Montmorancy pourquoy est le premier Baron de France.

qui n'ayant patience d'attendre, se jetta dans les fonds de Clouis: à raison dequoy ceux de la maison de Montmorancy ont eu le nom & tiltre de premier Seigneur & Baron de Frāce.

Quant aux pompes & ceremonies du Baptesme & ce qui y aduint, ie m'en remets aux histoires qui l'ont à plain traicté. Il s'en trouue vne belle figure & description, comme aussi de la victoire contre Alaric auec ses dictons & sentences en vne chappelle que feu Noble Nicolas du Pré mon pere (qui pour lors estoit premier Escuyer du Pape, & depuis Baron & Seigneur de plusieurs places) fit bastir & construire à ses despens la premiere en l'Eglise sainct Louys de Rome, qui est l'Eglise des François, & la chapelle appellée sainct Remy: là où sont grauées nos armoiries auec de beaux ornemens & sculptures magnifiques tout à l'entour. Laquelle i'alliz visiter en mon voyage d'Italie en l'an 1594. estant bien veu & recueilly par nostredit sainct pere Pape Clemēt, & par l'Illustrissime Cardinal de Ioyeuse, & monseigneur l'Archeuesque d'Ambrun, auec infinité d'autres grands personnages, & plusieurs depédans de la cognoissance paternelle.

Chapelle bastie à S. Louys de Rome par le pere de l'autheur.

Voyage de l'Autheur en Italie auec son bō accueil des grāds.

Depuis ce temps-là, ont esté faictes beaucoup de choses pour l'honneur, gloire, & loüange de Iesus Christ, non seulement par Clouis, mais par ses successeurs, comme d'Eglises, Abbayes, prieurez, chappelles, & hospitaux construicts, fondez & dotez, tant en France, Italie, qu'en Allemagne. Entre autres iceluy Clouis

Rois de France pleins de pieté.

Clouis fit construire vne Eglise à Paris en la montagne, qu'il dedia à S. Pierre & S. Paul, & la fonda de bonnes prebendes & reuenus, où il fut enterré : laquelle Eglise a depuis chãgé de nom, & s'appelle maintenant *Saincte Geneuiefue*, à cause que peu de temps apres icelle saincte vierge aagée de 80. ans mourut en ces quartiers-là, & y fut enterrée. Dont à cause des grands & estranges miracles qu'elle y a faict & faict encores auiourd'huy, le nom d'elle est iustement demeuré à l'Eglise, & en outre patrone des Parisiens : à l'honneur de laquelle l'Autheur de cest œuure à faict bastir & fondé vne autre belle chappelle à Lyon, en l'Eglise nostre Dame de Confort.

Construction de l'Eglise saincte Geneuiefue à Paris, & propos de ladite saincte.

Combien que Clouis auant son Baptesme porta pour armoiries trois couronnes de gueules en champ d'argent, & les precedens Roys trois crapaux, & puis trois croissans, toutesfois depuis il changea d'armoiries, & print les fleurs de Lys sans nombre, qui ont esté, en apres reduictes à trois, dont est renduë l'interpretation aux Chroniques de France. Ce qui aduint par l'aduis de sa femme Clotilde, laquelle luy enuoya lesdites armoiries estant en guerre contre le Roy Alaric, & au siege de la ville de Conflans sur Oyse : disant, qu'vn bon vieil hermite en la Chastelenie de Poissy pres Paris, les luy auoit enuoyé, comme les ayant euës par vn Ange en reuelation diuine. Alors le Roy Clouis combatit Alaric, & le desfit : laquelle bataille commença en la ville, & puis

Armoiries des Roys de France changées en fleurs de Lys, par mystere diuin.

Desfaicte d'Alaric par Clouis pres de Conflans.

fut acheuée en la montagne, où est à present *la Tour de Mont-joye*: Et en ceste commemoration, il y fit bastir vn monastere à l'honneur de S. Barthelemy, à present appellé, *Ioyenual*.

En apres Clouis enflé de tant de beaux & heureux succes, à la persuasion de sa femme, & de Godegisille oncle d'elle, tát pour la mort de Childeric son pere, que pour la part demandée par Godegisille, il fit guerre côtre Gondebaud Roy de Bourgongne fauorisant Alaric, lequel il assiegea dans la ville d'Auignon, & contraignit faire part à son frere du royaume de Bourgongne, contenant la Gaule Narbonnoise auec les païs qui sont entour les riuieres de Saone & du Rosne, & de luy payer tribut. Mais estát ledit Clouis retiré, Gondebaud faussant sa foy, mena grosse guerre côtre ses freres & les vainquit. Puis demeura seul Roy de Bourgongne, & apres luy Sigismond son fils, combien que aucuns dient que Clouis apres sa victoire laissa vne partie du royaume à Theodoric Roy d'Italie: pourquoy deslors le royaume fut diuisé par lesdites riuieres. Mais quant à moy, ie tiens que telle diuision ne fut faicte deslors, ains long temps apres, comme l'on peut voir par les Chroniques de France.

Clouis déconfit Gondebaud, Roy de Bourgongne, & le rend tributaire.

Enuiron ce temps, fut tenu vn Concile general à Orleans par ordonnance du Roy Clouis, où furent assemblez tous les Prelats du royaume, & autres des païs estranges, & illec furent establies de belles ordonnances concernans le faict Ecclesiastique. Le Roy bailla

Concile general à Orleans par ordonnance de Clouis.

plus

plusieurs terres à l'Eglise de Rheims, desquelles sainct Remy retroceda vne bonne partie à l'Eglise de Laon, où il establit siege Episcopal, & constitua le premier Euesque Gennebaud: lequel estant recheu en fornication, & depuis ayant faict penitence sept ans en vne vie solitaire, & d'icelle tiré par diuine inspiration, il le restablit en sa premiere dignité.

Gennebaud Euesque de Laon ayāt faict penitence, restably en sa dignité.

Alaric Roy des Vvisigots redoutant fort les heureux succez & accroissement du Roy Clouis, fit paix & confederation auec luy en vne Isle de Loyre, pres la ville d'Amboise: mais elle ne dura beaucoup, car fut bien tost rompuë pour diuerses occasions narrées par les historiens: nonobstant que Gregoire de Tours le rapporte à la diuersité de religion, parce qu'Alaric estoit Arrien, qui nyoit la doctrine & foy de la Trinité. Dont l'on tire alendroit de Clouis vn vray signe de sa couersion.

Paix faicte entre Clouis & Alaric, mais bien tost rompue.

Aucuns baillent la cause sur le pretexte d'vn plaisant iugement donné par Theodoric Roy d'Italie entre lesdits deux Roys: Sçauoir, que Paterne Ambassadeur de Clouis seroit monté sur vne tour tenant vne hallebarde droicte, & les Goths jetteroient tant d'argent dessus qu'il peut couurir toute la hallebarde iusques à la sommité. Dequoy faschez, les Goths precipiterent Paterne dans vne fosse, qu'ils auoient preparée souz la chambre, ayans faict vn faulx fonds, qui rendit les François fort irritez.

Plaisant iugement de Theodoric entre les deux Roys.

Quoy qu'il soit, est certain que Clouis meut grosse guerre aux Goths, où il alla en personne.

ABREGÉ DE L'ORIGINE

Et auparauant enuoya de grands presens à l'Eglise sainct Martin de Tours, cóme s'il attendoit quelque oracle ou diuination touchant ceste guerre. Entrans dans l'Eglise, les porteurs des presens ouyrent chanter le verset: *Protexisti me Domine virtute ad bellum.* Ce qui bailla vne grande allegresse à Clouis, & bonne esperance de la victoire.

Presage de la victoire de Clouis.

De ce pas, Clouis commença (apres auoir faict son oraison à Iesus Christ) de faire marcher ses gens contre la riuiere de Vienne en Poictou, qu'il doutoit ne pouuoir passer: ladite oraison est recitée en prose Latine par Guaguin en son histoire, & en vers escrite en madite chapelle de sainct Remy. Dés l'endemain matin, vn Cerf esmeu par les Soldats de la prochaine forest, se jette dans la riuiere, & passe tout outre. Ce qu'ayant prins l'armée pour vne guide & monstre du gué, passerent en cest endroict. Et puis attaquant les Goths d'vne extréme furie en vn champ nommé *Vogledin*, prés Chauuigné à cinq lieues de la cité de Poictiers, les vainquirent & desconfirent, leur Roy Alaric rué par terre mort de la main du Roy Clouis, lequel par ceste tres-glorieuse victoire, oultre la desconfiture des ennemis & prinse des thresors d'Alaric, amplifia son Royaume de tout ce que les estrangiers occupoient en la Gascongne & Gaule Aquitaine, que nous appellons, *Guienne & partie du Languedoc*, iusques aux monts Pyrenées.

Autre miracle à Clouis pour le gué de la riuiere de Vienne.

Tres-glorieuse victoire de Clouis cõtre Alaric.

nées. Entre autres la celebre ville de Tolose, & Angolesme, de laquelle l'on dict les murs estre tombez miraculeusement lors qu'il l'assiegeoit. Brief estendit le Royaume de tout le rond qui est entre les monts Pyrenées, & mer Oceane d'vne part, & les riuieres de Saosne, Rosne, & Loyre d'autre part.

Gausserie de Clouis

Ceste victoire ainsi obtenue, Clouis s'en va rédre graces à Dieu, & à S. Martin en son Eglise de Tours, auquel il auoit promis en cas de victoire vn beau cheual. Il luy enuoye, mais n'estant d'assez grand pris, le cheual ne peut miraculeusement bouger de l'estable : qui fut cause qu'il adiousta au pris dudit cheual cét escus d'or. Ce faict, le cheual bougea & fut amené en ladite Eglise & conuent, qui les receut en don. Surquoy dict Clouis en gausserie, S. Martin m'a bien aydé au besoin: mais il le m'a cherement faict couster.

sur le cheual qu'il bailla à S. Martin.

Robert Guaguin en la vie de Clouis.

En contemplation des tres-grandes prouesses, vertu, pieté Chrestienne, & heureuses victoires du Roy Clouis, l'Empereur Anastase luy enuoya à Tours lettres de Patrice & Consul Romain, qui estoit le plus grand honneur, dont les Empereurs caressoient vn Prince estrangier. A cause dequoy il s'appella, *Consul Auguste*. Et ensemble luy enuoya vne couronne d'or & robbe Imperiale, laquelle couronne il renuoya enrichie magnifiquement de ioyaux & perles tres-pretieuses en l'Eglise sainct Pierre de Rome. Puis reuint à Paris, ou

Presens de l'Empereur Anastase au Roy Clouis

Q 5

ABREGÉ DE L'ORIGINE

il establit le siege principal de son Royaume.

Par ce moyen, y eut amitié, & confederation contractée entre le Roy Clouis & l'Empereur. De quoy Theodoric, autrement appellé Thierry, Roy des Ostrogots en Italie (outre le desir de vanger la mort de son gendre Alaric) fut extremement fasché & despit, craignant que l'Empereur desireux de restituer en son entier le nom de l'Empire, ioignit ses forces auec les François, & apres auoir surmonté les Vvissigoths se tournassent tous deux à l'encontre de l'Ostrogoth. Qui fut cause que voulant preuenir, assembla vne grosse armée, tant des Italiens, Siciliens, & Isles voisines qu'en l'Illyrique & Dalmatie où il commandoit, lesquels ioincts ensemble auec les Ostrogots firent nombre de 80000. combatans. Et enuoya le tout a Amaulry fils d'Alaric soubs la conduicte du capitaine Ibbe Comte des Gepides pour luy bailler ayde contre les François. De faict toute l'armee conioincte combatit à l'encontre des François & remporta victoire d'eux, desquels en fut tué enuiron vingt mil, à cause de leur grand nombre, comme il est a presupposer.

Enuie de Thierry Roy des Ostrogots de l'alliance faicte entre le Roy & l'Empereur.

Victoire de Theodoric ou Thierry contre les François.

Dont aduint que despuis la Prouence & partie du Languedoc furent possedez par les Ostrogots, disant le Roy Thierry estre tuteur & protecteur d'Amaulry, & y mettant des lieutenans: la Gascongne ou Guienne, & l'autre partie de Languedoc par les Vvissigots, qui

Partage de Prouence, Languedoc & Guiennes entre

crea

crearent pour Roy Gaselic frere naturel d'Almaric à cause de son bas aage: Theodoric n'ausa poulser sa fortune, se contentant seulement d'auoir contraint les Frãçois de se retirer dans leurs bornes & limites: mais le Roy Clouis mourut l'an 30. de son regne, auãt qu'il en peut auoir sa reuanche. La premiere deffaicte des Vvissigots fut l'an 507. & celle des François l'année ensuyuant 508.

les Ostregots & Vvissigots.

Touchant ce poinct il y a vne belle antithese dans Paul Aemile, racomptant de Theodoric Arrien les grandes persecutions qu'il fit cõtre les Chrestiens iusques à faire mourir en prisõ le Pape Iean, Symmache & Boëce grands personnages, mais apres il mourut miserablement, & le nom des Goths du tout enseuely. D'autre costé la race de Clouis qui auoit receu la foy Chrestienne a duré en longs siecles, & regnera, si elle n'est empeschée tant par multitude de factions que guerres domestiques: cõrompue d'ailleurs & abastardie par la paresse & contantement des choses prosperes: pourueu aussi, qu'elle se conserue en ceste religion, suiuant vne ancienne prophetie, que i'ay ouy estre aux archiues de Rome. Mais cependant la noblesse & peuple François, se peuuent glorifier d'auoir acquis en iceluy temps, auec la religion la vraye immortalité & chemin pour l'entrée de paradis.

Belle antithese de Thierry Arrien à Clouis Chrestien.

Prophetie touchant l'estat des François.

En passant, nous remarquerons icy vn miracle pour confirmation de la foy Chrestienne en sa premiere naissance ou establissemẽt asseu-

réau

ABREGÉ DE L'ORIGINE

Vn beau miracle pour cōfirmatiō de la foy Chrestienne sur son commēcement.

ré au Royaume de France: c'est quand Theodoric assiegea Clairmōt en Auuergne, vn soldat pilla le temple S. Iulien dans ladicte ville, lequel soldat en deuint fol & insensé, criant tousiours: *Pourquoy, ô Sainct Martyr, me tourmentes tu tant?* Qui est bon exemple à tous les soldats allans en guerre, qu'ils ne doiuent estre si hardis d'attenter aux lieux saincts & sacrez.

Clouis doux à ses subiects, & cruel à ses parens.

Le Roy Clouis combien qu'il fut tres-clement & pitoyable enuers ses subiects, toutesfois fut par trop cruel enuers ses proches parēs, d'autant qu'il en fit mourir plusieurs de l'ancienne race des Rois de France par cautelle & cruellement, crainte qu'ils ne voulussent affecter & quereler l'Empire.

A Cologne regnoit Sigisbert prouenu de la semence des Rois de Frāce, lequel Childeric pere de Clouis, apres auoir gaigné Cologne, y auoit establi pour son lieutenant general. Clouis par dol suscita son fils nommé Louys,

Trahison & cruauté de Clouis pour occuper le Royaume de Cologne.

d'auoir le gouuernement, & qu'il le luy bailleroit. Le fils delibere de tuer son pere, & l'executa dans le bois appellé, *de Buren*: car le pere apres la chasse, passé le Rhin, le reposant en sa tante sur le mi-jour, il l'enuoya faire meurtrir. Puis escriuit à Clouis, qu'il manda gens pour prendre de ses thresors ce qu'il voudroit, lesquels estans venus leur voulant monstrer, se

Parricide puny griefuement.

baissant dans le coffre, l'vn d'eux tua ledit fils luy donnant vn coup d'hache sur le col. Ce faict, Clouis vint à Cologne comme ignorant tout cela, & remonstrant au peuple ces horribles

bles meurtres, dont il estoit innocent, parce que c'estoit de son propre sang: leur dict que s'ils se vouloient ranger à luy, les traicteroit comme bons & loyaux subiects. A quoy ils s'accorderent fort volontiers pour la grand reuerence de ses proüesses & victoires, & qu'il faisoit tenir tresbonne iustice & police en son Royaume: & applaudissant de voix & mains, puis le leuant sur vn pauoix à la mode du palais, le constituerent leur Roy.

Il marcha auec son armee contre vn autre Roy nommé, *Cararic*, lequel estant par astuce tombé entre ses mains auec son fils, les fit tondre & confiner en monastere: bien tost apres les mettāt à mort, & se saisissant de leurs biens & seigneuries. *Clouis fit mourir Cararic & son fils s'aisissant toutes ses terres.*

Puis attiré par les Seigneurs du païs d'Artois & de Cambresis qui estoient fort irritez contre leur Prince s'accommoda à leur conspiration de le chasser. Et apres qu'il eut traicté auec eux, que lors de la bataille ils s'enfuiroient delaissant leur maistre, il leur bailla des armes d'airain dorées pour presens, que l'on pensoit estre d'or. Cela fut executé, & en demeura victorieux: mais quād ils se plaignirent de ceste tromperie, Clouis leur dict: *Qu'elle recompense doit auoir celuy qui a trahy son maistre? suffise vous qu'on vous a donné la vie, laquelle vous deuez perdre*, & par ce moyen les renuoya. Donc en ceste bataille il tua de sa main Ranchaire Roy des Cambresiens auec Richard son frere, les ayant prins proditoirement, fuyans de la *Deffaicte de Raucaire Roy de Cambresis & de ses freres par trahison.* *Trahison mal recōpensée.*

ABREGÉ DE L'ORIGINE

de la bataille, & aussi Lingomir leur frere Roy des Manseaux, apres la mort desquels il se saisit de leur Royaume & thresors.

Diuersité d'opinions quant à la cruauté de Clouis.

En cest endroit, y a conflict d'opinions, les vns blasmans le faict du Roy Clouis, autres l'excusans, à cause des grandes cruautez dont il a vsé.

Blasseure du Roy Clouis.

Quant à la premiere opinion, elle est confirmée tant par la verité du faict, que par les effects posterieurs, l'on ne peut nier que ce ne soit mal faict d'occire ses propres parens, & combien que cela fut pour crainte de perdre l'Empire, toutesfois n'est approuuée entre Chrestiens ceste façon de faire : mais plustost tolerée par les successeurs de Mahommet, pour l'asseurance du sceptre, par lesquels ont esté tués & mis à mort tant de parés purs innocens.

La verité du faict iuge tout.

Ou bien à l'exemple des Payens qui mesuroient la pieté à la grandeur & establissement de leur fortune. A quoy est conforme le vers attribué par Suetone à Iules Cesar premier Empereur.

Si ius violandum est, regni causa
Violandum est, alijs rebus pietatem colas.

Que i'ay ainsi traduict en François:

Si quelque fois on peut la pieté faulser,
C'est pour regner. ailleurs, il la faut exaucer.

Aussi que par les effects posterieurs cela a esté reprouué tāt en sa personne que des siens.

Les effects posterieurs sont iuges du passé.

Quant a luy, il fut retiré de ce mōde en la fleur de son aage, sçauoir en l'an 45. de sa naissance ayant regné trente ans. Ses enfans & les enfans

fans d'iceux ne furent moins cruels enuers l'vn l'autre, que luy auoit esté enuers les parens. Apres sa mort, le Royaume qui ne commençoit qu'a naistre, se trouua par dix fois diuisé en quatre parties, & finablement consolidé en vn seul. Et de telle forme qu'il supplanta ses propres parens, sa posterité fut aussi supplantée par les ancestres de Charlemagne. Ce que ressentant luy mesmes dict vn iour entre ses amis & courtisans: *Ie suis bien mal'heureux, que de tant de parens que i'auois, ie suis demeuré tout seul, n'ayant plus personne qui me puisse secourir en aduersité.* Laquelle parole estoit tres veritable, mais il ne disoit qu'il en fut la cause: aussi elle pouuoit autrement estre entendue, comme s'il attendoit qu'on luy reuelat encor vn de ses parens, qu'il n'eut cogneu, à fin de le faire mourir comme les autres.

Deploration de Clouis sur luy mesmes.

L'autre opinion est tenuë par Hunnibaud ancien historiographe des François & par tous les sages mondains. En ce que concerne le particulier de Clouis, l'on trouue qu'il ne s'est iamais lassé de faire actes pleins de vertu & pieté: mais la guerre & meurtre qu'il a faict, estoit en partie contre ceux qui auoient expulsé son pere hors du Royaume, en partie pour ne vouloir endurer tant de petits Roytelets en plusieurs Prouinces, lesquels il craignoit à l'aduenir, qu'ils n'entreprinssent par leur credit au sceptre principal. Mais quoy qu'il en soit, combien que ceste tache de cruauté ait aucunement obscurcy la grande clarté des vertus

Excuse de Clouis.

& perfe

& perfections qui estoient en luy, est neantmoins aduenu qu'apres auoir supprimé tous ces petits Roytelets, il regna paisiblement en la monarchie Françoise.

Le Roy Clouis d'vne concubine qui n'est pas nommée, eut vn fils nommé, *Thierry*, lequel herita auec les legitimes, & eut pour son partage tout ce qui estoit deuers l'Allemagne. Scauoir la France Orientale qui fut appellée, le Royaume d'*Austrasie ou de Mets*, par ce que Mets en estoit la ville capitale. De la Royne Clotilde il eut quatre fils & deux filles. Le fils aisné fut Inglimer, qui mourut tost apres son baptesme: l'autre Childebert Roy de Paris: l'autre Clodomire Roy d'Orleans: & l'autre Clotaire Roy de Soissons. Tous ces enfans diuiserent entre eux le Royaume de France, n'obseruans pas bien l'exemple du pere, aussi mal leur en print: mais il n'eschoit à present d'en discourir, ny pareillemét de leur partage, d'autant que nous ne passons pas Clouis.

Les fils du Roy Clouis partageret le Royaume.

Il eut aussi deux filles, l'vne nommée, comme la mere, *Clotilde*, qui fut mariée à Amaury fils de Thierry Roy des Vvissigots, duquel nous auons parlé cy dessus, pour ceste cause emmenée vers son mary en Espagne, dont reuenant quelque temps apres, mourut en la ville de Tours. L'autre nómée, *Childechilde ou Tichilde*, qui fut religieuse, & puis reputée saincte. C'este cy fit bastir pres la ville de Sens vn monastere à l'honneur des Saincts Apostres, ou aduindrent plusieurs grands miracles, ainsi qu'a laissé

Deux filles du Roy Clouis l'vne Royne, l'autre religieuse.

laissé par escrit Bernard Odonius en la vie du Pape Hormisdas.

De son temps & l'an de nostre Seigneur 505. Alamidare Roy des François Orientaux, ayant esté baptizé par les Chrestiens orthodoxes, les Eutychiens heretiques le voulurent seduire & attirer à leur secte: mais il les refuta par vne facetieuse responce, disant auoir eu lettres que l'Archange sainct Michel estoit mort. Eux repliquans qu'il estoit impossible, attendu que les Anges sont de nature impassible: Comment, dit-il, donc? tenez vous que Iesus Christ est mort nud, c'est à dire, vestu seulement d'vne nature? faut necessairement qu'il eust deux natures, puis que vous dictes, que les Anges ne meurent point.

Alamandare Roy rembarre les Eutychiens par vne facetieuse parole.

Clouis vint à mourir en l'aage de 45. ans, combien qu'aucuns luy en baillent beaucoup d'auantage, l'an 30. de son regne, & de l'incarnation de Iesus Christ, 514. Il fut enterré fort magnifiquement en l'Eglise sainct Pierre & sainct Paul qu'il auoit faict bastir, comme dict est, depuis appellée, *Saincte Geneuiefue*, à Paris. Guaguin recite vn bel epitaphe composé par sainct Remy qui fut mis sur sa tombe.

Mort de Clouis.

Ne faut obmettre pour la fin de nostre histoire les braues & insignes personnages qui florirent de son temps en la Chrestienté. Entre autres, le premier ie mettray sainct Remy Euesque de Rheims, tant pour sa saincteté de vie & bonne doctrine, que pour auoir faict ce beau fruict du baptesme de Clouis, & toute sa

Plusieurs saincts & doctes personnages au temps

R

ABBREGE DE L'ORIGINE

du Roy Clouis qui ont combatu les Arriens.

suitte. Puis en France mesmes, Sainct Patrice son frere Euesque de Soissons, Sainct Vvast Euesque d'Arras, Sainct Anit Euesque de Noyon, & sainct Arnoult disciple dudit sainct Remy, & par luy baptisé: lequel apres auoir beaucoup trauaillé par les predications à l'aduancement de la foy de Iesus Christ, fut martyrisé en vne forest nommée, *de l'Aigle* pres Paris, & enterré par Scariberge sa femme. En Aphrique estoit aussi Fulgence, en Italie Germain de Capuë, & Epiphane de Pauie, lesquels ont tres-vaillamment combatu contre l'heresie Arrienne, outre plusieurs autres qui deuant ou apres ont faict de mesmes, comme l'on voit par les histoires.

Bonté de Dieu & marque de vraye Eglise d'enuoyer de bons saints pour estouffer les heresies a leur naissance.

Par cecy l'on cognoist euidemment la tresgrande bonté & misericorde de nostre Dieu enuers ses seruiteurs & son Eglise, qu'il nous a tousiours continué de temps en temps. Car aduenant vn grand erreur ou scisme en l'Eglise, il suscite tout aussi tost de bōs & saincts personnages pleins de vertu, sçauoir, pieté, & de toutes bonnes mœurs, desquels il se sert pour les rebarrer, combatre & aneantir: qui est vne des plus vrayes, fideles, & asseurees marques de l'Eglise Chrestienne & Catholique. Gloire & loüange à Dieu le Pere, le Fils, & le sainct Esprit, qui vit & regne en toute eternité. Ainsi soit-il.

TABLE

TABLE DES PRINCIPALES MATIERES CONTENVES EN CEST OEVVRE, suyuant l'ordre Alphabetique.

A

Admonitions des femmes seruët beaucoup à l'édroit des mariz, quant à la Religion fol. 113.b

Alamandare Roy des François Oriëtaux rembarre les Euthiciens par facetieuse parole. f.121.a

Alaric Roy des Vvissigoths force Honorius Emp de luy ceder, la Gaule pour habiter. 73.a

Alaric par soupçõ d'Honorius Emp. rebrousse en Italie, où fit beaucoup de maux. 73.b

Alirima deuineresse explique l'oracle, auec exhortation au Roy Marcomir. 30.b

Allemagne & Bauiere reduictes en Duché par Clouis. 114.a

Alliances entre Rois pour asseurer leurs estats. 111.a

Allodial, reçoit double interpretation. 89.a

Angleterre reçoit le Christianisme. 55.b

Anglois & Escossois en guerre. 93.a

Anthenor premier du nom Roy des Sicambres, a retenu le nom des Troyens ses predecesseurs. 33.a

Antithese de deux propheties, l'une de l'oracle des Dieux, l'autre de saincte Brigide touchant les François. 106

Antithese de Thierry Arrien à Clouis Chrestien. 118.a

Apophthegme tresbeau d'vn prestre Aegyptien,1.b.de l'ep. lim.

Armée grande des Rois Orientaux contre les Occidentaux. 99.a

Armoiries de trois crapaux chãgées en fleur de lis. 17.b.115.a.57.b

Artus Roy d'Angleterre genereux & Chrestien. 108.a

Attila surnommé proprement, fleau

TABLE

de Dieu. 90.a

Antharius occis & ses gens deffaits auec tresgrand perte par sa faute. 42.b

Authorité de trois doctes de nostre tēps, touchant l'origine des François. 3.a.de l'ep.lim.

Adage sur la conionction des François & Gaulois. 22.a.78.b.& 79.a

Adage de Postel sur l'Empire des Gaulois. 14.b

Autheurs parlans des Franc-Gaulois conioinctement. 16.a

Autheurs illustrans le nom des François & Gaulois à part. 15.b

Antiquité, noblesse, & renommée des Gaulois. 13.b

Allusion d'entre Clouis Roy Payen & Clouis Roy Chrestien quant au Christianisme. 48.a

Antithese sur France Orientale & Occidentale. 84.a

Argument necessaire de la continuation des François. 28.a

Astuce de Guinemaud pour rappeler Childeric. 105.a

Authoritez & raisons surquoy est fondée la loy Salique. 89.b.& 90.a

Authoritez des Gaulois surtout le monde. 3.b

B

Baptesme du Roy Clouis auec plusieurs autres. 114.a

Bataille cruelle pres Chaalons en Champagne, où Attila fut desfaict & vaincu. 100.a

Bazan fort religieux, & amateur des sciences. 37.b

Bazan Roy des Sicambres punit seuerement son fils accusé d'adultere. 36.b

Bazan appellé Dieu apres sa mort. 38.a

M. du Bellay Cardinal vray soustien de l'honneur François. 3.b de l'ep.lim.

Belle meditation sur la bonté de Dieu, & reciprocité que luy deuons. 96.b

Belle allusion de François à Chrestien. 47.b

Bornes naturelles des Gaules, ou France. 4.a

Bretaigne grande, ditte Angleterre, separée quant à la domination de la petite. 93.a

C

Cambre femme d'Anthenor Roy des Sicambres excellente en vertu, beauté, & autres perfections. 33.b

Capitulation des Romains auec les François, touchant la possession des Gaules. 102.a

Caroc Roy des Vandales entre en Gaule, & y commet beaucoup de cruautez. 73.a

Caroc meurt ignominieusement selon ses merites. 73.a

Cassander vaillant & heureux en la defensiue. 41.b

Causes du plantement du Christianisme en France. 111.b

Causes pourquoy Clouis se fit chrestien

TABLE.

ſtien. 112.b
Celtes prins pour Germains, mais vrayement Gaulois. 15.a
Changement de vie de Childeric par son exil. 105.a
Changemens grands en l'Empire. 72.a. 77.a
Chapelle baſtie à S. Louys de Rome par le pere de l'Autheur. 114.b
Charité grande de Felicius recompenſée de Dieu. 109.a
Chreſtiẽs perſecutez en diuers lieux preſagez par tremblement de terre. 59.b
Actes memorables pour recognoiſſance de longue cheuelure. 94.b
Chronologie de Francion. 1.b
Cimbres, & Scythes meſlangez. 8.d
Clogio Roy des François enuoyé en ambaſſade à l'Empereur Auguſte pour la paix. 49.b
Clodio le Cheuelu, paſſa le premier en Gaule pour faire ſejour, et Merouée pour y demeurer entierement. 95.b
Clouis a faict l'entrée & promotion des François en Gaule. 109.b
Clouis deſconfit Gondebaut, & le rend tributaire. 115.b
Clouis doux à ſes ſubiects, & cruel à ſes parens. 118.b
Commencement d'eſcrire les geſtes des François au temps de Sunno leur Roy. 56.a
Comparaiſon belle tirée d'vn amas de neige. 9.a
Comparaiſon des bons & mauuais Empereurs à l'endroit des Chreſtiens. 52.b

Concile general à Orleans par ordonnance de Clouis. 115.b
Conneſtable, iadis appellé maiſtre de Cheualerie. 97.a
Sage conſeil de Clodomires premier du nom auec ſa victoire cõtre les Gaulois. 88.b
Conſeruation d'vn bien & heritage, conſiſte principalement en la vraye cognoiſſance & culture d'iceluy, & en l'obſeruation de Iuſtice enuers ſon prochain. 1.a. de l'ep. liminaire.
Contenuë des anciens Celtes, & leurs gouuerneurs. 15.a
Monſeigneur Prince de Condé, né à toutes vertus, ſignamment à l'eſtude des lettres. 5.b. de l'ep. lim.
Conſtruction de l'Egliſe ſaincte Geneuieſue à Paris, & d'vne chapelle à Lyon en l'Egliſe de Confort. 115.a
Cruauté inſatiable de Nero Empereur. 52.b
Couſtume ancienne des Sicambres abaſtardis. 39.b
Cottius Roy & les Alpes Cottienes, qui eſt le mont Cenis. 44.b
Cauſe pourquoy les Troyens vindrent habiter en Hongrie. 17.b
Catachreſe des noms Gaulois & François. 9.b. & leur comparaiſon. 15.a. 22.a. 25.b. 94.b
Changement du nom de Sicambre en François auec grande ioye à cauſe du Roy Fracus. 42.b. 43.a
Comment Marcomir paruint au Royaume. 28.b
Commencement du nom de France & de Paris donné par Marcomir

TABLE.

Duc des François. 71.b

Cōmencement du Duché de Frāce Oriētale, & ses effects. 61.a. 84 b

Conseil des François sur la guerre des Goths. 29.b

Cognation & alliance entre François & Turcs. 16.b

D

Debat de nations terminé par duel. 61.b

Desfaite grande, degast & meurtres, cruautez des François sur les Gaulois. 44.a

Demande aux sacrificateurs sur le departement des François & responce. 30.a

Deploration de Clouis sur luy mesmes. 120.a. Fils de Clouis partagent le Royaume de France. 120 b

Desastre grand par eau au Roy de Frāce Anthenor, & aux Princes François. 52.a

Desconfiture grande des Sicambriens par la ruse des Romains. 41.a

Dieu a changé son testament pour la faute de son peuple. 47.a

Dieu enuoye de bons saincts pour estouffer les heresies à leur naissance. 121.b

Dieu est admirable & tout puissant en ses effects. 77.a

Dieu pourquoy venant en ce monde à choisi la forme humaine & non diuine. 47.a

Diocles combat auec insigne victoire contre les Goths & Gaulois deux fois. 35.b. 36.a

Dispute de Charamond et Quadrec entre l'estat Monarchique & Aristocratique. 89.a

Dispute entre Gaulois & Romains pour la primogeniture. 3.b

Distinction des pays de France, en coustumier, & droict escrit auec l'accord d'opinions sur ce 102

Diuision de la France receuë par les vieux Allemands, non par les nouueaux. 83.b

Dorac insigne Poëte reueré comme Dieu. 54.b

Dont & comment est tirée ceste histoire. 2.b. de l'ep. lim.

Ducal gouuernement des François.

Ducs & Comtes erigez par le Roy Childeric par prouinces, comme ses lieutenās, apres appellez Baillifs, Seneschaux, & Presidens. 107.b. & 108. a

De S. Hilaire Euesque de Poictiers 65.b

Des fleuues, nommez Axona, & Somona, autrement Samara, qui sont Ayne, & Somme. 65.a

Deux mysteres de Dieu enuers les François par l'instrument de S. Denys & ses compagnons. 53.a

Discours de M. du Bellay sur le progrez des Scythes. 8.a

Diuerses etymologies des Gaulois. 11. 12. 13.

Diuerses habitations & migrations des Sycambres, ou François. 19.b 20. 21. & 61.a

Diuers noms des François sortis de leurs diuerses habitations. 21.a

Dont vient l'incertitude de l'origine des Gaules. 10.a

Ducs François desaduoüent l'accord du peuple auec l'Empereur Valentinian. 63.b.
Durée de l'Empire des Gaulois. 14.b

E

Effects posterieurs Iuges du passé. 119.b
Empereurs plusieurs en mesme teps & diuers païs. 101.a
Esperance sur le Roy de France Henry IIII. du nom. 5.a
Esprit fil d'Ariadne en la foy. 112.a
Etymologies diuerses du nom de François. 18.19
Etymologie du mot de religion. 113.a
Etymologie du nõ de Meroüé. 98.b
Euenement de guerre douteux. 53.a
Europe ens, dicts Celtes en Grec, & en leur langue Gaulois. 12.a
Exemples aux Rois, qu'ils ne facent rien de mal-seant & gardent les loix. 104.b
Exclusion de femelles de la couronne en France, loy non escrite, ains approuuée par coustume. 89.a
En France Roys electifs, iusques à Hue Capet, & depuis successifs. 98.a
Edification de Neomage, & Neopage, auiourd'huy appellez, Niemegen, & Nieuport. 34.b
Etymologie des Scythes. 6.b
Etymologie du nom de Gomer. 5.a

F

François anciens plus curieux obseruateurs des loix que commentateurs, & à present le contraire 79.a
François par moyen des saincts ont eu tiltre de Chrestien & orthodoxe. 112.a
Frances, diuision des terres apres le deluge. 19.a
François & Scythes prins promiscuement, combien qu'ils soyent diuerses nations. 9.a
François font guerre aux Romains iusqu'à leur victoire. 32.a.64.b 96.
François coulez és trois parties de Gaule. 23.a.27.b.85.b.95.a.101.a 101.b
François & Sicambres sont vne nation. 32.b
François exempts de tribut par Valentinian Empereur. 18.b.66.b francs & libres. 92.a
François abandõnent leur pays naturel pour ne rentrer en tribut. 19.a 66.
François sont mieux Galligenes, que Gaulois francigenes. 22.b
François reprënent leur force à loisir & l'employent vertueusement. 70 b
Francous ne sont ainsi appellez communement iusqu'à Eracus. 29.a
François enuiez des estrangers. 23.b. princip. des Romains. 69.a
François indomptables & opiniastres en leurs conquestes. 21.b
François farouches & insolens. 18.b
François redoutez des nations, mesmes des Romains. 24.b 43 b, 56 b
François non assubiectis à Empire estranger. 4.b.de l'ep.lim.

TABLE.

François incogneus sinon sur le declin de l'Empire Romain. 23.a. 58.a. 85.b

François, ou Sicambres descendus des Troyens. 17.a

Frācion, Turchot, cousins germains. 17.a

François venus de Francion petit fils de Priam, dernier Roy des Troyens. 1.a

François craints des Turcs, plus qu'autres nations. 17.a

François & Allemans passent en Gaule & en Espagne. 58.a. 59.a

François ont iadis eu cognoissance de Dieu, croyās l'immortalité de l'ame, & recompense des œuures. 111.b. 112.a

Franconie baillée à Clodomir par les Thuringiens 61.b. et puis erigée en Duché auec ses côditions. 63.a

François Orientaux, ou Saliens, et Franc Gaulois ou Occidentaux en quelle contrée. 83.a. 86

François prennent alliance auec les Gaulois, et leur demeure le nom principal, comme estans plus genereux. 99.a

France Orientale souuent separée de l'Occidentale, & puis reünie. 63.a

François n'ont esté sous la domination de l'Empereur Cesar Auguste. 44.b

Francfort edifiée par François. 53.b

France tres-bien regie sous la Monarchie meslée d'Aristocratie. 81.b

François passent en Italie. 58.a

François vaillans, & Gaulois doux. 79.a

Fuitte du Roy Childeric, & conseil de Guinebaut. 104.b

Faicts & gestes des François pendant leurs voyages. 21.b

Facetie d'Anit Empereur pour ses salietez, cause de la perte de Treues, et beaucoup de maux. 101.a

Facile d'imiter & suiure vn beau pourtraict. 92.b

Finesse d'Attila Roy des Huns, & sa deffaicte. 76.b

G

Gaulois & Celtes vne mesme gent. 12.a

Gaulois vainqueurs du môde. 12.a

Gaulois subiuguez des Romains par contention entr' eux de la superiorité. 11.a

Gaule a demeuré 437. ans sous la puissance des Romains. 110.b

Gausserie de Clouis sur le cheual baillé à S. Martin. 117.a

Gaulois maistres de l'Europe Orientale & Occidentale. 12.b

Gaule Belgique proprement appellée France. 83.b

Germains & Saliens Cisalpins s'allient auec les Romains. 44.b

Germains freres des Gaulois selon M. du Bellay. 14.a

Gillon gouuerneur pour les Romains regne neuf ans sur les François. 105.a

Gomerites & Scythes ont eu guerre l'un contre l'autre, & puis r'alliez. 6.b

Gomer & Dis freres, Seigneurs des tenebres.

TABLE.

tenebres. 4.b
Gomer pie, & religieux. 3.b
Gomer fils de Iaphet passe en Italie, & puis en Gaule. 3.a
Gomerites, ou Gaulois, surnommez François. 2.b
Gomer eut la Gaule par droict d'aisnesse. 3.a
Gomer Seigneur de l'Europe, Sem en Asie. 4.b
Grand honneur deferé au Roy Basan. 37.a

H

Hardie responce des François à Valentinian Emper. & sa replique touchant leur naturel. 70.b. & 71.a
Hauts faicts du Roy Bazan. 37.a
Hardis en pays estrange, sont plus au leur. 71.b
Hardiesse & valeur des François. 24.a
Helenus cruel aux ennemis, doux aux siens. 35.a
Helenus Roy des Sicambres ij. du nom, deposé par assemblée des Estats. 36.b
Heligast Prophete grand & admirable. 73.b
Heresie & fausse doctrine quant à la foy, n'ont prins pied en France, du moins n'ont preualu. 112.b
Henry iiij. de ce nom par sa prudence a rompu la prediction de Pandolphe Ricci Luquois sur la France. 82.a
Hildegaste appriuoisa les François en toutes façons. 57.b

S. Hierosme meurt estrangement. 92.b
Historiens ont recueilly des Druydes, comme les Philosophes Egyptiens. 26.a
Hildegaste Philosophe predit choses grandes sur la natiuité du Roy Childeric. 56.b. & 57.a
Hospitalité violée par adultere. 105.a

I

Iean de Solikoski Secretaire du Roy Sigismond de Pologne, grād amy & familier de l'Autheur. 106.b
Iesus Christ né sous Cesar Auguste Emp. de Rome, & declaration des mysteres & secrets, pourquoy cela est aduenu. 46.a.47.b. & 49.a
Ignorance n'est excusable au general, comm' est la patrie commune. 5.b. de l'ep. lim.
Incertitude de la genealogie & succession des François, puis Francion à Marcomir. 27.b. & 28.a
Interregne des François comment aduenu, auec vne tres-belle cōparaison de l'Autheur. 70.a.b.
Interregne des François combien a duré. 76.a
Interpretation d'vne sornette, que les François à assaillir sont plus qu'hommes, & à garder moins que femmes. 24.a
Italiens se font deshonneur d'appeller la France Gaule. 85.b
Iugement de Dieu pour la vengeāce de l'iniure faicte aux Princes. 64.a

R 5

TABLE.

L

LA ville de Sicambre & son etimologie auec le temps. 1. b. 20. a

Langage des Gaulois plus doux que des François. 87 a

Langage premier des François, emprunté au Germain, & Theutonique. 26. b. Puis a esté diuers selon le temps. 78. b

Le Roy Francus faict vne belle harangue. 44. b

L'Empereur des Romains Constãs veut auoir les François pour amis apres sa victoire. 64. a b. 69. b

Lieu de la naissance de l'Autheur. 17. a

Liure de la loy Salique de quel temps. 88. b

Loy Salique de tout temps inuiolablement obseruée, auec ses effects. 90. b

Loix du Prince sont approuuées par vsage. 89. b

Loix anciennes des François, Ripuaire, & Gombette. 91. a

Lollius Consul Romain desfaict par les François & associez. 49. a

Loy Voconie tirée des xij. tables. 89. a

Loy ancienne des François touchant la garde des prouinces. 50 a

Loy des anciens François touchant la succession à la couronne abrogée. 60. b

Loy barbare de sacrifier les hommes abrogée en Sicambre par conseil des prestres. 40. a

Loy des successions necessaire en Iustice. 88. b

Loy Salique, & son etymologie. 85. b. & 87. 88.

Loy Sicambrienne. 34. a

M

MArcomir Duc de Pannonie, premier fameux chef des François. 28. b

Martyre de S. Irenée & ses compa. à Lyon. 55. b

Maxime reiettant l'admonition de S. Ambroise desfaict, & occis par Theodose. 67. b

Meroué, premier qui tint siege Royal permanent en Gaule, fut hardy & victorieux. 98. b

Meroué Roy de France, souche des Merouingiens. 97. b

Miracles à Vienne en France & prodiges, cause de l'institution des Rogations. 108. b

Miracle en l'Eglise de Bazas pour confirmation de la S. Trinité. 103. b

Miraculeuse preseruation de trois citez de la fureur d'Attile par trois saincts personnages. 99. b. 100. b

Miracle sur l'establissement de la Monarchie Françoise. 110. a

Miracle pour la foy Chrestienne à son commencement. 118. b

Miracle de S. Remy par le laict de Clinia sa mere. 103. b

Mieux voir consommer l'ennemy par son ennemy que fauoriser son ennemy. 68. b

Mœurs & façons de viure des anciens

TABLE.

ciens Sicambres ou François doiuent estre renouuellées. 5.a. de l'ep.lim.

Monstre à trois testes, puis retourne à vn visage de Roy. 30.a

Mort de Marcomir premier, & cóbien a eu d'enfans. 32.a

Mort de Iesus Christ, son Ascension, & iour du iugement. 50.a.50.b. & 51.a

Mortalité ensuit famine. 51.b

Mot de bataille Mon-Ioue expliqué. 114.a

Moynes à l'instar des Druydes, instruisoiēt jadis le peuple en histoire, lettres, & bonnes mœurs. 7.b

N

Nations venues des Isles Scāzienes, & Gotthie. 92.b

Noé, autrement dit Ianus auec sa genealogie. 2.b

Noms en France venus de diuers pays, comme au reciproque plusieurs ont emprunté les leurs. 78.a

Noms de principaux Seigneurs, prestres, & Docteurs de la Diette assemblée sur la forme de gouuernement en France & Gaule, l'an 410. 79.b

Noms diuers des François & Gaulois. 2.a

Nom de Gaule tiltre de primogeniture. 11.b

Nombre de Sicambres, et habitation nouuelle. 31.b

Nom du principal chef de guerre tousiours remarqué. 74.a

Nom de la loy en droit, prins du mot initiatif d'icelle. 88.a

Nom des quatre premiers Legislateurs de France. 86.a

Noms des autheurs principaux alleguez en cest œuure. 6.a. et autres suiuant de l'ep.lim.

O

Opinion de Volfang Laze touchant le secours des Frāçois reiectée, et celle de Trithem receuë. 61.a

Opinion de M. Hotoman touchant l'estat des Gaulois. 45.a

Ordonnance des longs cheueux. 92.a 93.b. & 94

P

Papes authorisez au temporel. 96.a

Pharamond fit la seconde diuision des François, et du gouuernemēt. 83.a

Pharamond esleu Roy des Francois, auec les causes. 82.a

Pharamond ne fut le premier Roy entrāt en Gaule, ny premier Roy sur les Frāçois.cio.pr.vol.84.85.b

Pharamond interprete, homme veritable. 82.b

Pharamond s'adonne à policer son Royaume, & constituer bonnes loix. 91.b

Pharamond fit de plus grāds effects en Gaule, qu'autre François auāt luy. 85

Pharamond n'a esté tributaire à personne. 92.a

Phry

Phryſus ſecond fils de Clogio couronné Roy de Phryſe à la charge du tribut & ſubſide. 49.b

Pairs de France legiſlateurs. 86.

Pandora, dialogue faict par l'Autheur de ceſt œuure. 4.a

Parlemens de France, & ſur tous celuy de Paris. 87.a

Parlemens en France, Diette en Allemagne. 79 b

Paix entre les Romains & François. 69 b

Paſſage du Roy Marcomir par deça le Rhin. 32.a

Plaiſant iugement de Theodoric entre Clouis, & Alaric roy des Vviſſigoths. 116.a

Partage entre les Oſtrogoths & Vviſſigoths de Prouence, Languedoc & Guienne. 117.b

Pluſieurs ſortes de noms donez aux François. 26.a

Poſtel traicte de l'expedition des Gaulois. 12 b

Pourquoy pendant l'interregne des François, y a pluſieurs Ducs & capitaines non renommez. 74.b

Pourquoy a eſté faict ceſt œuure par abbregé. 2.b. de l'ep. lim.

Premier coup d'eſtat eſtablir bonnes loix. 86.a

Preſages & ſignes de bien ou mal futur. 99.a 100.b

Preſens de l'Empereur Anaſtaſe au Roy Clouis. 117.a

Priere à Dieu pour la France. 11.a

Priam enuoya ſes enfans en Hogrie, dicte Pæonie, pour eſtre ſecouru. 17.a

Primogeniture transferée à Samothes, dit Gallus. 11.b

Prophetie & remarque ſur le Roy Henry IIII. du nom, de preſent regnant en France. 90.b

Prophetie touchant l'eſtat des François. 118.a

Prudence et experience en guerre requiſes. 79 a

Punition ſemblable d'Arbogaſte, qu'il auoit procuré à Valentinian Emp. 72.a

Q

Qualitez & conditions de Marcomir premier Roy des Sicambres ou François. 29.b

R

Raiſons pour la Monarchie contre l'Ariſtocratie alleguées par les hiſtoriens, & par l'Autheur 80.b. 81.a

Raiſonnement ſur Etymolgie. 20.a

Raiſons pour l'Ariſtocratie contre la Monarchie. 81.a

Remarque ſinguliere ſur les François. 13.a

Reſolution ſur la forme de gouuernement. 81.b

Reſtans de Troye diuiſez en trois parties: Italie, Illyrie, & Scythie ſelon Aeneas Syluius. 7.a

Rora fleuue du Roy Roricus, qui s'y noya. 55.b

Royaume de Fråce & d'Iſraël conformes, quant à l'ordre de ſucceſſion. 90.a

Royaume de France diuiſé en deux parts bornees par le Rhin. 97.a

Royaume de France premier d'Europe, et le dire de Maximil. Empereur. 103.a

Royaumes

TABLE.

Royaumes et Duchez anciennement passoient plus par election que succession. 82.b

Romains eurent responce de leurs Dieux que les François deuoient subuertir leur Empire. 54.b

Royauté ioincte auec le Pontificat. 36.b

Rois de France Treschrestiens premiers fils et defenseurs de l'Eglise, et pourquoy tel nom leur a esté baillé. 48

Rois de France pleins de pieté. 114.b

Rois anciens de la Gaule 13.b.14.a

Roytelets ou Ducs François, qui ont bien faict, et pourquoy ont eu ce nom. 69.b

S

Saincts Pasteurs et Euesques en France. 108

Saone à Lyõ dite Sangona du sang des martyrs, et autres plusieurs remarques à Lyon. 55.b

Saincts et doctes personnages, qui ont combatu les Ariens. 111.b

Sang coule en abondance par le milieu de Tholose. 104.b

Saincts florissans en France au tẽps de Clodio. 97.b

Seigneuries, et fiefs se reünissent, et puis separent. 83.a

Seth seigneur temporel du monde, Cain spirituel. 6.b

Scythes voisins des Cimbres, mais ne sont vne nation. 7.b

Scythes et Celtoscythes quels estoient 6.a

Scythie tresfertile et abondante en viures. 6.a

Scythes entrẽt en Gaule, pris vaincus et rẽdus tributaires par l'Empereur de Rome. 7.a

Scythes par alliance descendus de Gomer, et se dient Dominateurs du monde comme les François. 8.b

Sicambres, Cimbres, et Cimmeriens les premiers. 2.a

Sicambres ont eu grand guerre contre les Scythes, à cause de la preferance d'antiquité. 9.a

Sicambres receuz en Saxonie volontiers comme freres. 31.a

Sieur de Montmorancy premier Baron de France. 114.a

Si les Rois François auant Pharamond estoient appellez Ducs ou Rois. 29.a.

Sisinnius Ambassadeur des Romains tué cõtre le droict des gents 71.a

Successiõ legitime meilleur en France. 90.a

Succession de la terre n'aduient à la femme, ains à l'homme en pays Salique, et comment se diuise. 88.b

T

Temps d'Henry IIII. du nom, 2.a. de l'ep. lim.

Theodomir et sa mere Hastilde, prins en guerre, et cruellement traictez. 64.a

Theocalus Pontife instruict et regle le peuple. 34.b

Trahisons et cruautez de Clouis pour occuper Royaumes. 118.b

Trahison mal recompensée. 119.a

Tresbeau mystere de la bonne volonté de Dieu enuers les François. 47.b

Treus,

TABLE.

Treues, ville antique, bastie par Abraham Prince des Iuifs. 65.a
Trithem lumiere de l'Histoire de France. 18.a
Trois races de Rois en France. 98.a
Trois aages des François. 22.a
Trois principales migrations des Gaulois en diuerses prouinces selon l'opinion de M.du Bellay 12.b
Trois sortes de generation és Rois de France. 105.b
Trophées des François redressez. 5.a
Troyens pourquoy sont l'origine de plusieurs nations. 16.a
Tout est auec vn tres grand mystere de la prouidence de Dieu. 15.b

V

Valentinian Emp. trompe les François. 6.b
Verbe eternel fils de Dieu a esté enuoyé en ce monde pour le reparer. 43.a
Verbe, a esté incarné miraculeusement, et sorty du ventre de Marie. 46.a
Verité du faict iuge tout. 119.b
Vestement des anciens Sicambres, ou François. 27.a
Vienne capitale de Pannonie haute, et Bude de la Basse. 17.b
Vie de Vechtem grand personnage, et sa mort. 54.a
Victoire insigne des François contre les Gaulois, auec leur cry de Victoire. 43.b
Victoire de Childeric contre les Allemans, et prinse de ville. 107.b
Victoire grande du Roy Richimer contra les Goths. 53.b
Victoire insigne de Maxime contre les François, et sa grand cruauté. 67.a
Victoire grande de Clouis contre les Allemans. 113.b
Victoires alternatiues selon le vouloir de Dieu. 65.b
Victoire grande des François contre les Vandales en Gaule. 73.b
Victoire insigne de Clouis contre Alaric, auec ses presages et miracles. 116.b
Victoire des François cause d'exemption de tribut. 72.a
Victoires deux des Romains contre les Allemans. 59.b
Victoire d'Attilla contre les Bourguignons. 99.b
Vision de Childeric auec explication de Basine sa femme, deuineresse. 105.b. et vne autre explication. 106.a
Voyages et discours des Gaulois. 12.a
Vmbres peuple en Italie fort ancien. 5.b
Vray entretiē d'vne Monarchie. 22
Vrsule martyrisée, auec 11000. vierges d'Angleterre, et pourquoy. 68.a

Y

Ybros Duc des François accompagné de 22000. hommes vint en Gaule, et fit premier seiour et habitation à Paris, dicte Lutece, qu'il rebastit et augmenta. 74.b. 75.a

FIN.

APOLOGIE,
CONTRE VN LIVRE, INTITVLE' CATACRISE DV droict Romain.

❦

Auec vne Epistre dedicatoire à la Iurisprudence.

IMPRIME' A LYON, LE VIII.
FEVRIER M. D C I.

A LA IVRISPRV-
DENCE, SALVT.

E serois à bon droict tres-
auant noté du peché d'ingratitude, ma treshonorée Dame
& mere, si ayant puis mes ieu-
nes ans, voire puis quatorze, *Obligatiōs de l'Au-*
este esleue comme vostre cher nourrisson en vo- *theur à la*
stre eschole souz les aisles des plus grāds & in- *Iurispru-*
signes Docteurs de ce temps, & depuis par le *dence.*
moyen d'icelle receu tant de beaux tiltres
d'honneur comme de Docteur, Aduocat, Conseiller és lieux plus celebres & fameux de
l'Europe, ie deuenois du tout muet, ou feignois
vne lascheté de courage, lors qu'on s'efforce de
vous deschirer miserablement les entrailles, & *Deplora-*
oster les esprits vitaux, de l'instrumēt desquels *tion sur les machina-*
Dieu se sert pour faire viure, maintenir, & *tions que*
continuer cest vniuers. Car posé ores que tou- *l'on dresse*
te vostre grandeur, excellence, & vtilité ne *à la Iuris-*
soient recogneuz par vn chacun generale- *prudence.*

Aa 2

ment, sinon entant qu'on faict preuue au particulier: toutesfois il sera trouué d'autant plus cruel, estrange, & indigne, que vous soyez appellée au combat, mal traitée, & vilipendée par celuy-là qui a faict tousiours profession de vous cherir & honorer, voire faict estat d'auoir par long-temps succé du doux laict de vos mammelles: Ie ne dis pas qu'il soit trop auant entré au cabinet de vos menus plaisirs. En tel cas & beaucoup moindres l'exheredation à esté jadis trouuée bien à propos, mais selon la conuenance du sexe, si tant est qu'il y perseuere, la preterition sera encores meilleur: non comme de guet à pend, mais comme ayant ignoré ou oublié pour fils celuy qui, soit de sa pure simplicité, soit par passions particulieres, s'est laissé transporter d'escrire à l'encontre de vous. Ie ne veux sur ce subject entrer au Panegyric de voz loüanges, craignant d'auoir la mesme responce, que Antalcidas fit au Sophiste voulant escrire des loüanges d'Hercules. Bien peux-ie dire & asseurer, voire monstrer au doigt, que ce qui ne peut estre faict directement contre vostre sainct & sacré nom (qui est de le terrasser & abysmer) l'on y abbaye, heurle, & menace par voyes obliques: preparatifs de mauuaise volonté,

Grande ingratitude.

Peine de l'ingrat.

Ce qu'on ne peut directement, est atteté par voyes obliques.

qui

qui produiroiẽt dans peu de tẽps de tres-meschans & pernicieux effects en nostre siecle à l'endroit de gens credules & mal affectez, si personne ne s'y opposoit. Pour de ce faire apparoir, qui ne voit sa façon de proceder semblable aux anciens Sophistes par sorites & maximes indubitables? combien qu'il est aisé à gens tant soit peu versez en la dialectique d'apperceuoir le manquement qu'il y en a tels argumens par faute de liaison d'vne proposition à l'autre, & du tout à la conclusion. Il parle premierement de l'estat Monarchique, plus excellent que tous les autres: Puis de la puissance absoluë des Rois & Princes souuerains: Que telle puissance est bornée & limitée par les loix ausquelles ils se sousmettent: de la grandeur & sublimité de noz Roys de Frãce: Que les Romains (jaçoit que Monarques du monde, ou de la plus grand part) n'ont eu ce pouuoir de faire changer aux nations par eux subiuguees leurs anciennes loix & façons de viure: à plus forte raison aux François, sur lesquels ils n'ont iamais esté victorieux: Que les Roys de France ont tousiours eu pouuoir non seulement de commãder selon les loix, mais aux loix mesmes, ne recognoissans autre superiorité que de Dieu nostre crea-

Les argumens de l'Autheur de Cacacrise sophistiques & manques.

Sommaire de tout le subiect de la Cacacrise.

teur: Que les Lyonnoys sont vrais & naturels François & subjects de leur Roy. Partant concluds en general que le droict escrit (qui est tiré en partie des Romains) ne doit estre observé soit pour loy ou constume tant audit païs de Lyonnois qu'autre païs, qu'on appelle abusiuement de droict escrit. Mais comme cest argument est frauduleux & non illatif de necessité, aussi n'a-il pas les termes liez & motifs pour paruenir à la conclusion, ainsi qu'il est besoin, & sera plus particulierement demonstré en ce petit œuurelet sur la seconde partie d'iceluy. Que si l'effect de ceste conclusion auoit lieu, ce seroit peruertir & ruiner tout l'estat, faire viure les gens sans loy comme bestes brutes, & brief confondre & abbatre ce bel ordre politique, qui a esté mis çà bas, par la permission, bonté, & prouidence de Dieu pour entretenir la societé du genre humain, & specialement en nostre France, dont le Poëte parle ainsi :

Inconueniens.

Iustitia è summo terras Ioue missa per omneis,
Gallorum elegit tecta veréda patrũ.

L'on s'attaque à vous, Madame, qui estes le principal fleuron des effects miraculeux de Dieu entre les hommes : voire mesmes entre les

les Anges & toute la cour celeste. Qui plus est reluisant & esclatant iusqu'aux plus profond des Enfers. Conclusion, qui se contrarie à soy-mesme, & partant à reietter comme fausse, absurde, & impertinente. Car puis qu'il est droict escrit, pourquoy ne sera en vsage au païs de droict escrit? Il dit que c'est abusiuement, doncques il n'est pas droict escrit, ou bien faux droict escrit. En apres dict qu'il ne doit estre obserué au païs de Lyonnois & autres qui sont anciennement appellez de droict escrit. Maxime du tout contraire à toutes les anciennes traditions, tant de vostre loy escrite, que des bons & graues Docteurs, lesquels à l'exemple des interpretes de l'Euangile, ont tant prins de peine à nous illustrer, expliquer, & esclarcir vos ordonnances. Et pour passer plus outre, contraire aux loix de nature, de Moyse, & de Iesus Christ: contraire à l'ancienne origine & establissement du regne des Gaulois & François, ou pour mieux dire, Franc-Gaulois: contraire à la liberté de la patrie: contraire à l'ancienne vsance: contraire à toutes bonnes mœurs: contraire aux vertus: & afin de dire en vn mot, contraire à Dieu mesmes, qui est autheur de tout bien, & qui sans sa tres-grande bonté & miseri-

Contrarietez.

corde crosteroit aussi tost la teste pour perdre & aneantir ceste execrable conclusion. Au surplus quiconque lira auec consideration iudiciaire tout ce traicté de Catacrise, où plustost Catachrese (car n'y a que transposition d'vne lettre) ny trouuera autre chose que vanitez, flateries, mesdisance, calomnie, & plusieurs sortes de vices, que la posterité aura en horreur, non de les receuoir, proferer, ny penser, mais d'en ouïr seulement parler. A cause de quoy, ie, combien qu'incapable & debile pour vn si grand faiz, toutesfois pressé tant par le cartel de deffy de nostre aduersaire, que par importunité de mes bons Seigneurs & amis, & necessité de mon deuoir enuers vous, Madame, n'ay peu faire de moins, que de m'opposer à tous ses desseins, & respondre par vne briefue apologie à celuy qui ne merite aucune respence, ne fut la consequence pour la facile persuasion des ignorans & grandeur de qualitez apposez au frôt de l'œuure, lequel deuoit plustost estre estouffé qu'esclos, aboly, que viuant, submergé & enseuely au fleuue de Lethé que plus auant diuulgué? Ne faisant en cecy à l'exemple du fils de Crœsus, Roy de Lydie, qui attendit de parler pour sauuer la vie à son pere, ains d'Apollon, lequel

Effects.

Causes & motifs de l'Apologie.

Beaux exemples par forme d'Antithese.

quel voulut estouffer les œufs du serpent auant qu'ils deuinssent plus grands & preiudiciables au monde. Vous receurez donc, Madame, de bon cœur ceste petite Apologie, laquelle ie vous ay voulu specialement cõsacrer & dedier, comme à celle qui s'en doit ressentir plus griefuement offensee, & qui ne defaudra par l'ayde & secours de ce bon Dieu & sainct Esprit, de susciter d'autres vos enfans ou escholiers : lesquels auec plus de capacité, sens, esprit, dexterité, loisir, & toutes commoditez vous defendront mieux que moy, tant à l'encontre de cestuy, que tous autres vos ennemis. Asseurée, que si me fauorisez de tant que de prendre ma protection en ceste cause, elle m'incitera à continuer l'employ que i'ay desja encommencé en l'œuure sur vostre science (qui a esté fort bien veu par des plus grands de l'Europe) pour le mieux auec le temps orner & enrichir à vostre loüange, profit & contentement du public, & tout le reste de ma vie m'addonner à vous traicter, honorer, & seruir, comme celuy que bien cognoissez,

Conclusio de l'Epistre.

Vostre tres-humble & obeïssant fils,
& affectionné seruiteur.

A a 5

APOLOGIE,

Contre la Catacrise du droict Romain.

DIEV, entre les tresgrands & admirables effets que nous pououons remarquer de sa prouidence incomprehensible, à donné par bonne & iuste raison cestuy-cy : *Que le cauille & faux ont tousiours oppugné la verité*, ne plus ne moins que le lierre par succession de temps tasche de ruiner la muraille, de laquelle il est sorty, nourry, & entretenu.

Exorde.

Le cauille & faux ont tousiours oppugné la verité.

Ce qu'il à premierement demonstré en sa propre & naturelle essence. Car tout aussi tost qu'il s'est donné à cognoistre à la nature Angelique, est suruenu le faux & meschant Ange, lequel se perdant en ses vains dessains d'outrecuidance, à voulu calomnier tous les œuures de Dieu (le plus grand blaspheme qui fut onques) & s'appareillant, obscurcir la clarté de celuy qui l'auoit crée, esleué, & maintenu : qui plus est, luy auoit faict vne tres-riche, bonne, & abondante part des plus brillans & esclatans rayons de sa diuinité.

Preuue par la nature Anlique.

Tou

APOLOGIE.

Autre tirée de la verité, & louanges d'icelle.

Tout ainsi se peut dire de la verité, laquelle nostre loy Euangelique non seulement attribue particulierement à Dieu, mais tient estre Dieu mesmes. C'est ceste verité, qui (si nous croyons à Ciceron) est sur tout propre à la nature de l'homme, mais faut entendre non de soy, ains par communication : (si à Platon presque diuin) comprend selon la capacité du naturel humain tout ce qui est de diuin) & immortel, concluant son discours par ceste braue sentence : *Ce qu'emporte à la generation l'essence, cela mesmes est la verité à la foy.*

Opposites de la verité.

A la verité diametralement s'oppose la fauseté, qui se diuise en plusieurs parties ou especes : sçauoir fauseté simple, & quasi innocente procedant de grossiere ignorance, cauille, mensonge, calomnie, fiction, vray semblance, & autres, dont sortent encor plusieus petites branches, desquelles ie laisse le discours, cõme plus propre au Theologien, ou bien à ceux qui recherchent curieusement la vraye explication du genre & de l'espece. Nostre premier & general axiome se peut plus aysement & par exemples plus familiers verifier en la vie & gestes de nostre tresbon Sauueur & Redempteur Iesus-Christ, & de tous les saincts Apostres, disciples, & seruiteurs, qui l'ont ensuiuy en sa loy iusques à l'heure presente.

Autre preuue de l'axiome par l'Euangile.

Facilité de calomnie.

De là s'ensuit ce que l'on dict vulgairement, qu'il est plus facile de vituperer que de louër, d'acculer que deffendre, de calomnier que sauuer,

uer, destruire que bastir, brief de blasonner que panegyriser: ainsi qu'on à veu de nostre temps vn Ramus contre Aristote, Cardan côtre Hippocrate, Duaren contre Accurse, & autres tels personnages, lesquels (comme nostre naturel est plus enclin au mal qu'au bien) se pensent acquerir vne grand louange (à l'exemple d'Herostrate destructeur du téple d'Ephese) de s'estudier à mesdire d'autruy, & refuter les choses approuuées de tous siecles, par gés d'esprit, de paix, & d'honneur.

Le vray but en fin de tout cela, est à ce que par telles contrarietez & disputes la verité s'en trouue plus reluisante, apparente, & croyable: tout ainsi que l'or s'esprouue & espure à la fornaise, le bled au molin, le vin au pressoir, les esleuz parmy les reprouuez, les sages parmy les fols, les Philosophes parmy les ignorans, & pour conclurre tout en vn mot, que par contreposition du mal, le bien s'en trouue d'autant plus beau, net, & aggreable. *Le vray but & fin de l'axiome.*

Mais pour ne tomber point à la faute de ce Sophiste (dont i'ay parlé cy dessus) lequel se ventant auoir composé vn tresbeau liure, Antalcidas luy demande sur quel subiect: il respond sur les louanges d'Hercules. Lors Antalcidas repliquant, ferma la bouche au Sophiste par ces paroles: *Se trouue il persône qui le vitupere?* & de peur qu'en chose si claire & certaine, ie ne consomme trop de temps & papier, ie viendray *Apopthegme d'Antalcidas.*

APOLOGIE.

dray de plus pres au terme de nostre Apologie.

Protestations. Soubs protestation toutesfois, qu'elle ne procede d'vne volonté effrenée & gayeté de cœur, comme la Catacrise dont est question, ains par contrainte, & pour d'vn cœur vrayement genereux & patriote ne vouloir endu-

Motifs de cest œuure auec belles antitheses contre la Catacrise. rer, que de nostre temps vne telle bresche soit faicte à la liberté de nostre patrie: moins d'vne auarice, ou cupidité de gain, grace, faueur ou ostentation de vaine gloire: mais de pureté de cõscience, exempte de toutes telles taiches, & ne tendant à autre but qu'au bien public de nostre païs. Non pour introduire vne formiliere de nouueaux procez: mais pour retrancher & assopir les vieux, faire cesser toutes doubtes qui pourroient suruenir. Non pour nourrir guerre & dissension entre les familles: mais pour planter selon mon pouuoir la vraye ancre, qui puisse apporter vn asseuré repos en l'estat vniuersel de la Republique. Non pour estre dit beau diseur, mais beau faiseur: nõ pour oppugner la verité, mais pour confuter la fauseté & sinistres impressions: non pour inuenter choses nouuelles, mais pour cõseruer & maintenir les vieilles, qui sont loüables & de tout temps tenües & obseruées: non pour captiuer par flateries & mots exquis la bien-vueillance des grands, mais pour monstrer par viues raisons & pureté de langage, l'erreur & imposture que l'on veut imprimer dans les cerueaux trop plus credules & legiers qu'il ne seroit de besoin.

A quoy

A quoy m'ont incité dauantage les prieres & importuns desirs d'vn grãd nombre de personnes d'honneur & grãde authorité, lesquels cognoissans mon naturel tout adonné au bien & repos public, ne m'ont iamais cessé coniurer de mettre la main à la plume pour vne si bonne & iuste occasion.

Sans auoir esgard à ce que l'on pourroit me reprocher tant de l'incapacité de mon esprit, sens, doctrine, & experience, que du deffaut de toutes vertus & qualités requises & necessaires à vn si beau & si digne subiect, ny aussi que l'on me pourroit à bon droict taxer de trop grande presumption, que i'aye entreprins c'est œuure parmy tant de gens doctes & bien versez aux termes de Iurisprudence & practique de nostre temps: moins encor à la multiplicité de grands & graues affaires tant priuez, domestiques, que publics: qui me tiennent si fort occupé, ne me baillant quasi loisir de respirer ny de dormir vn doux & gratieux sommeil. *Antiptose sur les emspeschemës.*

I'adiousteray icy vne autre protestation qui est la plus necessaire: Que si par nostre present discours, il semble à aucuns (chose du tout contraire à nostre intention) que nous soyons trop eslancez & mis hors des gons de l'obeïssance & seruitude que nous deuons à noz Souuerains Seigneurs & legislateurs, mesmes à nostre Cour de Parlement, laquelle est le vray crible de toutes loix, statuts & ordonnances: toutesfois ne desirons autre chose que de nous soubs mettre, comme nous faisons & ferons *Derniere protestation.*

toussiours

APOLOGIE.

Brief discours sur la vie de l'autheur.

tousiours à la tresbonne correction & determination de ceste venerable Cour, en laquelle i'ay eu particulierement cest honneur d'auoir prins le commencement de la digestion de mes estudes: receu ce gard & sacré nom d'Aduocat en l'an 1565. auec Monsieur de Montcal despuis President en Prouence, & soubs l'Adueu de Monseigneur de Monthelon mon parrein, qui despuis a esté garde des seaux de France, resola d'y pousser plus auant ma fortune, si les affaires priuez ne m'eussent contrainct & forcé aux seconds troubles de la Sainct Michel, 1567. estant aux grands iours à Poictiers, de prédre vne autre route en nostre païs & ville de Lyon: là ou despuis en l'an 1569. ie fus persuadé par de grands & braues personnages de ladicte Cour, qui y tenoient les premiers rangs en la iustice, d'accepter vn estat. A quoy ie condescédis tref-volontiers, tant pour estimer trop grande offence de leur deplaire, que pour en pouruoyant à la necessité de mes affaires, faire seruice à Dieu, à mon Roy, à ma patrie, & au public, comme ie fais encor, Dieu mercy.

Diuision de l'Apologie en trois parts.

Or à celle fin de ne point forligner d'vne vraye methode d'Oraison, ie reduiray ce petit discours Apologique en trois parties. La premiere contiendra sommairement le subiect de la Catacrise & les principaux fondemens, raisons & armes, desquels son opinion semble estre garnie. La seconde par brieues & pertinentes responces confutera ceste opinion. La troisiesme troisieme baillera le vray fil d'Ariadne, qu'on doit tenir & suiure, pour apres auoir passé tous ces labyrinthes d'erreur, paruenir au centre de la verité.

Nostre forgeur de Catachreses, c'est à dire, *abusions*, par son tiltre specieux, lequel comprend en soy le sommaire de tout le liure, à noté deux principaux poincts comme pour bases, les architraues desquels seront les raisons & motifs qui l'ont amené à la perfection de l'œuure. Le premier, que le droict Romain n'est tenu pour loy au païs de droict escrit, comme Lyonnois, & autres de la France. Le second, que tels païs sont abusiuement appellez de droict escrit. *Narratiō. Premiere partie du liure. Deux poincts recueillis du tiltre de la Catacrise.*

Pour preuue de ces deux poincts, il met en auant cinq propositions, sur lesquelles comme sur bases il dict auoir jetté les fondemens de son discours, & faict vne conclusion. Mais luy est à pardonner, s'il n'a bien prins le mot Grec. *Cinq propositions, qu'il appelle bases.*

Elles chantent ainsi: *Si le Prince, qui prend la loy d'vn autre, & duquel les subjects viuent souz autres loix ne se peut dire absolument souuerain.*

Si le Roy de France entre plusieurs marques de souueraineté par prerogatiue d'honneur sur tous les Princes du monde, ne reçoit la loy que de Dieu, & ses estats ne recognoissent autres loix que les siennes.

Si le droict Romain n'est receu en France, qu'en tant qu'il est conforme à la raison, comme loix & coustumes du royaume, & que l'authorité du souuerain en permet le cours.

Bb

APOLOGIE.

Si les Lyonnois sont vrays François & naturels subiects de leur Roy.

Si c'est de ce droict Romain, qu'est introduicte la puissance du pere sur ses enfans, qui empesche la fille mariée disposer de ses biens au profit de son mary, & non du droict & coustume des François.

conclusiō. C'est faire tort aux souuerains, à la grandeur de ceste Monarchie, à l'authorité de ses loix, & à la condition vrayement Françoise des Lyonnois tenir pour maxime, Que ce droict Romain soit en la ville de Lyon & païs du Lyonnois coustume & inuiolable.

Mais à les bien considerer, elles ne sont rien à propos, & se contrarient à soy-mesmes. Non *Remonstrance sur les matieres de la Catacrise.* plus aussi tout le traicté qu'il faict pour amplifier, & qu'il prend d'autruy, voire si vulgaire que rien plus, quant à la distinction des sortes de gouuernement de republique.

Outre-plus le mesme autheur faict vn grād discours sur la puissance absoluë des Rois & Princes souuerains: Que neātmoins ceste puissance doit estre bornée & limitée par les loix. De quoy ie pretends faire mon profit en la seconde partie: combien que par fois il escrit pour l'affirmatiue, tantost pour la negatiue.

En apres traicte de la grandeur & sublimité de nos Roys, mais si mal à propos & froidement, que chose du monde: veu que cela requerroit vn liure fort gros & entier, & auquel ie sçay si l'Autheur pourroit suffire.

Maximes de Catacrise. Descendant plus bas & au but de son intention (car à la verité dire, celle-là contient tout) tient pour maxime, que les Romains jaçoit que

que Monarques du monde ou de la plus grande part, n'ont eu tant de pouuoir, que de faire changer aux nations par eux subiuguées de loix & façons de viure: d'autant que tout chāgement de loix est odieux, & apporte auec soy vne alteration ou ruine d'estat.

A plus forte raison en nostre France ou Gaule Françoise, lequel païs semble auoir vne liberté ou franchise particuliere, n'ont esté les loix des Romains tenuës, sinon pour raisons & porte-flambeaux de la verité: non, dit-il, qu'elles nous obligent à ce qu'elles ordónent, ains pour nous rendre plus capables de ce qui est ordonné par les nostres: bien que selon la necessité du temps, la diuersité des occurrences, & en consideration du bien public & seureté de l'estat, on a quelquesfois lasché leurs nerfs. *L'esgard qu'on a aux loix Romaines en France.*

Nos Roys ont tousiours eu pouuoir non seulement de commander selon les loix, mais aux loix mesmes. De faict, il s'en trouue qui sont religieusement obseruées en France, lesquelles sont nées auec leur Monarchie, & non tirées d'autre lieu: au contraire a l'on rejetté les autres, parce que les receuant seroit offencer la liberté du païs. Ce qu'il veut prouuer par la remonstrance d'vn gentil-homme Gascon à l'Empereur Charlemagne, lequel, quoy que Empereur, cedant à la raison ne voulut point establir de loix Imperiales & Latines au preiudice des Françoises: comme aussi par l'arrest & determination des Estats de France *Des loix Frāçoises.* *Deux exēples sur la comparaison de la loy Romaine à la Françoise.*

APOLOGIE.

en la cause d'Edouard Roy d'Angleterre querelant le royaume contre Philippe de Valois, par où la loy Salique de France fut preferée à celle des Romains, & la succession deferée aux masles.

Moins encor est à propos la comparaison qu'il faict de nos loix Françoises aux Romaines & à toutes autres : disant que nos Cours de Parlement en France, & specialement celle de Paris, en sont tres-fidelles gardiennes & curieuses obseruatrices. Car l'examen de cest article est de longue recherche & de plus difficile digestion : Ayant affaire non pour vn ou deux iours, mais pour dix ou vingt ans : & non contre vn peuple seul, mais contre tout le monde.

De l'antiquité & prerogatiue de la ville de Lyon.

Il tombe puis sur la quatriesme proposition : que les Lyonnois sont vrais & naturels François, & partant non assubjectis aux loix des Romains, & en cest endroit faict vne grande digression sur l'antiquité & prerogatiue de la ville de Lyon, tirée de Paradin ou autre nouueau compilateur de l'histoire Lyonnoise : la disant estre sa ville, combien que il n'en est pas, ains assez distans, & l'Autheur de ceste Apologie en est natif par longue & fameuse extraction : qui est la cause qu'il a beaucoup plus d'occasion de la soustenir que luy.

L'autheur de l'Apologie natif de Lyon, & non l'Autheur de Cataerise.

Et comme il la va tantost haussant, tantost abaissant, & extrauague vn peu trop licentieusement, ie ne veux pour le present remarquer

quer les particulieres fautes qui sont en tout ce discours, parce qu'il faudroit trop s'y arrester, & sortirois hors du cours de nostre entreprise.

Bien diray en passant qu'il s'est beaucoup mesconté pour l'vtilité persuasiue de son intention: en racomptant que la ville de Lyon s'est fort longuement conseruée auec toute fidelité de subject à Prince souz l'Empire des Romains, ainsi qu'il cotte les temps & noms des Empereurs. Dequoy i'entens de me seruir cy apres en ma replique.

Finablement & pour la derniere proposition, il pose vn theme causant tout le subject du liure, qu'il a faict à la faueur & deuotion d'vn sié fort fauory, procureur, duquel il a soustenu la cause: C'est le mariage qui dissoult la puissance paternelle, & que l'enfant marié masle ou femelle n'est plus enfermé (comme disoient les anciens, *In sacris seu vinculis paternis*) mais peut librement tester & disposer & faire toutes autres functiōs, qui sont de droict commun, sans aucune licence soit du pere ou du magistrat. *Que le mariage dissoult les liens de la puissance paternelle.*

En quoy il se veut targuer de l'opiniō d'Accurse glossateur du droict Romain, laquelle comme erronée & faute d'intelligence, nous confuterons auec l'ayde de Dieu par la bouche d'Alciat nostre grand Iurisconsulte François, & par plusieurs autres de mesme calibre, qui ont rendu fort clair le dire de l'Empereur Iustinian en cest endroit. *L'aduersaire se targue de l'opinion d'Accurse Inst. de pa. potest. au §. 1.*

S'eſtandant encores plus auant (pour la cõfirmation de cela) ſur la puiſſance, qu'auoient jadis les peres à l'endroit de leurs enfans : duquel droict les François comme de tous autres viles ſeruices ont eſté touſiours declarez francs, quittes, & deſchargez aduenant le mariage, lequel il met au rang des moyens, par leſquels le droict de puiſſance paternelle eſt rompu.

Parangon des puiſſances paternelle & maritale.

Delà, finalement il tombe ſur le parangon des authoritez ou puiſſances paternelle & maritale : faiſant par pluſieurs allegations & raiſons prinſes de loing ceſte-cy plus forte & victorieuſe par deſſus l'autre. Et ſur ce poinct, vient à epiloguer par ſa derniere concluſion : rememorant les cinq premieres propoſitions, & mettant en jeu vn arreſt nouuellement rendu en la ſouueraine Cour de Parlement pour ſon principal bouclier, lequel neantmoins ne le peut ſauuer, ainſi qu'il ſera euidemment demonſtré en ſon lieu.

Seconde partie du liure.

Venons maintenant à la ſeconde partie de noſtre Apologie, en laquelle pour briefue anacephaleoſe de tous les principaux fondemens & propoſitions de noſtre aduerſaire, nous dirons en premier lieu qu'il ſe tourmête en vain à diſcourir des formes & manieres de gouuernement politiques : Entre leſquelles il met la Monarchique pour la plus excellente, plus ancienne, plus participãt de la diuinité, plus parfaite & plus durable, qu'autre.

Que la Monarchie eſt meilleur des autres ſortes de gouuernemés. Autheurs de ceſte pinion.

Quant à moy, ie ne mets point cela en doute
ny

ny controuerse: tant parce qu'il n'appartient à ce que nous auons entreprins, que d'autant qu'il a esté tant de fois decidé par plusieurs anciens & braues autheurs. Tesmoin Isocrate ad regem Nycoclem: Aristote, Ciceron, Saluste, Iustin & Tacite. Des Neoteriques, il y a Stobée, Alexandre, & Lypse, qui en ont amplemét discouru: dót nostre autheur des Catacreses a prins tout ce qu'il en a dit, quasi de mot à autre. Combien que s'il venoit à esplucher particulieremét, il s'y trouueroit beaucoup de difficultez, que ledit Autheur ne pourroit resoudre. Et me semble pour dire en vn mot, que les manieres de gouuernemens se doiuent reigler selon la diuersité des humeurs, coustumes, & naturels de ceux du païs. *Resolution belle touchant les sortes de gouuernemens politiques.*

En apres suyuant le fil de son discours jaçoit qu'il le traicte assez confusement: car il baille vne puissance absolue aux Rois & Princes: & sur tous à noz Rois de France, laquelle puissance du depuis (*comme canens palinodiam*) il veut estre restraincte & limitée par bonnes loix & ordonnances, dequoy i'ay au commencement protesté de me preualoir en ce lieu. *Qoe tous Roys & Princes souuerains ont puissance absoluë.*

Ie confesse donc toutes ces deux maximes; sçauoir que les Rois & Princes souuerains ont toute puissance & commandement absolu sur le peuple à eux subiect. Aussi que le Roy de France se peut dire vrayement Roy & Prince Souuerain absolu, ne tenant ny releuant d'autre puissance superieure: soit Pape, Empereur, Roy, ou autre Monarque du monde, mais d'vn *Le Roy de France est vn des Monarques de la terre, ne releuant d'autre que de Dieu.*

seul Dieu: & mesmes, qu'il se peut iustement appeller, vn des Monarques de la terre. Car il n'y a iamais eu vn seul Monarque. Sur lequel subiet, voyés ce qu'a esté de nouueau amplement & copieusement traicté en l'histoire de la vraye origine des François, par le Sieur de Vaux-plaisant homme de grande erudition.

La puissance du prince est bornée de la loy & de raison.

Toutesfois on n'a iamais estendu ceste puissance absoluë iusques à tout plaisir & vouloir effrené du prince, sans estre borné de la loy & raison: autrement auec l'effect il changeroit de nom, & de Roy deuiendroit Tyran. Ce qu'a tres-bien remarqué le Prince des Philosophes, quãd il dit: *Princeps, cui non sufficit honor & gloria, consequenter Tyrannus efficitur: quia si non sit contentus gloria & honore, quærit voluptates & diuitias: & sic ad rapinas conuertitur subditorum.* Ainsi l'on interprete vulgairement ce que dit l'Empereur Iustinian: *Quod Principi placuit, legis habet vigorem: scilicet non absque ratione & honeste.*

Aristot. 3. des Ethiques.

§. Sed & quod princip. instit. de iure natura. gent. & ciui.

Lucain au 8. des guerres ciuiles.

Sceptrorum vis tota perit, si pendere iusta
Incipit, euertitque arces respectus honesti.

Cicer. li. 3. de natura Deorum.

Si le Prince en vsoit autrement, ne meriteroit d'estre appellé image animée de Dieu, duquel la raison est baillée à l'homme, comme le patrimoine de l'vn à l'autre. Voyez ce qui en est traicté par Isocrate en l'Oraison ad Demonicum: & par Xenophon en sa Cyropedie. Et en ces termes, ie suis d'accord auec l'autheur de la Catachrese. Par consequent (contre le subiect de son liure) il sera necessaire que tout Prince & tout peuple, regle & compose les functions

functions humaines de ce mode transitoire par des loix, qui sont imposées pour tout le païs.

Mais passeray-ie soubs silence ce qu'il dit, le seul exemple du Prince donner credit & authorité à la loy? Qui est vne opinion aussi paradoxe, voire apocryphe que le tiltre de son liure. Si cela estoit vray, il s'ensuiuroit quãd vn Prince est vicieux, cõme Caracalla, Domitiã, & Heliogabale Empereurs, le peuple se pourroit dispenser de l'accomplissement & obseruation de la loy. Mieux eut dit la bonne vie du Prince seruir beaucoup à authoriser ses loix, tout ainsi comme l'on dit : *Bonus Aduocatus, est argumentum bonæ causæ.* *La bonne vie du Prince sert beaucoup à authoriser ses loix.*

Et pour entendre vne belle dispute touchée en ce lieu: *Si le Prince souuerain qui a fait la loy est adstraint à icelle*, faut distinguer les temps, & noter que lors du commencemét des Royaumes, que l'on prend de Nembroth, ou Ninus Roy des Assyriens, il regna & commanda si licentieusement & par la force, que sa seule volonté estoit la raison & ame de la loy qu'il bailla au peuple. De là sont aduenus tant de maux, confusions & des-ordres, que nous lisons en l'Escriture Saincte, & histoires prophanes approuuées, parlants de la tyrannie de ce Roy, & autres ses successeurs. *Question. Si le Prince est astraint à la loy.* *Temps de Nembroth. Origine de la royauté.*

Apres, comme le peuple commença à reuenir à soy, & iugea ses actions & deportements du tout contraires à la vraye loy de Dieu, (qui est empraincte dans noz ames dés nostre naissance) il s'aduisa, tantstost de receuoir des *Le peuple requist des loix au Roy.*

Bb 5

Rois, Princes & Iuges par succession de parenté, tantost par ellection des plus sages & capables, & par mesme moyen leur requist establir des loix, pour seruir de guide en la conduicte de la vie humaine, & pour estre obseruées par tous indifferemment. Desquelles loix, mesmes les superieurs ne se pouuoient dispenser: non tant à cause de la necessité, que de l'honnesteté & vtilité publique. Ainsi l'explique fort bien Dion en ces mots: διλύεται τῶν νόμων, ὡς αὐτὰ τὰ λατίνικα ῥήματα λέγει, τελέσιν, ἰαυτῆς ἀπὸ πάσης ἀναγκαίας νομίσεως εἰσι, καὶ οὐδενὶ τῶν γεγραμμένων ἐπέχειται. Aristote, ce qu'on dit le Prince estre franc de la loy, l'approprie non à toute sorte de Princes, ains à celuy qui surpasse les autres par merite, noblesse de race & vertu: d'autant qu'il doit estre loy à soy-mesme, & plustost bailler loy aux inferieurs que la prendre d'eux. A quoy se conforme Plutarque disant ainsi: Τίς ἄρξει τῷ ἄρχοντος, ὁ νόμος, ὁ πάντων βασιλεύς, θνητῶν τε καὶ ἀθανάτων, ὥς φησι Πίνδαρος, οὐκ ἐν βιβλίοις ἔξω γεγραμμένος, οὐδέ τισιν ξύλοις ἀλλ' ἔμψυχος ἐν ἑαυτῷ λόγος ἀεὶ συνοικῶν καὶ παραφυλάττων, καὶ μηδέποτε τὴν ψυχὴν ἐῶν ἔρημον εὐδαιμονίας. Le Poëte dit:

Pareto legi, quisquis legem sanxeris. & l'autre:
Sic agitur censura: & sic exempla parantur,
Cùm iudex, alios quod monet, ipse facit.

Le mesme ont resonné ces bons Empereurs Chrestiens, Theodose & Valentinian: *Digna vox est maiestate regnantis legibus alligatum se profiteri. Adeò de authoritate iuris nostra pendet authoritas, & reuera maius imperio est submittere legibus prin*

Le Prince est subiect à la loy, non tant de necessité, que pour vtilité.

Diony.lib. 8.de Aug.

Aristo.lib. 3.Polyt. cap.9.

Plut.in τῷ πρὸς ἡγεμόνα.

Auso.in Pitt.sent. Ouid.li.6. Fast.

L.digna vxor.C.de legib.

principatum. Et oraculo præsentis edicti, quòd nobis licere non patimur, alijs indicamus. Par où est abrogée l'opinion des anciés qui tenoiét le Prince estre affranchy de la loy. Ce qu'est tresbien expliqué sur ce passage par le tres docte Budée en ses annotations sur les Pandectes. D'icy est tirée assés subtilemét vne respóce au premier principal & faux fondement de la Catachrese: disant: *Que le Prince ne se peut dire absolumét Souuerain, qui prend la loy d'vn autre.* Car les Empereurs viuants soubs les loix d'autruy, comme ils ont souuent protesté, ne laissoient pourtant d'estre Souuerains en l'Empire. Mais ils auoiét ceste puissance & authorité par le conseil & aduis de gens sages, de quelquefois abroger ou mitiguer les loix & en faire d'autres, selon que la necessité du temps & occurrence des changements le requeroient.

Budæus in l. Princeps. D. de legib.

Question sur la premiere proposition de la Catachrese.

Si le Prince se peut dire absolumét souuerain viuãt soubs loix d'autruy.

Or puisque nostre discours nous a amené quasi inopinement à ce theme, il en faut dire librement la verité, nonobstant les impressions vaines & argumens Sophistiques de la Catachrese. Mais pour en auoir plus facile intelligence, nous conuient enquerir comment les loix ont esté inuentées, & quand, & par qui, & en quels lieux on en a receu premierement l'vsage.

Belle recerche.

Quant à l'introduction des loix au monde, nous en deuons faire distinction: sçauoir des loix diuines & humaines. Celles là sont les premieres par ordre de nature, ains sont inuentées auec la nature mesme: car comme

Loix diuines & humaines.

Des diuines.

APOLOGIE.

me dit Ciceron au second de legibus. *La loy vraye & principale propre à commander le bien & deffendre le mal, est la raison du grand Dieu, que les anciens surnommoient Iupiter, qui distingue le iuste d'auec l'iniuste, & est crayonnée, retirant au vif sur la nature, mere nourrice & conseruatrice de toutes choses.* Et en l'vnziesme Philippique: *Loy n'est autre chose, sinon vne raison droicte tirée de Dieu, commandant l'honeste & deffendāt le cōtraire.* Ce qui est plus gētilement & subtilement declaré par l'etymologie du nom de loy en Grec alleguée par Platon au xij. de legib. (dont il semble que Cicerō à tiré ce que dessus) νόος ou νοῦς, signifie l'esprit & raison, & νόμος la loy: comme si l'on vouloit dire: la raison vraye idée ou organe de la loy. Celles-là sont les dernieres, comme estans de l'inuention des hommes, causée tant de malice que de necessité. Toutefois pour la repugnance & diuersité des peuples qui se sont les premiers attribuez l'inuention des loix escrites, il n'est certain entre les Payens qui a premier baillé les loix: sinon que vulgairement on appelle, *Ceres legifera.* Draco les à premier baillé aux Atheniens, & puis Solon: Mercure Trismegiste aux Ægyptiens: Minos & Rhadamante aux Candiots: Licurgue aux Lacedemoniens: Charondas aux Pheniciens: Phoronée aux Grecs: Pythagore aux Italiens, Samothes aux Gaulois, & ainsi des autres.

Nous Chrestiens institués en la vraye loy de Dieu, tenons que le premier Legislateur du

Des humaines, & qui en a esté le premier inuēteur.

du monde a esté Moyse, qui a aussi precedé beaucoup de temps les dessusdits: & ayant receu la loy (qu'on appelle Decalogue) de Dieu mesme, sur le mont Synaï au mois de May appellé, *Syuan*, à esté curieux & diligent de la mettre en partie par escrit & communiquer aux Hebrieux, cõme à la gent aymée & esleuée de Dieu pour cest effect, l'autre partie la conferant à Iosuë fils de Nun son successeur, lequel & de main en main, les Prophetes apres luy, l'ont delaissé par vsage & coustume, comme loy non escrite, iusques à nostre temps. Ceux qui en voudront de plus prés recercher les raisons, ie les r'enuoye à Sainct Ambroise en l'epistre lxxj. à Irenée: mais il nous suffit quant à present de sçauoir, & asseurer que Moyse à esté le premier legislateur enuers le peuple Hebrieu, és années de la creation du monde 2449. & 50.

Moyse à baillé loix escrites & nõ escrites.

Ces loix, comme tout le monde en eut congnoissance, les trouuant tres-bonnes, vtiles & salutaires pour l'entretien de la societé humaine, vn chacun à l'enuy fut prompt à les receuoir & rechercher, pour en apporter autant & publier à son peuple, si nous croyons à Diodore Sicilien, Herodote, & Iosephe: voire à Berose & à Metasthene tres-anciens autheurs. De là est venu que (comme dient Platon, & Ciceron.) *Les loix sont tellement instituées de Dieu & promulguées au monde qu'il semble qu'elles parlent auec tous d'vne seule & mesme voix*: d'autant, comme dit le mesme Ciceron en vn autre lieu:

Les loix de Moyse cõme tresbonnes & salutaires, embrassées de tout le monde.

Plato. 2. de legib.

Cic. 2. offi.

Il n'y a rien plus propice au droict & condition de nature, que la loy: sans laquelle ny vne maison, ny vne cité, ny vne nation, ny le genre humain, ny la nature, ny mesmes tout le monde ne pourroit aucunement subsister.

<small>Droict des gens, commū à tous.</small> Elles s'appelloient & s'appellent encores auiourd'huy d'vn nom à tous commun, *ius gentium*: c'est à dire, *droict des gens ou nations*. Duquel il est certain que tous les peuples vsoient, cōme commun à tous: cōbien qu'ils fussent separés par diuersité de subiections ou dominations, com- <small>§. Ius autem ciuile. inst. de iure nat. gent. & Ciuili.</small> me dit l'Empereur Iustinian. Par où appert clairement (quand ny auroit autre argument,) qu'vn Roy ou Prince souuerain ne laisse moins d'estre Prince Souuerain quand il emprunte, ou vse des loix d'vn autre peuple ou principauté. Doncques la susdicte conclusion de la premiere proposition est trop generale & fause en cest endroict.

Que si pour se sauuer, l'autheur se veut re- <small>Droict Ciuil, ou de chacū païs.</small> straindre au droict ciuil, c'est à dire propre à chacune cité, lequel Theophile appelle, πολιτικὸν νόμον ἴδιον: Ie luy monstreray tant par raison & argument necessaire, que par exemples, que encores en ceste part elle ne peut estre verita- <small>Argument cōtre la susdicte proposition. Iust. Lyp. liure 2 des Politiques chap. 3.</small> ble. Entre les Logiciens: *latius non debet patere definitio, quàm definitum, nec è contrà.* La vraye definition de la principauté est baillée par vn tres sçauant & approuué Philosophe de nostre temps: *C'est le commandement d'vn seul defferé selon les coustumes & loix, receu & exercé pour le bien commun de tous ceux qui obeyssent.* Or la definition

finition ne parle point ny distingue de quelles *Definition*
loix & coustumes le Prince doit vser, ou par *de la prin-*
luy establies & inuentées, ou par autruy. Ergo, *cipauté.*
le Prince se peut ayder, viure, & faire viure ses
subiects par loix d'autruy.

Le mesme autheur Catachrestique (à fin *L'aduersai-*
qu'il soit enfoncé de son propre cousteau) par- *re s'enfon-*
le aussi indistinctement des loix, quand il dit, *ce de son*
qu'elles sont inspirées en la naissance des Roy- *propre cou-*
aumes & Monarchies, comme l'esprit qui leur *steau.*
donne vie & mouuement. Quant aux exemples *Les Princes*
il en allegue beaucoup de ceux qui estans sou- *se sont ser-*
uerains se sont seruis de l'authorité d'autruy, *uis de l'au-*
pour faire receuoir de bonnes & iustes loix à *thorité*
leur peuple: Minos de Iupiter en Crete, Lycur- *d'autruy,*
gue d'Apollon en Lacedemone: Menas de Mer- *pour faire*
cure en Egypte. Numa de la Nymphe Aegerie *receuoir*
à Rome: Zamoxis de la Deesse Vesta en Grece *leurs loix.*
Mais il n'est besoin d'en reciter d'auantage,
parce que les histoires en sont toutes remplies.
Entre autres, celles de Diodore, Herodote, Polybe, Tite Liue, Troge Pompée, Thucidide,
Pausanias, Plutarque, Appian, Tacite, Marcellin, & infinis autres.

I'en t'apporteray icy d'exemples qui sont
asses cogneus & hors de doute & scrupule.
Les Romains desquels la souueraineté n'est
mise en controuerse, n'ont ils pas emprunté
leurs loix des Atheniens, qui y enuoyerent expres Carneades? & ces loix appellerent dix tables, en adioustant apres deux pour faire dou- *Cic. de*
ze: desquelles Ciceron parle ainsi par tiltre de *Orat.*
tres

tres grand honneur: *Bibliothecas omnium philosophorum vnus mihi videtur xij. tabularum libellus, & authoritatis pondere & vtilitatis vbertate superare.* Et les Atheniens & aussi Lacedemoniens les auoient parauant euës des Egyptiens. Lesdictes loix furent en si grande reuerence, qu'elles estoient escriptes & grauées en erain à la place publique: mais il n'estoit loysible à chacun de les interpreter & expliquer, sinon a ceux qui furent à ce esleuz & deputez expressement nommez, *Decemuiri*. A cause dequoy l'escriuain Flauius qui auoit prins la hardiesse de les communiquer au menu peuple fut griefuement reprins & condamné.

Et pour n'aller si loin, l'Empereur Iustinian aussi excellent legislateur, que hardy & heureux guerrier: n'a il pas baillé l'authorité à ces bons & braues Iurisconsultes par luy esleuz & choisis à cest effect? Les responces & sentences desquels il a voulu seruir de loy a tout le monde, de laquelle les Iuges ny autres ne s'en paissent departir. Brief ces vieux Gaulois, François, & Allemans ont emprunté partie de leurs loix des Romains, des Grecs, & les Grecs des Ægyptiens, & les Ægyptiens des Chaldeens & Assyriens. Non pourtant, qu'ils se voulussent assubiectir les vns aux autres.

Pour acheuer ceste dispute i'adiousteray seulement trois beaux traictz de souueraineté, & dignes de perpetuelle memoire: l'vn d'Arate Sicyonien, lequel a mieux aymé approuuer ce qu'auoit esté mal ordonné & executé en sa ville pa

Deux exêples des Atheniens Laced. & Romains sur la reception des loix d'autruy.

l 2. §. Iuris Ciuilis. De orig. inris. l pr. §. sed neque C. de veter. iure enucl. §. responsa inst. de iure nat. gét. vel ciuil. Autres exêples sur ce subiect.

Trois exem ples dignes de perpetuelle memoire. Polybe & Ciceron au ij. des offices.

APOLOGIE.

le par les Tyrans durant le temps de cinquante ans, que de troubler le repos de l'estat public: l'autre de Thrasibule, lequel apres auoir chassé les trente tyrans d'Athenes, fit la loy d'Amnystie, mettant soubs pied toutes choses passées, combien que tres-iniquement & malheureusement. Le tiers de nostre Roy de France Henry IIII. du nom, vrayement appellé, *Tres-chrestien & tres-clement*, lequel à l'imitation de ce grand Charlemagne son predecesseur à tant de fois pardonné à ceux qui s'estoient rebellés contre luy. Voyre mesme à faict dauantage, ayant ratifié & authorisé tout ce qu'auoit esté faict par les vsurpateurs de ce Royaume durant les troubles & guerres ciuiles. Et pour cela, faudra il dire que tous ceux-là ayent iamais perdu les marques & grades de souueraineté? *Thucidide & Pausanias.*

Voila donc la premiere proposition subuertie & abbatue, qui est tout son principal fondement (nonobstant qu'il y entremesle à l'exemple des Sophistes, d'autres propositions veritables, sçauoir est la seconde, comme i'ay confessé cy deuant) tout ce qu'a esté basty dessus ne peut demeurer debout.

La troisieme proposition est pareillement captiuée, comme nous ferons clerement apparoir en la troisieme partie du present discours, où nous en auons reserué l'entiere digestion & resolution. Aussi contient elle des maximes & raisons fausses. Et entre autres, i'en ay remarqué deux: la premiere, que les Romains n'ont iamais changé de loix: la seconde, qu'ils *Troisiesme proposition. Deux maximes fausses.*

Cc

n'ont iamais eu ce pouuoir que de faire tenir & obseruer leurs loix par les nations & peuples qu'ils ont subiuguez & vaincus.

Fenestella. lib. de sacerdotiis.
La forme du sacerdoce & ceremonies ont receu chaugemōt vers les Romains.

Premierement, quant à la forme des sacerdoces & ceremonies de religion, Fenestelle en descrit en son liure beaucoup de sortes, que luy-mesme confesse auoir depuis esté abrogées. Surquoy ie ne voudroy faire trop de fondement: Car comme ils estoient & pareillement tous Payens, incertains en la cognoissance du vray & seul Dieu, à mesure qu'il leur suruenoit quelqu'heur ou peril inesperé, ils ont forgé a leur poste des Dieux pour leurs estre fauorables: lesquels, en ayant receuz quelque mal ou disgrace, ils reiectoient & leurs ceremonies (comme si vne mauuaise fortune rendoit quant & quant les Dieux courroucés & vengeurs, & descouuroit la malice ou peché des humains) ainsi que rient aussi Postel en quelque lieu contre le Christianisme. Et au contraire ayant senty la main propice & fauorable d'vn Dieu par eux forgé, ils le mettoient

Lactance firmian li. de falsa religi.

en grand honneur & reuerence, luy faisoient de grands sacrifices & portoiēt autres respects diuins, ainsi que fort amplement est traicté, par le tres-chrestien Poëte & Orateur qui fut au temps de l'Eglise florissante.

Tout de mesme quant aux loix & police ciuile.

Quant aux loix & police ciuile, il est si certain que rien plus, qu'ils ont changé tant & tant de fois, aduenant changement d'estat ou diuersité de meurs & façon de faire du peuple, tant à cause des guerres seditions ou commotions

tions populaires, que de maniere de gouuernement & temps prospere ou aduerse, selon que l'vtilité & necessité de la chose publique le requeroit. Car comme dit le pere d'eloquence: *Numquam placuit præstantibus in Republica gubernanda viris, in vna eademque sententia perpetua permansio.* De celà en font foy infinité de loix recitées par Pomponius Lætus, & aussi d'autres plus à plain notées par Oldendorpe & Hottoman, qui ont esté depuis abrogées par succession de temps. Et brief pour ne s'arrester en chose si claire, tout nostre cours ciuil, & principalement le Code de Iustinian est réply des loix vieilles que le téps & raison ont aboly.

Cic. lib. prim epist. pen. epist.

Pōponius Lætus lib. de legib. ad Panthagathum.

Touchant l'autre maxime, l'on voit quasi par toutes les constitutions de Iustinian & autres Empereurs qu'ils declarent & entendent icelles non seulement auoir lieu à Rome & en Italie, mais par tout le monde: c'est à dire ceux que les Romains s'estoient assubiectis. Aussi est ce la coustume & ordinaire du vainqueur, encores que ce soit auec retenue & modestie, suyuant le dire du Poëte:

Les Romains ont baillé loy aux païs vaincus.

Mos est victori leges imponere victis.

Dés que l'Empire Romain print accroissance & élargissemēt par la debellatiō des Veienses & Fidenates, on leur bailla certains droicts & coustumes pour se seruir, entre lesquels estoit le droict de la cité Romaine, droict de tresgrande vertu & efficace, comme l'a remarqué singulierement monsieur Chopin, mon bon Seigneur & amy, homme de tres-rare eru-

Chopin. li. de domanio Franciæ primo. cap. 2.

diction, principalement quant à l'antiquité. Autant en escheut aux Latins & autres parties de l'Italie, quand ils paruindrent en la subiection des Romains. Ce qui est encores confirmé par l'aduersaire en son liure, 37. page, disant ainsi des Romains: «*Aussi tous les peuples qu'ils ont subiugués, quoy qu'ils n'ayent receu loix contraires aux leurs, si en ont ils tiré de grands secrets pour seruir à la Iustice & egale distribution des choses, comme loix iustes, necessaires, vtiles, & tres-expresses pour la decision de toutes sortes de differents.*

La reception & vsage des loix Romaines en Frāce n'est contraire à la liberté du païs.
Nostre autheur de la Catachrese s'abuse grandement de dire, que la reception & vsage des loix Romaines en France est contraire à la liberté du païs, & qu'il y auoit des loix nées en France dés le commencement de sa Monarchie, qui sont encores auiourd'huy estroictement gardées. Par ainsi n'en faut point receuoir d'autres. Au premier il a esté cy dessus assez respondu: car vn païs n'est pas moins net & libre quand il vse des loix ou coustumes d'vn autre.

Il y a quelques loix dés l'origine des Frans-Gaulois: mais ne pouruoient à tout.
Et pour le regard du second, il est tout certain qu'il y auoit plusieurs loix au Royaume de France dés son origine, que nous tenons inuiolablement pour le iourd'huy, comme la Salique, Ripuaire & autres qui se trouuét curieusemét recueillies par ledit Sieur de Vauxplaisant en son liure de la vraye orig. des Fran. Mais comme elles ne sont que pour vn faict particulier, & n'ont pourueu à tout, aussi ne portent defences d'en introduire & receuoir d'autres

APOLOGIE.

d'autres. Autrement il aduiédroit de son estat Monarchique de mesme, que d'vn corps qui n'auroit qu'vn nerf, artere, ou tendon au poulce du bras droict: lequel corps en tout le reste des functions des autres parties demeureroit imparfaict, paralytique, & perclus. *Comparaison.*

Ainsi se doiuent entédre & referer les deux exemples qu'il a allegué, tirez des ordonnances de Charlemagne & Philippes de Valois. Car il estoit question en cela d'infirmer les anciennes loix de France tres-bien instituées & longuement obseruées pour introduire en leur lieu, & tout à l'opposite des loix Romaines. Auquel cas il n'y a homme tant hebeté qu'il soit, qui ne trouuast ceste proposition contre tout droict, raison & equité. *Intelligence des deux exéples de Charlemagne & Philippe de Valois.*

Et quant au parangon qu'il faict des loix & coustumes des François à celles des autres nations, mesmement des Romains. Ie luy voudrois volontiers demander, où est ce qu'il a trouué ces coustumes & loix auant le regne du bon Roy Sainct Louys, heureuse tige de nostre Soleil François, qui illustre tout le monde? Il ne s'en trouue point, quoy que soit redigée par escrit. Donc si cela est, faudroit inferer que leurs deuanciers eussent vescu sans loy ny constitution aucune? Encores s'il a regardé de bien pres & conferé noz loix auec celles des Romains (mais l'Autheur n'a prins ceste peine) l'on trouuera que les nostres pour la plus part sont tirées (soit pour la forme & practique iudiciaire, ou pour la commune fa- *Qu'il n'y a aucun Parangon des loix Françoises aux Romaines.*

çon de viure) des loix des Romains, ou vieilles ou modernes. Par conſequent il s'eſt fort equiuoqué, ou ſon Imprimeur (s'il le deſauouë) de mettre par toutes les pages de ſon liure, *Catacriſe du droict Romain.*

Abſurdité en la maxime: le droict eſcrit n'eſt receu ſinon entant qu'il eſt cõforme à la raiſon commune. Terence. Ti. de orig. iuris. D. l.

Pour conclurre ceſte propoſition, i'y trouue vne grãde abſurdité en ce qu'il dit le Droict eſcrit ne deuoir eſtre receu, ſinon de tant qu'il eſt conforme à la raiſon commune. Ie vous prie vn petit, beau Sire, (Si ainſi eſt loyſible de parler à l'antique Françoiſe) qui eſt ce qui me dira ceſte raiſon commune? où eſt elle eſcrite? & qui la pourra certainement diſcerner parmy tant de diuerſes opinions & de teſtes qui ſont au monde? Nous liſons qu'anciennement il y auoit tant & tant de liures de loix, que Iuſtinian l'Empereur fut contraint les recoupper & roigner, voire retrancher plus de la moitié par ſon liure des Pandectes, c'eſt à dire Epitome du droict ciuil. Et encores par apres celles la des Pandectes ſont corrigées par la loy du Code: & celle du Code par les nouuelles authentiques. Comment donc pourroit on eſtimer ou mettre toutes ces raiſons par eſcrit? ou bien qui eſt le ceruau qui les peut comprendre & retenir, & puis bailler de main en main l'vn à l'autre ſans eſcrit? Mais paſſant plus outre, qui me dira ceſte raiſon commune? veu qu'entre deux ou trois perſonnes, ſe trouuent bien ſouuent opinions toutes diuerſes & contraires. Selon le dire du Poëte: *Tres mihi conuiuæ propè diſſentire videntur,* &c.

Comment on pourroit cognoiſtre la raiſon commune. Horace en ſes ſerm.

Et

APOLOGIE. 17

Et pour sçauoir qui est la commune, faudroit quelle fut par escrit, comme l'opinion des Docteurs & commentateurs sur nostre droict. Attendu mesme qu'il suruient en nature tant de cas nouueaux & inopinés, varietés & circonstances & autres tels effects d'instabilité, qu'il est du tout impossible de circonscrire & enclorre tout dans certaine & ferme loy, si que le diamant dans vn anneau. Car, comme dit Iustinian : *Multas formas edere nouas natura deproperat, eáque propter imperialem fortunam Deus humanis præposuit rebus, vt possit omnia, quæ nouiter contingunt & emendare & componere, & modis ac regulis competentibus tradere, nunc antiquiorum declaratione, nunc verò nouorum editione suiuum.*

Dauantage ie diray chose veritable, mais non entenduë de tous : tout homme a vne raison, par laquelle il differe des bestes: & neantmoins bien souuent les hommes conuertissent celle raison (qui a esté baillée de Dieu pour le mieux) & l'appliquét à malicieuses inuentions. Voila pourquoy c'est vne belle chose & diuine que de raison : mais n'est rien de soy estant simplement consideree en sa premiere nature: ains quand elle est examinée & balancée par l'equilibre de l'entendement & sondée en soy mesmes, & estendue plus auant par l'application de la chose proposée : alors elle deuient vne entiere & parfaicte vertu, qu'on appelle Sapience. Quel sera donc meilleur de prendre vne raison selon l'appetit d'vn chacun à son

Suruient en nature tant de cas nouueaux & inopinez.

In l. 2. ver. sed quia. C. de veteri iure enucl.

Qu'est ce que raison.

Cic. 3. de natura Deorum, & in orat. pro Plãco.

Tres-belle intelligëce de raison, tirée de Ciceron, au 1. de leg. & s. Tuscul.

Cc 4

particulier, ou bien celle qui a esté receuë & approuuée de tant de bons esprits & iugemēts solides, & redigée par escrit, comm'il sera declaré en la troisieme partie?

Touchant la quatrieme proposition. En la quatrieme proposition, il est dit que les Lyonnois sont vrais François & naturels subiects de leur Roy: & par consequent ne se reglent par le droict escrit.

Insinuatiō en la grace des grands par adulation mauuaise. Laquelle consequence n'est pas necessaire: car combié que nostre Autheur se vueille insinuer en leur bonne grace, & encores du Roy de France par plusieurs belles recommendations & authoritez anciennes qui sont assez vulgaires: toutesfois cela seroit trouué bon en vn Panegyric ou poëme adulatoire. Mais non pour le subiect de l'œuure, auquel il pretend faire trouuer veritable ce que tout le móde tient pour Paradoxe. Aussi l'on ne trouuera mauuais, si estant question de diuulguer la verité par escrit pour le soustenement de nostre droict prouincial, ie seray contrainct d'escrire ce qui en est.

Quand les François entrerēt en Gaule y auoit plusieurs principautés separées. C'est vn poinct tres-asseuré & hors de toute dispute, que les François quand ils vindrent premierement en Gaule souz le Prince Pharamond, & y planterent leur siege souz le secód Roy ensuiuant, Merouée, ils ne pousserent si auant pour penetrer iusques en la Gaule Lyonnoise: ains y auoit des particulieres principautez, distinctes d'auec les Gaulois, combien qu'ils fussent tous comprins souz le nom de Gaule: & entre autres le Royaume de Bourgógne,

gne, que l'on tient estre venu des Vuandales, gens Septentrionaux. Et de ce ie ne voudrois alleguer autre preuue, sinon l'histoire de Clouis, lequel espousa Clotilde fille du Roy de Bourgongne : par le moyen dequoy & de leur vaillance les Roys de France ont esté apres faicts maistres & souuerains de la Bourgógne.

Nostre mesme Autheur Catachrestique confesse que Lyon & toute la prouince de Lyonnois ont demeuré long temps souz l'Empire Romain, deuant que tomber en la subjection de France. Par où l'on remarque qu'ils ne sont si anciennement ny naturellement François, comme les Parisiens & autres nations, qu'on appelle, *la France naturelle*. Car il dit en apres qu'à la poursuitte des habitans de la ville de Lyon, le Roy Philippe le Bel en l'an 1292. mit, ladicte ville en sa protection & sauuegarde, à cause des diuisions d'entre l'Eglise & la cité : Et depuis le Roy Louys Hutin son fils l'annexa à la couronne. Mais il ne descrit pas la forme comme l'affaire passa, qui est ainsi :

Messire Pierre de Sauoye Archeuesque de Lyon lequel auoit souuerain Empire & Iurisdiction sur la ville & païs de Lyonnois par concession ancienne du Roy de Bourgongne, confirmée par lettres patentes de l'Empereur Frederic premier du nom, du xviij. Nouembre 1157. (qui se trouuent encore auiourd'huy) ceda & quitta la souueraineté audict Philippe le Bel, qui reciproquement luy bailla

Les Lyonnois ont long temps demeuré soubs l'Empire des Romains.

Forme, comment Lyon fut acquis au Roy de France.

droict de Regale sur l'Euesché d'Autun, & laissa mere & mixte Empire, auec iurisdiction sur les habitans de ladite ville, & par transaction solennelle faicte au mois de Septembre, l'an 1307. confirmée par les Roys Louys Hutin & Philippe le Long, és années 315. & 320. & Philippe de Valois 341. le tout par apres emologué & verifié en la souueraine Cour de Parlement, par arrests cottez de Mósieur Choppin.

Chop lib. 2. de dominio Frãciæ cap 9.

Dócques appert clairement q̃ Lyõ & Lyonnois n'ont esté anciennement ny naturellemẽt subjects au Roy: ains par concession de l'Archeuesque ou reddition d'eux-mesmes. Sinon que l'on le prenne par l'axiome general des Gaulois tiré de Postel: que le Roy de France comme successeur de Gomer, fils aisné du mõde, tout ce qu'il conquiert en terre n'est reputé par tiltre d'acquisition, ains de recouurement de son droict. Ainsi qu'a esté touché par le Sieur de Vaux-plaisant en son liure premier sur le mot de Gomerites.

Selon l'opinion de Postel, tout ce que le Roy acquiert c'est de son droict, par forme de recouurement.

Mais pour n'entrer point en grande inuolution de disputes, laissons à part la definition de ce mot, *naturel subject*, qui se peut interpreter en plusieurs façons: Car quant à vray & fidele subject, il se monstre assez: non par le tesmoignage de nostre Autheur, lequel se plaist fort à la declamation de ses loüanges & proüesses heroïques: ains par toutes les occurrences des cas tant anciens, que modernes, où l'on en a peu faire l'espreuue certaine, &

Lyonnois sont fideles à la Couronne.

conferen

conference auec plusieurs autres peuples subjects à ceste couronne. Voire par la correspondance ou allusion à cest animal, dont il retient le nom (lequel argument est bon selon le dire d'Aule Gelle) parce que le Lyon est reputé par Theophraste & Pline, le plus royal, fidele, & genereux de tous les animaux. Toutesfois quelque fidelité ou asseurée inclination de son obeïssance qu'ils ayent tousiours demonstré enuers leur Prince, il ne s'ensuit pourtãt qu'ils ne se doiuent reigler par le droict escrit. Car puis-que le Roy le leur a ainsi permis & accordé des lors qu'il les print à sa protectiõ & main souueraine, & l'a despuis voulu & ordõné par tant d'Edicts & arrests de ses Cours de Parlemens, à quoy le peuple à cõdescendu, ils ne forlignent aucunement de leur deuoir, n'y obeïssance naturelle, quand ils suiuent sa volonté: là où ils seroient grandement reprins tant de Dieu que des hommes faisans le contraire, ainsi que sera plus amplement traicté & prouué en la troisieme partie.

Gell. Noct. Att. lib. x. cap. 4.

Lyonnois ont demeuré par accord viuans selon le droict escrit.

Et nostre aduersaire en la page 90. approuue la conuention entre le Roy & le païs de Languedoc, qu'il soit regy du droict escrit: laquelle neantmoins ne se trouue par expres. Non plus est certain ce qu'il dict: *N'y faut lettres de relief d'appel, & ne se paye amende du fol appel*: car il n'en est bien informé. Pourquoy trouuera-il mauuais qu'en Lyonnois, qui estoit anciennement de semblable qualité, le mesme droict escrit soit obserué où il y a esté specialement

Bon argumẽt tiré de l'aduersaire.

lement pourueu?

Qu'il ne soit ainsi, ne faut aller plus loing pour le verifier & conuaincre, qu'aux propres & originales lettres patentes ou transaction cy deuant mentionnez du Roy Philippe le Bel, qui sont és archiues des Seigneurs, Archeuesque, & chapitre de l'Eglise de Lyon, vulgairement appellée Philippine, dont i'ay extraict ces mesmes mots qui s'ensuiuent en deux endroits, sçauoir:

Inprimis siquidem confitemur pro nobis & successoribus nostris Francorum regibus merum & mixtum imperium, omnimodam iurisdictionem altam & bassam, exercitium & executionem ipsorum in tota ciuitate & villa Lugdunẽsi & eius appertinentijs sub nostra guarda ressorto & superioritate, ad Archiepiscopum & capitulum nomine ipsius Lugd. Ecclesiæ, immediatè, integrè, & in solidum pertinere. Quibus ressorto, guarda, & superioritate prædictis nos, & successores nostri vtemur, & vti debebimus in perpetuum, & non aliter modo & forma & modificationibus quæ inferiùs exprimuntur. Videlicet quod in villa, ciuitate, temporalitate, terra & Baronia dicta Ecclesiæ in regno nostro, seu eius pertinentijs existentibus, de diffinitiuis sententijs interlocutorijs & grauaminibus quibuscunque, in quibus de iure ciuili scripto, vel de consuetudine approbata & præscripta in curia seculari ipsorum Archiepiscopi & capituli est licitum appellare, latis vel illatis à quibuscunque iudicibus & ministris secularibus dictorum Archiepiscopi & capituli ordinarijs vel delegatis, & ab omnibus eorum iurisdictioni & Baroniæ immediatè sub tè subiectis cuicunque iurisdictioni temporali præsidentibus, prima appellatio & primum ressortum deuoluetur immediatè ad prædictos Archiepiscopum & capitulum, prout ad quemlibet eorum coniunctim vel diuisim temporalis iurisdictio dictæ Ecclesiæ noscetur pertinere.

Et en vn autre endroit est ainsi escrit:

Causas secundarum appellationum & secundi ressorti, quæ ad nostram curiam deuoluentur, cognosci & terminari faciemus per gentes nostras Parlamentum nostrum Parisius vel alibi generale tenentes, vel per duos aut tres de nostro Consilio non suspectos, quos ad hoc duxerimus deputandos. Et erit in optione prædicti Archiepiscopi & capituli, an velint dictas causas audiri & diffiniri per gentes nostras nostrum Parlamentum generale tenentes, vel per duos tresve, vt præmittitur, deputandos à nobis. Et discutientur & terminabuntur dictæ causæ secundum ciuili à iura scripta, saluis tamen consuetudinibus locorum approbatis legitimè, quæ in definitionibus principalium causarum fuerant obseruandæ. Finieturque instantia dictarum causarum, prout dictant ciuilia iura scripta, nec vltra quàm dictant ciuilia iura scripta poterunt prolongari.

Quant à la cinquiesme proposition ou axiome, qui a ocasioné l'autheur de faire son liure, & sur laquelle il deuoit conclurre, non-pas en faire plus bas vne autre trop generale. Elle est telle: *Que par toute la France, contre les loix Romaines, la fille mariée n'est plus souz l'authorité du pere, ains du mary: & peut librement tester, mesmes au profit de son mary.*

Cinquiesme proposition.

Ie

APOLOGIE.

Question problematique & arduë.

Ie diray premierement que cecy est fort problematique : & seroit besoin pour le decider totalement d'vn meilleur cerueau que le mien, & celuy de l'autheur Catachrestique : Immò qu'il y fut trauaillé à bon escient par vne generale conuocation d'estats du Royaume de France, tout ainsi qu'a esté practiqué en affaires de grande importance, comme cestuy.

Voyla pourquoy ie ne m'estendray pour le present à l'entiere examination, digestion & resolution sur ce point: reseruant à autre temps plus commode & tranquille, s'il plaist à Dieu.

L'aduersaire se fonde sur deux Arrests, qui ne sont à propos.

Nostre hardy cheualier n'a osé se mettre en campagne, ou en champ clos pour combattre, s'il ne se fut des-ja promis la victoire : voire la tenir en sa manche par le moyen de deux Arrests de la Cour de Parlement à Paris, qu'il a fort poursuiuy : l'vn pour vn sien compere & collegue, l'autre pour vn Procureur son grand amy & familier. Esquels toutesfois i'ay sceu de bonne part, mesmes s'il est loysible de dire du conseil de partie, que ladicte Cour (qui n'a accoustumé d'auoir autre mire que celle de l'equité) ne s'est fondée sur cest axiome: mais sur ce que les biens dont testoit la femme, n'estoient profectifs du pere, ains aduentifs.

Dificultez au second Arrest.

Et neantmoins (*pace tanti Senatus dixerim*) il y auoit beaucoup de difficultez: du moins au second, duquel ie parle plus librement, pour en estre mieux informé que du premier. Car d'vne part, que ce soit bien profectif, & par ainsi qu'il y eust droict de reuersion au pere ou
à l'a-

à l'ayeul paternel, faict qu'il n'est à presumer, que le fils ou fille ayent des biens d'ailleurs que du pere, s'il n'est expressément prouué ou verifié. Et au cas proposé n'est point le dot baillé à tiltre onereux pour la clause qui est adioustée : *Que la fille quitte à son ayeul paternel tout ce qu'il deuoit à son pere* : parce que reciproquement l'ayeul quitte à la fille tout ce que son fils pere de la fille luy deuoit. En quoy l'on infere vne compensation de debtes, veu qu'il n'est à presumer que le pere ou ayeul paternel vueille tromper les enfans. Le droict donc de reuersion y estoit bien fondé, où est entenduë par la loy vne taisible stipulation pour la reuersion du dot : d'autant que sans icelle les parens seroient diuertis de donner & constituer ample dot à leurs enfans. Autrement seroit pour l'estranger constituant dot, lequel sans expresse stipulation *censetur donare*, ainsi qu'est traité par les Docteurs.

Ce fut Arrest donné en Audience, où les harangues & oraisons disertes ne sont oubliées. Celuy qui obtint Arrest estoit Procureur, present à la playdoirie. Celle qui succumba estoit vne pupille garnie du commencement de sa mere pour tutrice, & puis lors de l'Arrest (sa mere ayant quitté la tutelle, & conuolé à secondes nopces) d'vn qui auoit espousé sa sœur patruele, tāte *ex vtroq; latere* de la testatrice lequel tuteur dās peu de téps à faict faillite. D'autre part, que ce fut hié aduërtif, fait que possible le debte de l'vn estoit plus clair que l'autre,

L. Nesen. D. de negot. gest.

Raisons contre l'arrest.

L. Lucius in fine. ff. solu. matr. l. unica. §. extraneū. C. de rei vxo. actio.

In l. j. & 2. ff. Solut. matrim.

Raiſõ pour l'Arreſt auec la reſolution. l'autre, & que la fille eſtant mineure en puiſſance de pere, auoit faict telle declaration & quictance quaſi par force & pour complaire à ſa volonté.

Dauantage, que l'ayeul paternel n'auoit iamais reuoqué en doubte le teſtament de ſa petite fille, & par ainſi ſes heritiers ne s'en pouuoient plaindre. Et pour la derniere raiſon, ledit ayeul auoit eu deux femmes: de la premiere eſtoit deſcendue ladicte petite fille, qui auoit teſté au proffit de ſon mary: de la derniere l'autre fille, ſa tante patruele, qui debattoit le teſtament.

Arg. l. vlt. C. de reuodon.

Donc l'on voit que ceſte queſtion eſtoit *magis facti, quàm iuris:* & par conſequẽt y à plus d'incertitude, en laquelle il ſe faut ranger à l'Arreſt, pource (comme eſt à preſumer) que leſdicts faicts ne furent ſi bien eſpluchés par les parties lors de la premiere ſentence, qu'ils furent lors de l'arreſt.

l. res iudicata. de regulis Iuris.

Queſtion ſi le mariage diſſout la puiſſance paternelle.

Touchant l'autre point, que ledit autheur traicte ſi amplement & confuſement que, *matrimonium ſoluit à patria poteſtate*, faiſant combattre la puiſſance maritale contre la paternelle. Ie ne veux pour le preſent entrer en ceſte diſpute, comme i'ay proteſté, parce que ce n'eſt le principal but de noſtre liure où nous haſtons de venir. Bien diray en paſſant, que *iſtud indiſtinctè non eſt admittendum*. Nous auons pluſieurs cas auſquels cela eſt verifié, comme, *vbi diu et conſentiente patre ſeorſim ab eo filia habitauerit*. Auquel lieu la gloſſe interprete, *(diu) pro decennio*,

decennio, combien qu'en ce qui est favorable, ie voudrois abreger le temps, & s'il aduient que le mary ait procez contre son beau pere au nom de sa femme: Item aux biens qui sont aduentifs à la femme soit du chef de sa mere ou autre estrangier.

Mais que la femme puisse faire heritier son mary, & luy bailler tout le bien qu'elle a receu de son pere, luy viuant & preterit, ie ne l'accorderois pas facilement: & me semble que c'est contre tout droit & equité naturelle. Ce que apres nostre aduersaire est contraint de confesser. Si cela auoit lieu, les peres ne bailleroient à leurs filles en mariage que le moins qu'ils pourroient: de peur de tomber en l'inconuenient du Seigneur de Mont-luc en Gascongne, qui a esté cause de l'edit prohibitif de la succession des meres.

Inconueniens de ceste maxime. Arg §. igitur. inst. per quas personas.

Ne faudroit aussi en ce cas induire vne taisible emancipation, ou consentement du pere: n'estant vray-semblable qu'il preste son consentement en chose, qui luy peut porter preiudice: tellement que, *mulieres remanerent indotate aut minus bene dotate*, où la Republique a grand interest.

§. illud. inst. quib. mo. ius pat. pot. l. qui tacet, & ibi Dynus D. de reg. iuris.

Et si l'on dit que les François ne tiennent le droict de ceste puissance paternelle comme les Romains: Cela se doit entendre en certains cas: Sçauoir en matiere d'acquisitions, negotiations, & dispositiós entre vifs, non en testamens & ordonnances de derniere volonté. La raison en est tres-bonne: *Illa enim sunt iuris pri-*

nati, istud iuris publici, cui pactis priuatorum ita fa-
cilè derogari non potest. Ainsi faut prendre ce
qu'ont dit messieurs Connan, du Molin, Baron, Balduin, Hottoman, & autres personnages
illustres de nostre temps, en explicāt ces mots,
Talem potestatem : ergo aliquam habent potestatem.
Ie demanderois volontiers d'vne femme qui
n'auroit demeuré que bien peu de temps mariée, pourroit elle pas reuenir en la puissance
de son pere comme au parauant? *Ergo matrimonium non soluit à patria potestate, cùm non dicatur
actum, nisi duret.* Au païs coustumier de France
le pere qui succede à sa fille mariée en ses propres, à l'exclusion de son mary, n'est-ce pas à
l'occasion de ceste puissance paternelle? Et
neantmoins l'on veut introduire qu'au païs du
droict escrit plus libre & fauorable, le pere
soit de pire condition, qu'au coustumier, ne
succedant en rien du monde à la fille mariée.
Ie renuoye la decision de ceste questiō à monsieur de Chassain grand Iurisconsulte & coustumier, lequel dit presqu'en toute la France
au païs coustumier, la femme est exempte de la
puissance paternelle: mais nō au païs du droict
escrit, alleguant la loy formelle, *filia. C. de colla-
tio. & Ioan. Faber*, qui est vn autre grand practicien de France.

C'est assez disputé & conferé des propositions particulieres: parquoy est temps de venir à fondre la cloche, qui veut à dire, la conclusiō generale de nostre discours. L'aduersaire apres tous ces sorytes & arguments Sophistiques,

stiques, conclud finablement. *Que le droit escrit ou Romain ne doit estre gardé ny observé en nostre païs de Lyonnois, & autres païs de France qu'on appelle abusivement de droit escrit.* En quoy combien il s'abuse luy-mesmes, & aberrat toto cœlo (vt aiunt) soit ignoramment ou innocemment, ie le feray si clair que rien plus : apres neantmoins auoir proposé & demonstré vne manifeste calomnie sur les termes de sa conclusion.

Il dit qu'il y a en la sentence renduë sur ledit proces, dont cy dessus est fait mention: *Le droict Romain est en Lyonnois coustume & loy inuiolable*: mais est ainsi porté: *d'autant que le droict escrit est en la ville de Lyon & païs de Lyonnois observé, comme pour coustume ou loy inuiolable.*

Or entre ces deux locutions y a tres grande difference, qui consiste principalement en ces deux mots: *observé, & comme*. Le premier est pour ne desroger rien à l'authorité du Roy & Prince souuerain, duquel n'est dicte nuëment departir la loy ou ordonnance, quand il ordonne que telle & telle loy estrangere soient gardées & obseruées aux païs & terres de son obeïssance, ainsi que i'ay touché cy dessus. Le second tend quasi à mesme fin, & plus pour mõstrer que ce n'est pas la mesme loy ou coustume: *Omne enim simile non est idem*, ainsi que dient noz Iurisconsultes. *Nec sufficit similia verba dicere. Mutatur quippe effectus rei, licet alia verba apponantur, quæ similem videntur habere significationem.* Mais que cela s'obserue tout ainsi

Calomnie sur les termes de ladite conclusion.

Observation n'est pas ordonnance.

Tout semblable n'est le mesme.
Vulgata l. quod Nerua depositi. l. sciendum. §. vlti. de verb. obli. Azo. in suis Rubr.

qu'vne loy, s'il n'y a autre loy, couſtume, ſtatut, & ordonnance du Prince, ou du païs au contraire. Car en ce que l'on dit vne choſe ſemblable à l'autre, il eſt denoté qu'il y a diuerſité, ſoit en nature, qualité, quantité, ou autre accident. Ce que nous ferons entendre plus familierement & particulierement cy apres ſur ce meſme ſubject.

Et pour mieux confirmer mon dire par ſa bouche meſme, il vſe de pareilles phraſes en la catachreſe, page 32. diſant, que le Roy de puiſſance abſoluë oſte la ſucceſſion des meres aux enfans, qui auoit eſté introduite pour couſtume. Et neantmoins eſt tout certain que c'eſtoit par le droict eſcrit, non de couſtume.

Ti. ad S. C.
Tertul. D.
& C.

I'adiouſteray d'autres erreurs ou calomnies manifeſtes, en ceſte concluſion ſur ce mot de droict Romain: car il n'en eſt parlé par ladicte ſentence ny pres ny loing. Et neantmoins il oſe bien l'affermer par ſa concluſion: encores par toutes les pages de ſon liure ſont appoſez ces mots: *Catacriſe du droict Romain.* Ie laiſſe à penſer comme s'appelle cela, de s'attribuer l'authorité non ſeulement de reprẽdre & corriger, mais de condamner tout à plat le droict Romain, lequel eſt ſorty des viues ſources de l'ancienne Philoſophie, voire de la Theologie, a eſté ſi curieuſement raſſemblé & reſtrainct en certain nombre de liures (que nous auons) par de ſi grands & excellents Iuriſconſultes auec l'authorité d'vn bon Empereur, & finablement a ſi long temps eſté gardé & obſerué,

Grand meſchef & blaſpheme de condaner le droict Romain.

tranſp-
o.s.T.6.
Condem-
natio.

serué, comme il est encores quasi par tout le monde, pour auoir esté trouué plein de toute Iustice, equité, & bonté naturelle.

Mais la sentence parle du droict escrit (combien que *per αὐτονομασίαν* on l'appelle ainsi) qui est plus sobrement & sagement, que n'entend ledit Autheur: comme aussi les ordonnances du Roy & interpretes d'icelles, ensemble les arrests des Cours de Parlement, ne le nomment autrement: puis-que, *Inhærendum est verbis, quatenus per ipsa res indicatur.* Droict, à la distinction de loy, laquelle dépend du seul Prince, qui a le commandement souuerain, ainsi que luy mesme a confessé en quelque endroit: & escrit, à fin de ne faire semblant, que nous ayons rien emprunté des Romains, ny que recognoissons d'eux aucun droict de superiorité, ou preference sur nous. Qui plus est, qui est celuy qui ne voit que ce mot de, *Droict escrit*, est general? lequel comprend en soy, non celuy des Romains, ou d'autre particuliere nation, ains generalement, ce qui est obserué & gardé, comme pour loy, tant au païs de Lyonnois, qu'autres de la France, soit contenu au corps du droict des Romains, ou constitutions canoniques, ordonnances des Roys de France, arrests des Cours souueraines & reiglemens politiques, qui bien souuent contrarient & desrogent au susdit droict des Romains. Tellement que d'auoir mis en ladite sentéce, *Le droict escrit estre obserué de tout temps*, en cela, l'on n'y peut arguer ou remarquer

Pourquoy l'on parle du droict escrit, non des Romains.

L. in Ambigua, de reb. dub.

Le mot (droict escrit) est general.

APOLOGIE.

point de faute: parce que la verité est telle, ainsi que luy mesme est contrainct de confesser, que iusques à nostre temps, cela a esté ainsi obserué, & pourra estre tousiours obserué, sinon que par loy du Prince souuerain (lequel ne le fera, sans auoir aduis des estats dudict païs) ou multiplicité d'arrests de la Cour, il fut abrogé. Auquel cas ne pourroit plus estre appellé *droict escrit des Romains, ains des François*, autrement s'ensuiuroit (chose absurde merueilleusement) qu'aucune nation n'a moyen de mettre par escrit ses loix & statuts, que les Romains. Aussi la Cour de Parlement, qui a accoustumé de regarder plus au public, qu'au particulier, n'eust pas obmis par son arrest infirmatif de ladite sentence, de corriger ce mot la: *Le droict escrit y est obserué, &c.* si elle l'eust trouué mauuais. Et neantmoins nostre homme veut estre plus grand censeur, que la Cour.

Pourquoy l'Autheur a faict la Catacrise.
Ces raisons auec les autres qui seront en bas, me font croire que l'Autheur de la catachrese, l'a faict plus pour monstrer sa gaillardise d'esprit & eloquence, que pour l'asseurer veritable, contre la commune resolution, par forme de Paradoxe, ainsi qu'il dit, mais trop absurde & exhorbitant (souz correction) l'ouuerture & reception duquel apporteroit (à mon grand regret) vne grande playe à la Republique.

Il y a distinction en France du pays Coustumier, & du droict escrit.
En somme, c'est disputer, *de iure, non in iure*, comme apperra par plusieurs exemples familiers: Car il est tout certain & notoire qu'en France y a eu tousiours distinction du païs coustu

coustumier & droict escrit, laquelle luy mesme faict en plusieurs endroits, contrariant à sa conclusion principale. L'edict nouuellement faict par le feu Roy Charles de bonne memoire, forcloant les meres de succeder à leurs enfans, pour oster la diuersité de loix, veut & entend estre obserué tant au païs cuostumier, que de droict escrit.

Au païs de droict escrit, les freres *ex vtroque latere coniuncti præferuntur cæteris*. Et au coustumier, ils succedent tous indifferemment. Il y a vn notable arrest de la Cour de Parlement de Paris nouuellement rendu, par où appert manifestement la volonté de ladite Cour estre telle, qu'au païs de Lyonnois, & en Prouence le droict escrit, touchant la forme de succeder par substitution y soit obserué, & non la coustume, en certain proces iugé premierement à Lyon, & depuis en ladite Cour entre les freres & sœurs Guillens heritiers substituez de feu noble Anthoine Guillens de Salla, capitaine de la ville de Lyon, & Damoyselle Claudine Champier sa veufue. Au païs de Chalonois en Bourgongne, comme i'ay ouy freschement dire à Monsieur Bernard tres-docte & eloquét Orateur, Lieutenant general audit païs: il y a deux sortes: l'vn qu'ils appellent vulgairemét de la part de l'Empire, & l'autre du Royaume. En iceluy le droict escrit est obserué *ad vnguẽ*, & en cestuy, le coustumier de Bourgongne, Et de ce mesme poinct faict mention l'Edict faict nouuellement par le Roy Henry à pre-

§.1. Auth. de hæredi. ab intesta. veni. col.9.

Exemples de ceste distinction.

sent regnant (à qui Dieu doint tres-bonne, tres-heureuse & tres-longue vie) pour le faict des pays de Bresse par luy conquis a l'ayde, cōseil, & magnanimité de ce grand & inuincible guerrier le Duc & Mareschal de Biron : par ce qu'il veut qu'il n'y soit rien changé ny alteré touchant la forme & vsance du païs, qui estoit parauant regy du droict escrit. Bref, qui en voudra voir d'auātage, lise messieurs du Chassain, du Moulin & Tyraqueau, les trois coryphées de nostre tēps en la Iurisprudēce vraye, c'est à dire, qui est meslée de Theorique & practique, lesquels tiennent tous, mesmes au païs coustumier, ou la coustume locale n'aura pourueu, les loix & vsances des païs y estre gardées : qui est autant à dire, que le droict escrit vsité en France : Car il n'y en a point d'autre : *quin imò*, toutes les ordonnances des Roys en sont tirées, ou la plus-part, comme il est aysé de voir & remarquer.

Authorité de messieurs du Chassain, du Molin & Tyraqueau.

En apres il argumente de *particulari ad vniuersale* negatiuement, qui est totalement contraire aux regles de dialectique. Car soubs pretexte d'vn Arrest donné en certain cas special, il a voulu faire ceste conclusion generale & vniuerselle, en quoy il se trompe grandemēt. Fort souuent nous voyons d'Arrests, qui semblent contrarier entr'eux, voire *in indiuiduo*, (comme l'on dit :) mais il se trouuera autrement si l'on considere & espluche de pres les raisons & motifs de la Cour, qui l'ont poussé a faire telle loy, soit pour la diuersité des faicts, raisons,

L'argumēt du particulier à l'vniuersel ne vaut rien par negatiue.

Pourquoy sēble qu'il y a contrarieté d'Arrests?

raisons, circonstances, & apparence plus certaine d'equité, ou pour quelque autre occasion, dont les Cours de Parlement, tenans lieu de Prince, *ad exemplum præfecti Prætorio*, s'en reseruent la cognoissance, interpretation & explication, non commune à tous. Ainsi le tient monsieur Papon vieux routier practicien de nostre temps en plusieurs endroicts de son liure du recueil des Arrests, & specialement sur la fin du prologue. C'est pourquoy dit Ciceron: *Exempla varios respectus & rerum circumstantias habere possunt, ideoq; per exempla & imitationem aliorum, præsertim principum plerumque perniciosè erratur.* Et l'Empereur Iustinian conclud: *Non exemplis, sed legibus esse iudicandum.* Dont s'ensuit que si nostre autheur, ou acteur, se fut contenté d'escrire ou se rendre asserteur de la cause speciale de son procureur, il eust possible merité quelque excuse: mais non en la cause ou conclusion qu'il a faict tant generale, qu'elle donne vn si grand eschec que rien plus, & en laquelle il aura contre soy non seulement ceste equitable Cour de Parlement, mais toute la France. Imò s'il estoit loysible de dire, tout l'enclos de c'est vniuers, en tant qu'il peut paruenir souz l'obeyssance & pouuoir de la Monarchie Françoise, par le moyen de son droict de primogeniture, comme i'ay dit cy dessus.

Puis il s'equiuoque grandement en la distinction qu'il met entre loy & coustume, en la page 86. de son liure, disant ainsi: *La coustume est ce qui n'est pas loy, & toutesfois s'obserue sans loy,*

Cic. lib. 1. de legib.

Ne faut iuger par exeples ains par la loy. *In l. nemo iudex. C. de sent. & inter. iud. Socynus, regu. 280.*

Grand equiuoque pour le mot de coustume,

allegant l'autheur *ad Herenium*, qu'il eust mieux dit que de nommer Ciceron.

Cela n'est parlé en termes de Iurisconsulte, ains de Rhetoricien: *Constat ius nostrum, quo vti-mur,* (dit l'Empereur Iustinian) *aut scripto, aut sine scripto.* Et plus bas il adiouste: *diuturni mores consensu vtentium comprobati legem imitantur,* comm'il prouue par la source du vray droict, prouenu des deux plus illustres & fameuses cités du monde, Athenes & Lacedemone. Car en celle-là, le droict escrit estoit obserué, combien qu'ils retenoient aussi tacitement quelque peu de loix, qu'ils appelloient νόμοι ἄγραφοι. A quoy l'on pourroit comparer les Lyonnois. En ceste cy combien qu'il y eust quelques loix escrites, toutesfois ils obseruoient pour lors ce qu'ils auoient retenu par coustume & longue vsance de leurs maieurs, ainsi que tesmoigne Plutarque. A quoy l'on peut aussi comparer le païs de France appellé, *coustumier.* Par ainsi il eust mieux dit que coustume est loy non escrite, comme distingue fort bien Ciceron: *Consuetudo est ius, quod voluntate omnium sine lege vetustas comprobauit.* Et en autre lieu: *Consuetudine ius est, quod leuiter à natura tractum aluit & maius fecit vsus.* C'est (pour le dire en peu de parole) ce que le commun vsage a tenu & approuué pour loy, estāt fondé en raison & equité. Combien que ie n'ignore point que telle coustume peut estre redigée par escrit, suyuant la doctrine de Bartole & Iason, & autres plusieurs Docteurs,

§. constat. inst. de iure nat. gent. & ciuili. D. sine scripto inst. eod. tit.
Coustume est tenue pour loy.

Loix des Atheniēs & Lacedemoniēs, differentes.

Plutarch. in Licurg.

Cicer. li.2. de inuentione Rhet.
Coustume est loy non escrite.

cteurs, ainsi que le traicte fort bien monsieur du Chassain au Proëme des coustumes du Duché de Bourgongne, sur le mot, *sed quia dicitur*, & ne laisse pourtant d'estre appellé, *coustume*. Aussi, puis peu de temps a esté introduict en France, que toutes les coustumes seroient escrites, *ad certiorem scilicet earum cognitionem*. Qui se doit entendre seulement du païs coustumier, non du droict escrit, contre l'intelligence de nostre nouueau interprete. Ainsi l'a voulu le Roy Charles VII. & le Duc Philippe de Bourgongne, surnommé le Bon, en ses ordonnáces sur les coustumes de Bourgongne, commentées par ledit de Chassain. De faict l'on a veu par tout le païs coustumier, des commissions decernées par les Rois de Fráce, aux plus gráds & notables personnages de la Cour, pour mettre les coustumes par escrit. Nous auons veu de nostre temps, commission fort ample du feu Roy Charles IX. de bonne memoire, à ce grand coustumier Messire Christofle de Thou, Cheualier & premier President à Paris, pour la reformation & correction des coustumes: dont le volume a esté illustré & tres-auát enrichi & orné par les commentaires de ce tres-docte monsieur du Molin, que l'on peut dire auoir esté aussi profond Iurisconsulte, que curieux obseruateur des coustumes de France. Cela n'a esté practiqué au païs de droict escrit: mesme en nostre petit Lyonnois, où neátmoins y a certaines viances & coustumes, desquelles l'on pourroit faire preuue par tourbe,

& l'on

Bart. & Ia. de S. Georg. l. de quib. de legib. Bald. in l. pri. C. ad S. C. Velle.
Coustumes sôt redigée par escrit.

Au Lyonnois y a des coustumes nō redigées par escrit.

& l'on en attend la description veritable par mõsieur Nicolas de Langes, fort ancien & experimenté, lequel apres auoir eu toutes les plus grandes charges de nostre ville, tant de la Iustice qu'autres, s'est retiré à l'exemple de Serranus Romain, en vne vie plus paisible & tranquille, & peut estre appellé à bon droict, *Promptuaire de l'antiquité de Lyon.*

Argument prins de l'aduersaire. Retournant de plus pres au but & conclusion de nostre discours, ie prendray vne raison tirée de l'aduersaire pour le combattre de ses armes. Tout ainsi que les coustumes au païs coustumier de France, ne seroient obseruées, si elles n'estoient approuuées du Prince, ores qu'elles viennent du commun consentement du peuple: Aussi le droict escrit est receu & obserué au païs du droict escrit, en tant que nostre Prince Souuerain luy a donné cours & authorité. Car luy-mesmes en son liure tient ces deux propositions, lesquelles destruisent son paradoxe.

Le droict escrit est gardé & obserué, parce, qu'il est approuué du Roy. Il est vray donc de dire par vne suitte necessaire, que les loix Romaines sont gardées & obseruées en nostre païs du droict escrit, soit ou comme pour coustume ou loy, puisque le Roy de France les a approuuées, pour les auoir trouué tres-iustes, & equitables à la priere & consentement general de tout le païs, comme nous dirons tantost. Et l'aduersaire est contraint de le confesser, disant en la page 44. *Qu'en la ville de Lyon, on ne distribue la Iustice où l'ordonnance du Roy n'a pourueu, sinon par l'egalité des*

des loix Romaines. Et en la page 86. *Que le Royaume de France ne recognoit point de souueraineté, pour en receuoir les loix, sinon de mesmes que les Romains receurent celles des Grecs.*

Mais il y faut bailler cest intellect, que pourtant elles ne sont tenues pour estrangieres, ains loix pures du Prince, lequel les authorisant, comme siennes, n'en diminue rien de sa puissance souueraine, ainsi que i'ay desia monstré cy dessus contre la premiere proposition de la Catacrese. *Agitur enim ex confirmante, non confirmato, vt inquiunt nostri.*

Exempli gratia: Quand le Prince, ou la Cour de Parlement a confirmé vne sentence, on agit en vertu de l'edit ou Arrest confirmatif, non de la sentence. Monsieur Rebuffe personnage de tres-grande authorité a tres bien remarqué: qu'en tous les sieges de iudicature faut auoir non seulement les ordonnances, mais aussi les Cours ciuil & Canon.

Quand l'on procede à l'examen d'vn officier de Iudicature, on leur presente lesdits liures. Et *quorsum* feroit on cela, s'ils ne seruoient de loy ou reigle politique? Le droict escrit a esté trouué si bon & iuste, que mesmes au païs coustumier, on le balançoit auec la coustume, auant qu'elle fust redigée par escrit du consentement des estats, & approuuée du Prince. Les Bourguignons qui se regissent par coustumes, comme dict est, ont nouuellement changé leur coustume, & prins le droict escrit, pour le regard des successiós vniuerselles. Sur quoy

va

L'on agit en vertu du confirmant, non du confirmé.

l. *furti. de his qui not. infamia. Pratus in lib. Gnoseon 6. tit. 7. cap. prim.*

Rebuffe sur le cha. 1. des Ordonnances Royaux sur le mot ordonnances.

Recómandation du droit escrit.

vn homme docte de nostre temps a faict vn beau commentaire.

Autres exemples sur la recommendation du droict escrit en France.

L'on obserue en matiere de iugemens ès causes spirituelles, & quelque peu és temporelles, les constitutions des Papes, au droict que nous appellons, *Canon*, qui est neatmoins presque tout prins du droict Ciuil des Romains. Pourquoy est-ce donc, que ce droict Ciuil prototype ne sera par nous gardé & obserué.

Comment les loix Romaines sot receues en France.

Mais comment (dira quelqu'vn) va cela, que l'on dit ordinairement les loix Romaines ne sont tenuës ny receuës, que pour raisons. Sur ce point il nous conuient arrester vn petit, d'autant que c'est le principal subject de nostre discours.

Bugno. in epilogo prim. libr. legum abrogataru̅.

Monsieur Bugnion homme docte de nostre temps, auec qui i'ay eu conuersation assez familiere, baille d'explications remarquables. Elles sont obseruées (dit-il) quand *ny par contract, ny par coustume, ny par ordonnance Royale, les controuerses ne se peuuent iuger.*

Intellect de monsieur Bugnion.

Et par ainsi, *vicem subeunt præceptorum & documentorum, non dominij potestatis & imperij alicuius.* Parce que, comme a esté predit, le Roy ne recognoist aucune superiorité: & est non seulement Roy en France, mais aussi Empereur & Monarque. Et pour

Intellect de Balde Iurisconsulte Fra̅-çois.

ne rechercher le tesmoignage de Ciceron Romain, disant: *Non solum populo Romano, sed omnibus bonis firmisque populis, leges bonæ datæ sunt,* i'allegueray seulement l'opinion de Balde,

Bald. in c. fin. de con.

grand Iurisconsulte, receu par toute la France, comme

APOLOGIE. 27

comme aussi il semble n'auoir rien ignoré de ce qui concerne les loix & façons politiques des François: *Non ligant regnicolas, tanquam legibus subditos, licet ipsi sequantur rationes legum.*

<small>*suetu. cap. ad hac, de pace iur. fir. & l. nemo C. de sentent. & inter. omn. iud.*</small>

Ceste opinion est suyuie, par les Docteurs anciens interpretes & modernes, qui ont parlé de l'esgard qu'on a és loix Romaines en France & és païs subiects à ceste couronne. Et en vn mot l'on peut remarquer la distinction & vraye intelligence: Au Païs de Lyonnois, l'on vit selon les loix du droict escrit, mais non soubs lesdictes loix, comme faisoient les Romains.

<small>*Doctores in l. pr. C. de summa Tri. Arg. l. de quibus, de legibus.*</small>

I'ay appris vne autre tres-belle explication d'vn des plus laborieux & rares Iurisconsultes de nostre temps. Apres qu'il a traicté de la grande authorité des loix Romaines: *Licet in Gallia* (dit-il) *specialiter iure Romanorum vtamur, non tanquam legibus, quæ necessario adstringunt, sed veluti quadam rara & optima authoritate, quæ eò melioribus & sanioribus iudiciis rationibusque fulta est, quò sapientiores & probatiores habuit conditores. Nam & sine ratione authoritas plerumque obest: Et quo quisque magis ratione nititur, maioris authoritatis est.*

<small>*Pratus in lib. gno. 3. tit. 7. c. pr. Intellect. de monsieur du Pré.*

Cic. de nat. Deo. c. pr. dist. xx.</small>

Monsieur Chopin tres-renommé & docte personnage, lequel en son liure du domaine de la France, entre autres beaux œuures, à monstré vne grande dexterité d'esprit, curiosité & labeur indicible, pour l'vtilité de la Gauloise Republique, parle ainsi: *Ius formáque hæreditatum, tribuitur duntaxat vel lege ciuili Romanorum, vel*

<small>*Confirmatiõ de monsieur Chopin.*

Chop. li. de domanio Franciæ. 2. tit.</small>

APOLOGIE.

vel patrio & peculiari sua cuiusque prouinciæ ritu atque instituto. Comm'il confirme en apres par plusieurs exemples.

Papon au prologue du recueil des Arrests, & en celuy du second Notaire. Intell. & de M. Papon.

Ne faut oublier le iugement du Seigneur Papon, duquel i'ay desja parlé cy dessus, lequel apres auoir traicté amplement de la forme de Iustice & institution de loix, & specialement de celles des Romains, il dit ainsi: *Apres la restitution des prouinces & royaumes vsurpées par les Romains, n'est demeuré autre chose, que l'exemple d'infinies, bonnes & loüables choses par eux religieusement entretenuës, soit en la discipline militaire, doctrine de bōnes lettres & honneur ou reigle politique, loix ciuiles & exercice de Iustice. Dont noz Roys de France n'ont rien laissé à recognoistre, augmenter et suiure, sinon ce qu'ils ont veu contraire à nostre religion. Le surplus ont comme sainct et raisonnable, par exemple et non par necessité receu.*

Les Vniuersitez de France, par qui, & pourquoy instituées.

L'on attribuë telle chose au Roy Charlemagne Empereur Romain, ayant cognoissance de tels thresors de Droict, et autres sciences qu'il fit apporter de France en Italie. Et de ce temps & depuis ont esté instituées vniuersitez pour la faculté des loix en plusieurs endroits de ce Royaume, enrichies de grands priuileges, lesquelles iusques à present ont esté fort bien entretenues, pour y lire et interpreter publiquement les loix, prinses des constitutions des Empereurs, Consuls, peuple, Senat, Preteurs, Censeurs, & autres Magistrats Romains, tout ainsi qu'eux mesmes, les auroient prinses & extraittes des villes de Grece.

Il tombe apres sur les establissemens des
Iusti

Iustices souueraines de la France, & des lieux & temps où elle est administrée, qui n'est pas de nostre subject, mais sera veu en passant, comme par là est rembarée l'opinion de nostre Autheur de Catachrese, en la page 42. touchât les vniuersitez de France.

Ie bailleray icy vne belle remarque que i'ay apprins d'vn personnage tres-bien versé en la routine du Palais à Paris. Monsieur le President Lizet Auuergnat, qui a flory longuement au siege de premier du Parlement de Paris, côme il estoit tres-grand formaliste & bon Iurisconsulte, vouloit tout reduire à la norme du droict escrit, hormis la coustume ou ordonnâce expresse: mesmes pour le païs de Bourbonnois à luy voisin. Monsieur le President de Thou Parisien, qui l'a depuis suiuy, aussi tresbon practicien & obseruateur des coustumes, a voulu tout ranger selon le coustumier. Delà sont venuës tant de difficultez aux iugemés & maximes de ceste Cour, qu'il a esté impossible d'y apporter tout l'establissement d'vn pied asseuré, comme il seroit bien requis. Toutesfois selon le pays coustumier on a esgard aux coustumes. Et quant au pays de droict escrit au pur & formel texte de la loy où il se trouue expres, ou côme opinion de Docteurs receuë & approuuée. Mais au defaut de ce, & ou les interpretations sont diuerses, alors on a recours à la coustume de Paris: d'autant que c'est la ville cappitale du royaume, à laquelle toutes se doiuent ranger à l'exemple de Rome, ainsi

Autre intellect d'vn autre Autheur.

Deux grands personnages premiers Presidens à Paris.

Paris ville capitale de France, côme Rome du môde.

que l'a escrit monsieur du Molin, sur le commencement des coustumes de Poictou.

Mais pour en bailler ma resolution, & non pas mienne, ains de ceste venerable Cour, ie l'ay tirée d'vn tres-docte & graue plaidoyé, faict par ce comble de sçauoir & torrent d'eloquence, Monseigneur Guy du Faur Sieur de Pybrac, l'an 1567. & le dernier de Iuin en la grande audience de la Cour. Ce fut en vne cause d'entre les Recteurs & administrateurs de l'aumosne generale de la ville de Lyon demandeurs en saisie, & intimez, & les heritiers ab intestat du Sieur de Grigny, demeurant à Ryon en Auuergne, defendeurs & appellans. Ie ne diray tout le merite du proces, lequel neantmoins est tres beau : parce que ceux qui en seront curieux l'auront tantost trouué, en voyant la date qui n'est point fausse (& ainsi ie l'asseure comme y estant present receu nouuellement au serment d'Aduocat) & en fis quát & quant racueil sur mes memoires & extraicts des plaidoyties. Les Aduocats estoient monsieur Versoris pour les appellants, & monsieur Loysel pour les intimez. Et apres auoir esté plaidé fort amplement & disertement par ledit Versoris, alleguant la faueur du droict escrit, duquel le pays estoit regy & gouuerné : & neantmoins le tournant à la faueur de sa cause sur l'equité du coustumier. Ledit seigneur de Pybrac lors Aduocat general du Roy, & depuis president, apres infinies autres belles charges qu'il a eu tres-meritoires pour le royaume de

Tres-belle cause bien plaidée à Paris, le 30. Iuin, 1567.

Monseigneur de Pybrac à eu meritoirement de belles charges en France.

de France (car il y a cent ans qu'il n'est paru en France plus grand personnage de sa vacation.) Luy dy-ie vint à reprendre le commencement de son harangue par ce theme de Versoris, qui sembloit bailler plus de couleur à sa cause. Et suiuant tres-à propos le fil de son oraison ou plaidoyé, fit vne belle digression sur la diuersité des pays & prouinces de France, dont grande partie se dit estre regie par coustume, & l'autre par droit escrit. Laquelle digression comme ie l'ay peu alors recueillir, apres en auoir conferé à mes compagnons & des plus anciens, fut ainsi:

Paulus Orosius, qui estoit du temps des Empereurs Arcadius et Honorius, recite qu'au mesme temps, grande partie de la Gaule, sçauoir Celtique & Belgique estoit tenuë et occupée par les Goths, qui les laissoient iouir de leurs vs et coustumes. Honorius d'autre costé, commandant à l'Empire d'Occident, pour soy rendre lesdits Gaulois plus fauorables contre les Goths, enuoya és prouinces qu'il tenoit des Proconsuls, comme en Auuergne, Guienne, Languedoc, Prouence, Lombardie, et autres. Lesquelles il laissa aussi viure selon leurs coustumes particulieres. Toutesfois où il n'y auoit aucune coustume, vouloit le droict commun y estre obserué. Delà vient que nous auõs tousiours retenu quelque chose de ceste partition, mais non si exactement: car combien que par toute la France (qui est auiourd'huy) les loix Romaines ne tiennent que pour raison, à cause de la souueraineté du Roy. Il y a ceste distinction: Qu'au pays du droict escrit, l'authorité de la loy y est plus consi-

Beau plaidoyé & intellect de M. de Pibrac, contenat la distinction du pays coustumier, & de droict escrit en Gaule.

devës; & l'on tient indubitablement ce qui est escrit. Au coustumier on l'admet en tant qu'il est raisonnable, et ne repugne à la coustume. Le Roy est par dessus tout, lequel non adstraint aux loix Imperiales baille telles constitutions, qu'il luy plaist, selon raison & equité, qu'il faut observer generalement par tout son royaume.

Et pour mieux confirmer ceste opinion, ie mettray en auant deux personnages de tres-grande reputation en nostre temps, Alciat & du Molin, joinct ce que le Sieur de Vaux-plaisant escrit touchant ce poinct.

Alci. lib. 2. disp. c. 22.

L'aduersaire, pensant auoir rencontré la febueau gasteau allegue à son aduantage le passage d'Alciat, touchant la puissance du pere enuers les enfans: mais ie n'y respondray presentemēt, parce qu'il en a esté touché cy dessus &: ne confondray toutes matieres à son exemple. Il n'a regardé, ou voulu regarder à la belle diuision, que le mesme autheur baille par apres des

Tesmoignage de Alciat retors contre l'aduersaire.

Gaules (*ut semper ultima primis respondeant*) laquelle est quasi conforme à la susdicte, sinon pour la varieté du temps: car il parle du temps de Clouis Roy de France, & ses successeurs, & celle-la du temps de Pharamond: n'estant inconuenient qu'en diuerses saisons ayent esté imposées mesmes loix, & façons de viure.

Molin au premier tiltre, nu. 33. des Com. sur les coustumes de Paris.

Ne sera mal à propos pour beaucoup d'occasions, referer les propres termes traduits en François, dont ledit autheur a vsé, & apres luy Monsieur du Molin s'en est seruy. Ils sont tels: *Les François* (dit-il) *premier Scytique, puis Germanique*

manique nation, ayans trauersé le Rhin, s'arresterent par la concession & licence des Empereurs Romains aux terres des Neruiens & Treuois. Long temps apres aduint que la ville de Rome estant pillée & saccagée par les Goths, les legions Romaines mises en garnison sur le Rhin, conuindrent auec les François, que les villes tenues par les Romains, leur demeureroient, & le reste de la Gaule seroit ausdits François. Ceux cy firent tant qu'ils conquirent grande partie de la Gaule, l'appellans de leur nom, France. Leur Roy Theodobert vint en Italie auec grosse armée en intention de la conquerir, eut vne grand victoire contre Iustinian Empereur, & aussi contre les Goths, en vn mesme iour: non par multitude de gens, ains par leur incredible valeur, & se saisit de Milan, & du Genenois, en ayant dechassé les Romains & Goths, qui estoient prests à combattre pour les emporter. Mais ledit Roy ne continuant son dessein s'en retourna en Italie. Ce que fit publier sa fuite par Iustinian. Dequoy irrité le Roy voulut auec son armée passer en Thrace, & assieger Constantinople: mais la mort l'en empescha. Doncques les François & Gaulois qui tindrent les susdits lieux par permission des Romains, estoient soubs les loix de l'Empire Romain. Mais ceux qui passants le Rhin auoient donné le nom de France en Gaule, comme ennemis des Romains furent seulement obeyssans à leurs Rois.

Ce qu'a esté tresbien noté par ledit Sieur de Vaux plaisant, touchant ceste diuision. Parlant ainsi: De là est venue la distinction des pays qui sont en France, appellé coustumier et de droict escrit: au-

Les propres terpres d'Alciat, pour la diuisiō de pays de droict escrit & constumier.

trement Languedoc & Languedoüy. Car les païs qui estoient demeurez aux Romains en Gaule furēt obeissans aux Romains, et à leurs loix iusques à ce que par longue succession de temps les Rois de France les ont affranchy de leur ioug et domination: mais non de leurs loix et manieres de viure, qu'ils ont tousiours retenu, non par obligation naturelle, mais comme les trouuans de longue main sainctes et agreables. Les autres païs des Gaules, qui n'auoient iamais senty le ioug des Romains: mais furent vaillamment conquestés par les François, lors qu'en passant le Rhin, auec toute leur armée, ils leur baillerent le nom de France, ont tousiours esté ennemis iurez des Romains, et n'ont recogneu autres loix que celles qu'ils auoient de tout temps peculieres & vsitées. Or s'estans les Rois de France rendus maistres de ces deux sortes de païs, n'ont rien voulu changer, ny alterer quant à leurs loix, combien qu'ils se sont reseruez (comme la raison veut) l'authorité et puissance d'ordonner, establir, et abroger des loix, qui ont semblé propices et commodes pour la paix, vnion, concorde, entretenement et augmentation de l'estat vniuersel du Royaume.

Aucuns tiennent que ce fut Pharamond: autres de Meroüée Roy des François, qui establit cest ordre: d'autant qu'il ne voulut en la fondation de Principauté (tesmoin Belle-forest en ses Annales) irriter les chefs de l'Empire, ains s'agrandir auec douceur & gaigner le cœur des Gaulois sans armes.

Et ne se faut esbahyr si l'on attribue cela à diuers temps. Car le mesme autheur dit peu auant, alleguant Prosper, Frederidus, & Gregoire

Distinctiō des pays coustumier & de droict escrit par le Sieur de Vaux-plaisant, au dernier liure de la vraye origine des François, chap. 5.

Pays de droict escrit.

Pays coustumier. Belle-Forest attribue cest ordre au temps de Merouée, & d'autres en autre temps. Les François se sont rendus maistres de la Gaule par diuerses fois.

goire de Tours, que les François sont venus & descendus en Gaule par plusieurs & diverses fois, comme appert par les mots de Frederidus: *Treuirorum ciuitas à Francis direpta incensaque secunda irruptione.*

Et aussi par le discours de la mesme histoire, monstrant qu'au regne de Pharamond les François passerent plusieurs fois en Gaule, non pour y seiourner totalement. Despuis au temps de Merouëe ils passerent & y habiterent premierement, & consequemment au temps de Clouis, se rendirent maistres de toute la Gaule, au moins de ce qu'est deça les mons Cottienes, ou bien peu s'en faut. *Diuision des pays coustumier & de droit escrit, à duré en la France Gauloise, iusques à nostre têps*

Ceste distinction & separation de païs & de leurs meurs a esté suiuie iusques à nostre temps, nomement au regard du pays du Lyonnois, lequel a tousiours vsé du droict escrit, qui est celuy des Romains, soubs diuerses dominations. *Paul. Iurisc. in l. si. ff. de censi.*

Monsieur du Haillan en son histoire remarque trois diuisions du Royaume: l'vne par le partage faict apres la mort de Clouis entre ses quatre enfans. Sçauoir Childebert, qui fut Roy de Paris, Clotaire de Soissons: Clodomire d'Orleans, & Thierry de Mets. Soub celuy d'Orleans estoient la Prouence, Bourgongne, Sauoye, Lyonnois, Dauphiné, &c. iusqu'à la mer du Leuant. Sous Paris, Poictou, Maine, Touraine, & Guienne. Sous Soyssons, Vermandois, Picardie, Flandre, & Normandie. Sous Mets, Lorreine, & les pays deça le Rhin *Trois diuisions du royaume de France par le sieur du Haillã.*

Ee 4

iufques à Rheims, qui furent depuis confolidez par Clotaire en vn. Apres la mort duquel, fes quatre enfans, Cherebert, Sigibert, Chilperic, & Gontran, firent vne autre femblable diuifion, & furent par apres reduicts en vn par Chilperic. Puis les enfans de Louys debonnaire qui accreuft le Royaume, firent ce partage par traicté appellé, *de Verdun*: Sçauoir, Charles le Chauue, retint la France Occidentale appellée, *Neuftrie*, bornée des fleuues, Rofne, Saone, Meufe & l'Efcault, la mer Oceane, monts Pirenées, que nous appellons *France*: les Allemans l'appelloiët, *Royaume des Carlingiens*. Louys eut toute la Germanie, puis le Rhin iufqu'en Orient, & fut appellé, *Roy de Germanie ou de France Orientale*. A Lothaire demeura le nom, tiltre & poffeffion de l'Empire auec Italie, le Royaume d'Auftrafie defpuis à caufe de fon fils, auffi Lothaire appellé, *Lorreine*, où eft partie de Gaule Belgique, entre Meufe, Rhein, & la Bourgongne Tranfiureine, (où commença la feparation de Bourgõgne) qu'eft Sauoye, Dauphiné, & Prouence. Et fut au milieu de fes freres, pour le plus cõmode paffage en Italie l'ã 877. l'Empereur Charles Chauue, qui auoit prefque tout confolidé à luy, par importunité d'Hermanfrede, fille de l'Imperatrice fa femme, crea & erigea en Royaume les Duché & Conté de Bourgongne, en la perfonne de Bofon, lequel depuis fit tant, qu'il chaffa tous les François d'Italie.

"Or à la verité, comme il n'y a riẽ d'eftable en

ce

ce monde lequel reçoit vicissitude en toutes choses, principalement en dominations & seigneuries) les divisiós & partages n'ōt aussi subsisté en leurs enfans & successeurs. Ains ores a esté eclypse de l'vn pour bailler à l'autre, ores ont esté constitués des particuliers Seigneurs, Ducs, & Rois esdits païs. Mais sur tous le Royaume de France, selon le bon-heur qu'il a eu de Dieu, mesmement puis le regne de Huë Capet, s'est accreu & augmenté en beaucoup d'endroits. Car veu qu'au premier aage des Rois de France l'on ne remarque sinon de meurtres & parricides : au second de guerres, tant pour la foy & religion Chrestienne, que pour l'ampliation du royaume. Au tiers, puis Huë Capet en bas, on voit les grandes polices par luy premier commencées, tant pour le fait de guerre & Iustice, que pour les finances & entretenement de l'estat des Rois. Ce qu'à esté si bien compassé & ordonné, que maintenant on peut dire à la verité, n'y auoir iamais au monde royaume tant comblé en dons & graces de Dieu que cestuy-cy.

Les autres dominations ont souuent receu alteration : mais le royaume de France est tous iours allé en augmentant.

Les Roys de France ont commencé rejettāt toute ambition & cupidité particuliere (propre à leurs predecesseurs) à tres-bien & iustement viure, regner, & traitter leurs subjects, auec vn respect enuers eux de toute bonté, douceur, & iustice : & enuers les estrangers garder amitié, foy & alliance. *Car l'amour du peuple enuers ses Roys & Princes, vid autant que leur vertu et integrité dure, dit vn bon autheur.*

Rois de France ont biē traicté leurs subiects : aussi sont ils d'eux aymez.

Ee 5

APOLOGIE.

Deux raisons pourquoy les Rois ont laissé les François à l'accoustumee façon.

Qui est cause, que retrouuans diuersité de loix & façons de viure dans le Royaume, ainsi vny & assemblé, ont laissé viure châque prouince, tant de vieux que de nouueau conquestée selon leurs anciennes loix & coustumes. Les vns, selon les coustumes & vsages particuliers: les autres selon le droict escrit des Romains. Ce qu'a esté faict par double raison: la premiere, comme a esté dit, à fin de gaigner le cœur des Gaulois, par douceur & sans armes. La seconde, à fin de ne rien innouer, changer ny alterer des lois anciennes. Chose du monde, qui tend plus à subuersion de l'estat, ainsi que l'aduersaire approuue en la 37. page de son liure de Catachrese.

Contrarieté grande au liure de la Catacrese.

Pourquoy dit-il doncques en autre part: *Ie ne me soucie si mon dire est sugillé comme Paradoxe ou nouuelle opinion. Ie tiens l'obseruance commune pour corruptele, qui s'est glissée souz couleur de loy & de raison, en la facilité de noz peres, qui n'ont consideré le grand interest de la France, & particulierement de nous à viure souz loix estrangeres?*

Certes cela est contraire à la susdite proposition. Ausant nonobstant affermer au periode de sa Catachrese, que le Royaume durera en ceste façon, tant qu'il restera au monde, quelque chose de durable.

Execratiō de la Catacrese.

Perisse partant (pour mettre fin à nostre discours) ce tres-pernicieux paradoxe ou nouuelle opinion, & sa memoire ensevelie dans le tombeau de perpetuelle oubliance, le iour propre de sa natiuité: lequel autrement seroit

le

le vray boute-feu en France, & principalemēt en nostre prouince, trompette des alarmes & dissentions familieres, perturbation & ruine de toutes familles & successions d'hoiries, cōfusion en la possession des patrimoines & heritages anciens, telle que cuida estre au temps d'Aratus Sicyonien, & au temps de Trasibule. *Cic. lib. 2.* (A quoy neantmoins ces sages Seigneurs sceu- *de officiis.* rent tres-bien pouruoir.) Brief, vne subuersion totale de ceste belle Monarchie de France, si bien ordonnée, establie, & entretenuë, que l'on la peut iustement appeler du tiltre, dont ce docte sainct Augustin à faict vn tres- *S. August.* beau liure. *de la cité de Dieu.*

Et au contraire, viuons tousiours, viuons ô mes amis & compatriotes Lyonnois, & autres semblables prouinces du droict escrit, tres-biē & heureusement sous le commandement & domination absolue de nostre Roy de France, mesmes pour le iourd'huy, de ce tres-haut, tres-puissant, tres-chrestien, tres-clement & tres-bon Prince, *Henry IIII. Roy de France & de Nauarre*, selon les loix & traditions de nos peres & deuanciers, touchant la Iustice & police generale, retenans ceste determination pour vraye & asseurée: *Que nous auons tousiours* *Determi-* *vescu & viurons, s'il plaist à Dieu, tres-bien & tres-* *nation &* *heureusement, par la permission & authorité de noz* *conclusion* *Rois, en l'obseruance du droict commun: lequel nous* *de viure se-* *pouuons dire fort rondement nous seruir de* *lon le droit* *loy, coustume, & vsance: puisque le Prince &* *commun.* nos souuerains Magistrats, auec consentement

de

APOLOGIE,

de tous les estats du pays l'ont approuué.

Que s'il estoit question maintenant de l'abroger, faudroit faire vne generale conuocation d'estats, par commandement tres-expres de sa Majesté, & à la requisition de ceux du pays: & que tout cela fut meurement deliberé, examiné, & arresté: Et si nos Rois qui ont esté iusques icy, voire Iules Cesar, & autres iniustes vsurpateurs du pays, ne l'ont voulu faire: sera il permis à vn hôme nouueau venu, de faire vne si grãde & notable sanction de sa propre ceruelle, sans aucun fondement, ny raison vallable? Fnablement ie conclurray auec tous gens de bien, aymans & craignans Dieu, le Roy, & la Iustice, par vn distique, que i'ay faict autrefois en l'Vniuersité de Tolose:

Esto, nouis alios rebus studiysq́, teneri:
At syncera fide, simplex, mihi chara vetustas.

Conuocation des estats du païs seroit necessaire pour abroger ceste vsance, ce qui neãt moins n'est vtile de faire.

FIN.

TABLE DE L'APOLOGIE,
CONTRE LA CATACRESE
du droict Romain.

A

bsurdité de la maxime: Droict escrit n'est receu sinon en tant qu'il est conforme à raison commune. folio 1s.b

Antithese sur les empeschemens de l'œuure. f.3.a

Apopthegme d'Antalcidas. f.2.a

Argumens de la Catacrese sophistiques & manques en l'epistre. f.3.a

Argument du particulier à l'vniuersel ne vaut par negatiue. f.24.b

Arrest du Parlement de Paris, sur lequel se fonde Catacrese auec les doutes & resolution. f.19.20.b

Arrests pourquoy souuent semblent contraires. f.24.b.25.a

Autheur obligé à la iurisprudence en ll'ep.dedicatoire à ladite iurisp. f.2.a

Autheur de l'Apologie natif de Lyon, & non celuy de la Catacrese. f.6.b

Au Lyonnois y a de coustumes non redigées par escrit. f.25.a

B

Balde grand Iurisconsulte des François. f.27.a

Bonne vie du Prince sert à authoriser ses loix. f.9.a

C

Causes & motifs de l'Apologie en l'ep. f.4.a.2.b

Cause tresbelle bien plaidée à Paris le 30. Iuin 1567 f.29.a

Ce qu'on ne peut directement, est attenté par voyes obliques en l'ep. f.2.a b

Comment & en quelle façon le droict escrit est obserué en France, par l'intellect de plusieurs fameux Iurisconsultes & practiciens. f.27.28.& 29.b

Conclusion de la Catacrese fausse & calomnieuse. f.21.b 22.a

Confirmant baille effect, non le confirmé. f.27.a

Contrarietez au liure de la Catacrese. f.34.a

Conuocation d'estats necessaire pour abroger

TABLE.

abroger le droict escrit, qui neantmoins n'est vtile. f 34.b
Coustume que c'est, & comm'en cela l'Autheur de Catacrise s'equiuoque. f 25.
Coustumes sont redigées par escrit. f.26.a

D

Deploration sur les machinations que l'on dresse à la Iurisprudence en l'ep.ded. f.2.a
Deux points recueillis du tiltre de la Catacrise. f 5.a
Determination & conclusion de viure selon le droict commun en France. f 34.b
Deux grands personnages premiers Presidens à Paris. f.29.a
Distinction de raison auec son intelligence. f.16.
Diffinition de Principauté. f.12.a
Discours brief sur la vie de l'Autheur. f 3.b
Distinction de loix diuines & humaines. f.10
Distinction de M. Alciat, du Molin, & Vaulx-plaisant touchant le païs coustumier & droict escrit en France f.3. 32
Distinction en France des païs coustumier, & de droict escrit, auec la preuue, exemples & authoritez. f.13.b.24
Distinction entre droict des gents & ciuil. f.11.b
Diuision du païs coustumier & droit escrit en France en quel têps a cõmencé & combien a duré. fol.32.

Diuisions trois du royaume de Frãce descrites par le Sieur du Haillan. fol.32 b. & fol. 33.a
Droict escrit est fort bon & recommandé fol. 27.a
Droict escrit est gardé & obserué en France, partant qu'il est approué du Roy. fol. 26. & 27.
Droict escrit est nom plus general, que droict des Romains. fol. 23.a

E

Execration de la Catachrese. fol. 33 b.
Exemples par forme d'Antithese. fol. 4.b. & 2. b
Explication de ce mot, les François ne tiennent la puissance paternelle comme les Romains. fol. 21. b

F

Facilité de calomnie. fol. 1.b
Faux & cauille ont tousiours oppugné la verité: axiome prouué par plusieurs choses, & son but fol. 1. a.b. & fol. 2. a
Forme de Sacerdoce & ceremonies à receu chãngement deuers les Romains. fol. 13.b

I

Ingratitude & peine de l'ingrat. En l'ep. fol. 2. a b
Insinuation en la grace des grands par adulation mauuaise. fol.16.b
Institution de loix Romaines. f.28.b
Iugement

TABLE.

Iugement ne doit estre par exemples, ains par la loy. fol. 25. a
Loix des Atheniens & Lacedemoniens differentes. fol. 25. b
Loix & police ciuile ont souuent receu changement deuers les Romains. fol. 13. b. & fol. 14. a
Loix de Moyse tres-bonnes embrassées du monde. fol. 11. b
Loix faites à l'origine des Franc-Gaulois ne pouruoyent à tout. f. 14. b

L.

Lyon cōment fut acquis au Roy de France. fol. 17. a
Lyonnois fideles à la couronne de France. fol. 17. b. & 18. a
Lyonnois ont demeuré par accord du Roy viuans selon le droict escrit. fol. 18. & 19. a
Lyonnois ont longuement demeuré sous l'Empire des Romains. f. 17. a

M

Meschef grand & blaspheme de condamner le droict Romain. fol. 22. b
Moyse à baillé loix escrites & non escrites. fol. 11. a

N

N'y a parangon des loix Françoises & Romaines. f. 15. a

O

Obseruation n'est pas ordonnance. fol. 22. a

P

Paris ville capitale de la France, comme jadis Rome du monde. fol. 29. b.
Peuple requiert des loix au Roy. fol. 9 a. & b
M. de Pibrac à eu meritoirement de tres-belles charges en France. fol. 29. b. & 30. a
Pourquoy l'Autheur a faict la Catachrese. fol. 23. b
Pourquoy les Roys de France ont laissé les François à l'accoustumée façon. fol. 34. a
Plaidoyé beau contenant distinction du pays coustumier & droict escrit en France. fol. 30. b. & 31. a
Princes authorisans les loix à autruy, mesmes contre droict & raison. fol. 12. b. & 13. a
Princes se sont seruis de l'authorité d'autruy, pour faire receuoir leurs loix. fol. 12. a
Protestation sur l'Apologie. f. 2. b & 3. a

Q

Quand les François entrerent en Gaule, y auoit plusieurs principautez separées. f. 16. b
Question: si en Lyonnois & par toute la France la fille mariée, n'est plus soubs l'authorité du pere, ains du mary, & peut librement tester. f. 19
Question: si le mariage dissout l'enfant de la puissance paternelle, auec les inconueniens de cest axiome & explication. f. 20. 21. a

Question

TABLE.

Question: si le Prince est astrainct à la loy auec vn discours & resolution. f. 9

Question: si le Prince se peut dire absolument Souuerain, viuant soubs loix d'autruy auec beau discours & resolution. f. 10

Qui a esté premier inuenteur des loix humaines. f. 10. b

R

Remonstrance sur les matieres de la Catacrese. f. 5 b

Reception & vsage des loix Romaines en France, n'est contraire à la liberté du païs. f. 14. b

Romains ont baillé loy aux vaincues. f. 14. a

Resolution belle touchant les sortes de gouuernemens polytiques auec son discours. f. 7. b 8. a

Royaume de France est tousiours allé en augmentant outre les autres nations. f. 33. b

Roy de France ne releue d'autre que de Dieu. f. 3. a

Rois de France ont bien traité leurs subiects: aussi sont ils d'eux aymez. f. 33. b

Rois & Princes Souuerains ont puissance absolue, & comens. f. 8

S

Sommaire du subiect de la Catacrese, auec ses inconueniens, contrarietez, & effects, en l'ep. f. 3. 4. a

Suruient en nature tant de cas nouueaux & inopinez. f. 16. a

T

Temps de Nembroth, origine de Royauté. f. 9. a

Tout semblable n'est le mesme. f. 22. a

V

Vniuersitez en France par qui & pourquoy instituées. f. 12. b

FIN.